KB024009

누구나 쉽게 배우는
인사노무사례
100개면 되겠니?

1판 1쇄 발행 2022년 6월 20일
1판 2쇄 발행 2023년 1월 20일

지은이 | 이세정·김문선
감수 | 장미혜
펴낸이 | 최근봉
펴낸곳 | 도서출판 넥스웍
등록번호 | 제2014-000069호
주소 | 경기도 고양시 일산동구 장백로 20 102동 905호
전화 | 031) 972-9207
팩스 | 031) 972-9208
이메일 | cntpchoi@naver.com

ISBN   979-11-88389-33-9 (13330)

누구나 쉽게 배우는
인사노무사례
100개면 되겠니?

이세정 · 김문선 지음 | 장미혜 감수

실전 사례
100문
100답

N넥스웍

들어가며

"언니, 대표가 이런 건 줄 몰랐어요. 난 잘해줬는데, 노트북까지 주고……."

20대 후반의 후배는 스타트업 기업을 운영하는 대표였습니다. 어린 나이에 대표를 맡다 보니 이런저런 문제에 부딪히며 헤쳐나가야 했는데 가장 어려운 것이 사람을 다루는 일이라고 했습니다. 사람을 뽑고, 같이 일을 하다가 내보내는 과정이 모두 내 마음 같지 않더라고 말이죠.

우리는 직장에서 많은 시간을 보냅니다. 하루에 8시간 이상, 월요일부터 금요일까지 대부분 시간을 보내고 있는 것이지요. 성격도 전혀 다르고 자기만의 사연을 가지고 살아가는 사람들과 말입니다. 그래서 직장을 다니다 보면 정말 많은 일이 일어납니다.

일로 만난 우리가 모여서 일도 잘하면서 마음 다치지 않게 덜 싸우고 덜 미워하려면 가장 필요한 것은 안전한 근무환경과 공평하고 객관적인 기준에 따른 인사관리입니다.

그런데 인사관리라고 하면 웬만한 규모를 갖춘 회사에나 필요한 것으로 생각합니다. 하지만 말단 직원부터 시작해서 정년퇴직 후에 작은 치킨집을 차린 사장님, 아이들이 크고 나서 커피숍을 운영하는 사장님, 아이 낳고 온라인 쇼핑몰을 시작해서 지금은 20명이 넘는 직원을 거느린 대표님, 야심 차게 스타트업 기업을 운영하게 된 아직 서른이 되지 않은 대표님 등 직장에서 함께 일하는 사람이 있다면, 1명이라도 고용하고 있다면 알아야 합니다.

막상 소규모 업체를 운영하는 사장님, 대표님들과 대화를 해보면 회사원보다도 노동법에 대해 모르고, 인사관리를 어떻게 해야 하는지 어렵고 부담스럽게 생각하는 경우가 많습니다. 자본이 많지 않으니, 인사 노무 담당자를 채용할 수도 없고 대표님이 일당백을 하고 있으니 이해가 갑니다. 하지만 사업 운영의 책임은 대표자에게 있으니 바쁘더라도 알 건 알아야 합니다.

직장에서 일하는 사람들도 마찬가지입니다. 프리랜서건, 회사원이건, 아르바이트생이건, 일용직 근로자건, 플랫폼 종사자건 간에 나의 권리에 대해서는 알아야 합니다.

아기 때부터 '도리도리'나 '짝짝꿍'이라는 말을 들어 보셨을 것입니다. '도리도리'는 이리 보고 저리 보아 주변을 살피고 도우며 자연의 섭리를 잊지 말라는 의미이고, '짝짝꿍'은 작작궁 작작궁(作作弓 作作弓)이라는 말로 이 모든 이치를 깨닫고 즐겁게 춤을 추라는 의미라고 합니다.

도리도리 돌아보면 우리 주변의 이웃, 가족, 친구, 지인이기도 한 일을 하는 모든 분을 위해서 이해하기 쉽게 인사관리에 짝짝꿍하실

수 있도록 사례를 들어 집필하게 되었습니다. 많은 분께 도움이 되기를 진심으로 바랍니다.

어패럴뉴스 기고 글과 브런치의 '인사 노무 사례 100개면 되겠니' 글들이 수록되었습니다. 사랑하는 가족들과 이 책이 나오기까지 도와주신 모든 분들께 감사의 인사를 드립니다.

2022 봄
노무사 이세정·김문선

📋 법제 명과 약칭 명

순	법제 명	약칭
1	근로기준법	근기법
2	노동조합 및 노동관계조정법	노동조합법
3	기간제 및 단시간근로자 보호 등에 관한 법률	기간제법
4	파견근로자 보호 등에 관한 법률	파견법
5	남녀고용평등과 일·가정 양립 지원에 관한 법률	남녀고용평등법
6	근로자퇴직급여 보장법	퇴직급여법
7	산업안전보건법	산안법
8	산업재해보상보험법	산재보험법
9	중대재해처벌 등에 관한 법률	중대재해처벌법
10	고용보험법	–
11	고용상 연령차별금지 및 고령자고용촉진에 관한 법률	고령자고용법
12	장애인고용촉진 및 직업재활법	장애인고용법
13	채용절차의 공정화에 관한 법률	채용절차법
14	출입국관리법	–

이 책에서 참조하는 법제 명과 약칭 명은 다음과 같으며, 본문 및 각주는 약칭으로 기입하였습니다.

이 책에 수록된 사례들은 2022. 01. 01. 기준으로 작성된 것으로, 이후 법령, 대법원 판결, 행정해석의 변경 등을 통해 각 사례에 대한 판단이 달라질 수 있습니다.

종전 법령에 따라 작성된 내용이 현행 법령과 맞지 않을 수 있으므로 현행 법령을 참고하시기 바랍니다.

주인공 소개

올해 중학교 1학년이 된 슬기로운 로운이는 얼마 전 학교에서 노동인권교육을 받았습니다. 그런데 그때부터 신기하게도 어른들이 하시는 이야기가 이해되기 시작했습니다. 함께 사는 할아버지도, 엄마, 아빠도 모두 일을 하고 있어 회사에서 있었던 일들을 얘기하고는 하는데 로운

로운이의 가족

최고야 할아버지

70세, 정년퇴직 후에도 계속 일을 해왔으며, 지금은 아파트 경비원으로 근무하고 있음.

아빠 최고수

45세, 300인 이상 회사 인사팀의 차장으로, 막내가 중1이라 회사에서 가늘고 길게 가자를 목표로 근무 중.

엄마 이루자

43세, 대기업 마케팅팀에서 촉망받는 직원이었지만 셋째 출산 후로 회사를 그만두고, 현재는 인터넷 쇼핑몰을 운용 중인 소규모업 CEO

기타 등장인물들

어떡해 씨, 강유리 씨, 수진 씨, 김그만 씨, 하하하 씨, 현숙 씨, 지혜 씨, 진아 씨, 김말년 씨, 안돼용 과장, 문제야 과장, 한고집 과장, 김창수 차장, 박철민 대표

이가 끼어들어 아는 체하며 내년 최저임금을 꼭 지키라는 이야기를 했습니다.

가족들의 놀란 표정에 뿌듯한 로운이, 주인공인 로운이의 가족과 사례 속의 등장인물들을 소개합니다.

큰아빠 최고닭

53세, 명예퇴직 후 유명 프렌차이즈 치킨집을 이제 막 개업한 개인사업자.

사촌형 최수재

19세, 큰아빠의 아들로 특성화고에 다니고 있으며 올해 졸업 예정.

이모 이루리

36세, 6년 차 웹디자이너로 근무 중. 화이어족으로 투잡, 쓰리잡도 마다하지 않고 경제활동 중.

CONTENTS

01 인재 채용과 근로계약서 작성하기

02 언제 일하고 언제 쉬어야 하는가

03 법에 따른 임금 산정하기

04 인사관리 쉽게 하기

05 정당한 징계와 해고

06 아름답게 이직하기

07 모성보호 및 일과 가정 양립

08 일하다가 다쳤을 때

09 자영업자들을 위한 팁

01

인재 채용과
근로계약서 작성하기

001 지원자의 범죄사실을 알 수 있을까

최고수 차장은 공채 진행 중에 지원자로부터 전화를 받았다. 지원자는 입사지원서 화면에서 회사가 '민감정보 수집 및 이용 동의'를 요구를 하고 있는데, 민감정보인 범죄사실을 회사가 조회하는지, 지원 자격만 충족하면 되는지를 물어보았다.
'지원자가 범죄경력이 있는 건가?'
최고수 차장은 지원자가 범죄사실이 있는 경우 이를 어떻게 알아낼 수 있을지가 궁금해졌다.

최고수 차장은 지원자의 범죄사실을 알 수 없습니다

회사가 '민감정보 수집 및 이용 동의'를 받더라도, 범죄경력조회 및 수사경력조회와 그에 대한 회보는 조회 목적에 필요한 최소한의 범위에서 하도록 '형의 실효 등에 관한 법률'[1]에서 엄격하게 제한하

---

1 형의 실효 등에 관한 법률 제6조(범죄경력조회·수사경력조회 및 회보의 제한 등)
① 수사자료표에 의한 범죄경력조회 및 수사경력조회와 그에 대한 회보는 다음 각 호의 어느 하나에 해당하는 경우에 그 전부 또는 일부에 대하여 조회 목적에 필요한 최소한의 범위에서 할 수 있다. 다만 제8조의2 제2항 제3호 단서 또는 같은 조 제3항 제1호에 따라 보존하는 불송치 결정과 관련된 수사경력자료에 대한 조회 및 회보는 제1호에 해당하는 경우로 한정한다.
4. 수사자료표의 내용을 확인하기 위하여 본인이 신청하거나 외국 입국·체류 허가에 필요하여 본인이 신청하는 경우
9. 다른 법령에서 규정하고 있는 공무원 임용, 인가·허가, 서훈(敍勳), 대통령 표창, 국무총리 표창 등의 결격사유, 징계 절차가 개시된 공무원의 구체적인 징계사유(범죄경력조회와 그

고 있습니다.

이를 위반 시에는, 2년 이하 징역 또는 2천만 원 이하 벌금형[2]이 부과됩니다.

공무원

'공무원'에 대해서는 구체적 징계사유를 확인하기 위해 필요한 경우 범죄경력을 조회할 수 있으나, 공무원법상 임용 결격사유는 보통 '금고 이상'의 형을 받은 경우로 규정하고 있어, 벌금형을 받은 기록은 조회신청 및 회신내용에 포함되지 않습니다.

다만 행정부서별로 개별 관계 법령상 임용 결격사유는 다를 수 있습니다.

일반 사기업

일반 사기업에서는 동법 제6조 제1항 제10호의 '그 밖의 다른 법률에서 범죄경력조회 및 수사경력조회와 그에 대해 회보를 하도록 규정되어 있는 경우'에는 조회가 가능한데, 여기에 해당하는 곳은 아동 관련 기관, 청소년 상담복지센터, 결혼중개업, 의료기관 등으로 제한적입니다. 이 경우에도 본인의 동의가 필요합니다.

동조 제4호에서 본인은 수사자료표를 신청할 수 있습니다.

기업은 지원자 본인의 제출을 통해 벌금형을 받은 기록을 알 수 있으나, 자발적인 제출이 아니라 지원자에게 제출을 강요하는 경우라

에 대한 회보에 한정한다) 또는 공무원연금 지급 제한 사유 등을 확인하기 위하여 필요한 경우
10. 그 밖에 다른 법률에서 범죄경력조회 및 수사경력조회와 그에 대한 회보를 하도록 규정되어 있는 경우
2 동법 제10조 제2항 및 제3항

면 '형의 실효 등에 관한 법률'에 위반됩니다.

일반적으로 회사는 '해외여행에 결격사유가 없는 자'를 지원 자격으로 정하고 있습니다.

해외여행에 결격사유가 없으려면 여권 발급이 가능하고 출국이 가능해야 합니다.

여권 발급이 거부 및 제한되거나 출국금지에 해당하는 경우는 일반적으로 범죄사실에 의해 현재의 활동이 어려운 경우에 해당합니다.

구체적으로 여권 발급이 거부되거나 제한되는 경우는 2년 이상의 형에 해당하는 죄로 기소 또는 3년 이상의 형에 해당하는 죄로 기소 중지 등에 처한 경우 등[3]이며, 출국이 금지되는 경우는 형사재판에 계속 중이거나 징역형이나 금고형의 집행이 끝나지 않았을 경우, 1천만 원 이상의 벌금이나 2천만 원 이상의 추징금을 내지 않은 경우 및 기소 중지 결정이 된 경우로서 체포영장 또는 구속영장이 발부된 경우 등입니다.[4]

모든 범죄사실이 출국이 제한되는 것이 아니니, 지원자가 벌금형을 선고받았거나 집행유예 중이라도 '해외여행 결격사유'에는 해당하지 않을 수 있습니다.

인사 노무 Tip | • 지원자가 '민감정보 수집 및 이용 동의에 동의'를 했다고 하더라도 범죄사실 조회는 제한됩니다.

---

3 여권법 제12조
4 출입국관리법 제4조

002 불합격자에게도 연락을 부탁해

이루리 대표의 쇼핑몰이 나날이 성장하고 있어 근로자 수도 30명을 훌쩍 넘게 되었다. 최근 채용을 진행하였는데, 불합격자 중한 명이 전화를 걸어 자신이 제출한 지원서류를 반환하고 불합격 사유를 알려달라고 요청을 해왔다. 이루리 대표는 전화를 받고 어리둥절했다.

자신이 회사에 다닐 때는 이런 요청을 한 적이 없었을 뿐더러, 회사에 그런 법적 의무가 있는 건지도 모르겠다. 이루리 대표는 어떻게 해야 할까?

고용이 보장되어 안정적인데다가 급여도 괜찮고, 복지도 좋은 회사의 일원이 되고 싶은 것은 직업을 가지고 살아가는 모든 사람들의 바람일 것입니다. 그래서 오늘도 열심히 입사 시험을 준비하고 면접 스터디에 참여합니다. 그런데 우리의 이런 노력을 비웃는 채용 비리 뉴스가 열심히 노력한 청년들을 좌절시킵니다. 이러한 불공정한 채용 비리를 방지하기 위해 채용절차법이 제정 시행되고 있습니다. 채용절차법은 공정성을 확보하기 위한 사항을 정함으로써 구직자의 부담을 줄이고 권익을 보호하는데 그 목적이 있습니다. 다만 이 법은 상시 30명 이상의 근로자를 사용하는 회사에 적용됩니다.

① 거짓 채용 광고 등의 금지(제4조)
거짓 채용 광고 금지, 채용 광고 내용의 불리한 변경 금지, 구직자 지적 재산권의 구인자 귀속 금지

② 채용 강요 등의 금지(제4조의2)
법령을 위반하여 채용에 관한 부당한 청탁·압력·강요 등을 하는 행위, 채용과 관련하여 금전·물품·향응 또는 재산상의 이익을 수수·제공하는 행위 금지

③ 출신 지역 등 개인정보 요구 금지(제4조의3)
구인자가 구직자에게 직무의 수행에 필요하지 아니한 개인정보를 기초심사자료에 기재하도록 요구하거나 입증자료로 수집하는 행위 금지
- (구직자 본인) 용모·키·체중 등 신체적 조건, 출신 지역·혼인 여부·재산
  (구직자 본인의 직계존비속 및 형제자매) 학력·직업·재산

④ 채용심사비용의 부담 금지(제9조)
구인자는 채용심사를 목적으로 구직자에게 채용서류 제출에 드는 비용 이외의 일체의 금전적 비용을 부담시키지 못함

⑤ 채용 일정 및 채용 과정의 고지(제8조)
구인자는 채용 일정, 채용심사 지연의 사실, 채용 과정의 변경 등 과정을 알려야 함

⑥ 채용 여부의 고지(제10조)
구인자는 채용대상자를 확정한 경우에는 지체없이 구직자에게 채용 여부를 알려야 함

⑥ 채용서류의 반환 등(제11조)
구직자가 채용서류 반환 등을 요구할 경우 구인자는 반환하여야 하며, 반환되지 않은 채용서류는 파기

채용 시 주요 유의사항

거짓 채용 광고 등의 금지

회사는 채용을 가장해서 아이디어를 수집하거나 사업장을 홍보하기 위한 목적 등으로 거짓의 채용 광고를 내서는 안 됩니다.

지원자에게 포트폴리오를 제출하도록 하여, 지원자에게 별다른 언급 없이 그 아이디어를 차용하는 사례 등이 문제가 될 수 있는데, 위반 시 5년 이하의 징역 또는 2천만 원 이하의 벌금에 처해질 수 있습니다.[5]

구직자를 채용한 후에 정당한 사유 없이 채용 광고에서 제시한 근로조건을 불리하게 변경하는 것을 금지하고 있고, 위반 시 500만 원 이하의 과태료가 적용됩니다. 채용공고와 달리 회사가 일방적으로 더 낮은 연봉을 조건으로 근로계약을 체결하려 한다거나 직무나 근무 장소가 다른 경우 등이 이에 해당할 수 있습니다.

서류접수 사실 등 고지의무

채용서류 접수 여부, 채용 일정 및 과정, 채용 여부, 불합격자의 서류반환 청구 권한 등을 반드시 고지하여야 합니다.

응시 접수단계에서의 고지	채용서류의 접수 사실
채용 과정 단계에서의 고지	채용 일정 및 채용 과정
채용 확정 단계에서의 고지	채용 여부
채용 확정 후 단계에서의 고지	채용서류 등의 반환 등

회사는 채용서류의 반환 등에 관한 사항[6]을 채용 여부가 확정되기 전까지 구직자에게 알려야 하며, 위반 시 300만 원 이하의 과태료 대상이 됩니다.

---

5 채용절차법 제16조
6 채용절차법 제11조 제1항 내지 제5항

개인정보 요구 금지

1. 지원자들에게 자료를 요구하는 단계에서는 출신 지역 등 개인 정보를 요구할 수 없습니다.

   개인정보 보호법에 따라 개인정보를 수집해야 하며, 고유 식별 정보(주민등록번호, 운전면허번호, 여권번호 등)와 민감정보(사상·신념, 노동조합·정당의 가입, 탈퇴, 정치적 견해, 건강, 유전정보 등)의 수집·이용은 원칙적으로 금지됩니다.[7]

2. 구직자의 동일성 확인을 위해 사진을 부착하도록 하는 것은 가능합니다.

3. 혼인 여부에 대한 정보 수집은 엄격하게 금지됩니다.

채용서류 보관

회사는 지원자의 채용 여부가 확정된 이후 14일~180일까지의 범위 내에서 회사가 정한 기간 동안 채용서류를 보관해야 하고, 불합격 지원자가 채용서류의 반환을 청구하는 경우에는 본인임을 확인한 후 반환해야 합니다.[8]

채용 전형이 종료된 후 입사지원자의 개인정보는 지체 없이 파기하는 것이 원칙이지만 5일 이내에 기한이 적정합니다.[9]

사례를 살펴보겠습니다.

---

7 개인정보보호법 제23조, 제24조
8 채용절차법 제11조 제1항, 제3항, 채용절차법 시행령 제4조
9 개인정보 보호법 제21조 제1항, 행정자치부·고용노동부 개인정보보호 가이드라인 인사·노무 분야 참고

누구나 쉽게 배우는
인사 노무 사례 100개면 되겠니

이루리 대표님은 지원자에게 채용 여부를 고지해야 할 의무가 있기 때문에 불합격을 통보해야 합니다. 하지만, 불합격 사유까지 알려야 할 의무는 없습니다.

또한, 불합격자가 채용서류 반환을 청구한 경우 그 보관기관 내라면 반드시 그 서류를 반환하여야 하며 채용서류 반환에 대비하여야 함에도 이를 보관하지 아니한 경우 300만 원 이하의 과태료를 부담하게 됩니다.

인사 노무 Tip	• 불합격 지원자에게도 합격여부를 통보하여야 합니다. 다만 불합격 사유까지 명시할 필요는 없습니다. • 처음부터 관련 서류를 다 제출하도록 하는 것보다는 서류심사에 합격한 구직자에 한정해 입증자료 등의 개인정보 서류를 제출하도록 하는 것이 좋습니다.[10] • 면접 중에 '출신 지역', '혼인 여부 등'에 관한 사항을 물어 정보를 수집한다면, 과태료 부과 대상이 될 수 있습니다.[11]

---

10 채용절차법 제13조 관련
11 채용절차법 제17조 제2항 제3호

003 채용 취소라니

어떡해 씨는 얼마 전 면접을 본 회사로부터 황당한 일을 겪었다. 두 번의 면접을 거쳐 합격했는데, 입사가 없던 일이 된 것이다.

합격 통보 이메일을 받을 때부터 찜찜하긴 했다. 이메일에 단어도 생소한 '채용내정'이란 표현이 있었던 것이다.

의미를 찾아보니, 회사가 본채용(정식채용)을 하기 상당기간 전에 채용할 사람을 미리 결정해 두는 것이라고 한다.

인사담당자는 "별 의미 없으니 걱정하지 않아도 된다, 입사 일정에 차질 없이 준비만 잘해달라."라고 했다고 한다.

어떡해 씨는 마음 한편이 찜찜한 상태로, 현재 다니고 있는 회사에 사직서를 제출했다.

그런데 합격 통보를 받고 1주일 뒤, "회사 사정이 생겨 어떡해 씨가 지원한 자리가 없어졌어요. 정말 죄송하지만, 입사는 어려울 것 같습니다."라는 전화를 받았다.

이미 사직서를 냈는데, 어떡해 씨는 어떻게 해야 할까?

최근에 코로나19로 인하여 회사 경영 사정이 악화되면서, 어떡해 씨처럼 입사 예정인 회사로부터 채용이 취소되었다고 연락을 받는 일들이 늘어나고 있습니다. 어떡해 씨처럼 다니던 회사를 그만둔 경우에는 더 난감합니다.

입사해서 근무를 시작하기 전 근로관계는 채용 예정, 채용내정, 채용 확정으로 구분할 수 있습니다.

- 채용 예정은 면접시험 합격 후 입사일, 임금 등 근로조건에 대한 결정 없이 대기상태에 있는 것을 말합니다.
- 채용내정은 졸업, 학위취득 등을 조건으로 미리 채용을 결정해 두는 것입니다.
- 채용 확정은 졸업 등의 조건 없이 일정 기간이 지나면, 또는 몇월 며칠부터 취업하도록 약정한 경우입니다.
- 시용은 본채용 전에 일정기간 동안 정식근로자로서의 적격성 유무 및 본채용 가부를 판정하기 위한 시험적 사용을 의미하며 현실적으로 근로 제공이 행해집니다

신입사원의 경우 채용내정을, 경력사원의 경우 채용 확정을 주로 사용합니다.

채용내정

'채용내정'이란 정식채용 전에 채용할 사람을 미리 결정해 두고 채용내정 통지서나 서약서에 기재된 취소사유 발생, 학교를 예정대로 졸업할 수 없는 경우 등의 채용의 결격사유나 일정한 사유가 발생하면 채용을 취소할 수 있다는 취지의 합의가 포함된 특수한 근로계약입니다.

따라서, 채용내정은 정식채용을 위한 조건을 충족하지 못한 경우에는 취소됩니다.

예를 들어, 학사학위 취득을 조건으로 하였는데, 내정자가 대학을 중퇴하는 경우입니다.

채용내정에 있어서 근로계약은 지원자가 채용시험에 응시하는 것

을 청약으로 사용자에 의한 채용내정통지를 승낙으로 보아, **채용내정 통지를 발송한 때에 성립한다고 봅니다.**

회사가 '원고 최종합격 및 처우 안내'라는 제목으로, 원고에 최종 합격한 것을 축하한다는 내용과 함께 위와 같이 내정자에게 명시한 각종 근로조건의 내용을 전달하는 이메일을 보냈고, 내정자가 회사에 입사일을 정하여 이메일을 보낸 이후, 회사가 일방적으로 종전보다 저하된 근로조건과 입사 일정을 하반기로 조정한 뒤, 내정자가 이를 거부하자, '불합격통보' 메일을 보낸 사안에서, 법원은 "채용내정통지를 함으로써 사용자와 근로자 사이에는 근로계약 관계가 성립하고, 그 후 사용자가 근로자에 대한 채용내정을 취소한 것은 실질적으로 해고에 해당한다."라고 보았습니다.[12]

1. 입사일 전 채용내정의 취소

아직 근로를 제공하고 있지 않을 뿐, '근로자'를 해고하였으므로 근기법 제23조 제1항에 따라 '정당한 이유'가 있어야 합니다.

다만, 채용내정의 취소는 본채용 거부 또는 시용기간 중의 종료와 마찬가지로 해고에 해당하나 정당한 이유를 판단함에 있어서는 통상의 해고보다 광범위하게 인정할 수 있습니다[13]

예를 들어, 코로나로 인해 현저히 경영 사정이 악화되어 정리해고를 하는 경우, 채용예정자를 기존 근로자보다 우선하여 정리해고를 하더라도 위법하다 볼 수는 없습니다.[14]

---

12 서울행정법원 2020. 5. 8. 선고 2019구합64167
13 서울민사지법 1991. 5. 31. 선고 90가합18673
14 대법원 2000. 11. 28. 선고 2000다51476

2. 임금 청구권

만약 예정된 입사일이 지나 입사를 못 했다면, 근로자는 입사일부터 임금 청구권이 발생합니다.[15]

채용 확정

채용이 결정되었지만, 아직 출근하기 전에 대기상태로 일정한 기간이 지나면 또는 몇월 며칠부터 당연히 취업이 되는 것으로 확정된 근로계약이 성립된 것으로 봅니다.

채용내정이 정식채용을 위한 조건을 충족하지 못한 경우에는 취소되는 것과 구분됩니다.

사례를 살펴보겠습니다.

어떡해 씨처럼 별다른 조건 없이 입사일이 확정된 상태라면 '채용내정'으로 통보를 받았지만 '채용내정'이 아닙니다. 채용이 확정된 상태입니다.

어떡해 씨는 이메일과 전화로 채용 합격 통보를 받아 증거까지 확보한 상황이라 입사예정일 이후부터 임금 등을 지급하라고 요구할 수 있습니다.

이직을 할 때는 최소한 **입사일은 언제이고 근무시간과 근무장소, 그리고 급여는 얼마를 주는지 확정**한 뒤, 사직서를 제출하는 것이 좋습니다.

이 경우에도 확정된 근로조건에 대한 서면 통지서를 받아 두는 것이

---

15 대법원 2002. 12. 10. 선고 2000다25910

좋습니다.

그리고 입사예정일까지 지나치게 길거나, 예정일이 미뤄진다면, 이직할 회사 인사팀에 전화해서 어떻게 되고 있는지 확인할 필요가 있습니다.

회사가 구체적인 입사예정일을 통보하지 않은 상태에서, 채용 여부나, 대책 등에 대해 지속적으로 문의하거나, 다른 일자리를 구하는 등의 조치를 했어야 하는데, 그런 노력을 하지 않은 것에 대해 회사의 손해배상액을 반으로 제한한 경우도 있습니다.[16]

사람을 뽑는 건 쉬운 일이 아닙니다. 신중에 신중을 기해야 하는 일이죠. 합격자 통보까지 하고 취소하는 일은 없어야 할 것입니다.

인사 노무 Tip	• 합격 통보 이후 채용을 취소하는 것은 '해고'입니다. • '해고'에는 정당한 사유가 있어야 하므로, 근로자가 지원 자격을 갖추지 못했다던가, 결격사유에 해당한다든가, 학력, 경력 등을 위조했다는 등의 사유가 있어야 가능합니다.

---

16 서울지방법원 2003. 8. 27. 선고 2002나40400

004 근로계약서 작성과 교부 의무

 이루리 씨는 정규직 웹디자이너로 입사한 지 한 달이 넘었지만 근로계약서를 쓰지 않았다. 일한 시간에 비해서 임금이 적게 들어온 것 같아, 이를 확인하고자 대표에게 근로계약서를 써야 하지 않겠냐고 이야기했지만, 대표는 '이미 일하고 있는데, 뭘'이라며 회피하고 있다. 이루리 씨는 구두로 약속한 근로계약 내용을 확인하고 싶다. 방법이 없을까?

근로계약은 근로자와 사용자 간의 합의에 의해서 계약이 성립됩니다. 따라서, 근로계약서를 작성하지 않고, 구두로 합의를 하더라도 근로계약이 성립되며 그 효력이 인정됩니다.

그런데, 구두 계약 내용은 당사자 간 다툼이 있을 가능성이 있으므로 합의 내용을 명확히 하고 장래에 발생할 수 있는 갈등을 최소화하기 위해서는 문서로 작성해야 합니다.

같은 취지에서 근로기준법 제17조에서는 사용자가 근로계약을 체결할 때에 반드시 근로자에게 명시할 사항을 규정하고 있으며, 작성된 근로계약서는 근로자에게 교부할 것을 의무로 정하고 있습니다.[17]

사용자가 이러한 의무를 이행하지 않을 경우에는 500만 원 이하

---

17 근기법 제17조

의 벌금에 처해집니다.[18]

　반드시 명시해야 하는 근로조건에 대해서 자세히 알아보겠습니다.

　사용자는 근로계약을 체결할 때에 근로자에게 다음 각 호의 사항을 명시하여야 합니다.

　근로계약 체결 후 다음 각 호의 사항을 변경하는 경우에도 또한 같습니다.

명시해야 하는 근로조건

1. 임금
2. 소정근로시간
3. 주휴일
4. 연차유급휴가
5. 취업의 장소와 종사하여야 할 업무에 관한 사항
6. 법 93조 제1호부터 제12호까지의 규정에서 정한 사항
7. 사업장의 부속 기숙사에 근로자를 기숙하게 하는 경우에는 기숙사 규칙에서 정한 사항[19]

---

18 근기법 제114조
19 근기법 93조(취업규칙의 작성·신고)
　1. 업무의 시작과 종료 시각, 휴게시간, 휴일, 휴가 및 교대 근로에 관한 사항
　2. 임금의 결정·계산·지급방법, 임금의 산정 기간·지급 시기 및 승급(昇給)에 관한 사항
　3. 가족수당의 계산·지급방법에 관한 사항
　4. 퇴직에 관한 사항
　5. 「근로자퇴직급여 보장법」 제4조에 따라 설정된 퇴직급여, 상여 및 최저임금에 관한 사항
　6. 근로자의 식비, 작업용품 등의 부담에 관한 사항
　7. 근로자를 위한 교육시설에 관한 사항
　8. 출산 전후 휴가·육아휴직 등 근로자의 모성보호 및 일·가정 양립 지원에 관한 사항
　9. 안전과 보건에 관한 사항
　9의 2 근로자의 성별·연령 또는 신체적 조건 등의 특성에 따른 사업장 환경의 개선에 관한

서면으로 명시해야 하는 근로조건

1. 임금의 구성항목
2. 임금의 계산방법
3. 임금의 지급방법
4. 소정근로시간
5. 주휴일
6. 연차휴가

사례를 살펴보겠습니다.

이루리 씨를 고용한 대표는 적어도 위 내용 중 서면으로 명시해야 할 의무가 있는 근로조건을 포함한 근로계약서를 작성하고 이를 교부해야 할 법적 의무를 위반하고 있으므로 500만 원 이하의 벌금에 처해질 상황입니다.

그러니, 대표님! 어서 근로계약서를 작성하세요! 이 조항은 **근로자마다 적용되며 벌금도 각각 부과합니다.**

주의하여야 할 것은 근로계약 기간이 정해져 있는 기간제근로자와 아르바이트와 같은 단시간근로자의 경우에는 서면으로 명시해야 하는 근로조건이 몇 가지 더 추가된다는 점입니다.

사항

10. 업무상과 업무 외의 재해부조(災害扶助)에 관한 사항
11. 직장 내 괴롭힘의 예방 및 발생 시 조치 등에 관한 사항
12. 표창과 제재에 관한 사항
13. 그 밖에 해당 사업 또는 사업장의 근로자 전체에 적용될 사항

기간제근로자와 단시간근로자의 경우[20]

1. 근로계약 기간에 관한 사항

2. 근로시간·휴게에 관한 사항

3. 임금의 구성항목·계산항목 및 지불 방법에 관한 사항

4. 휴일·휴가에 관한 사항

5. 취업의 장소와 종사하여야 할 업무에 관한 사항

6. 근로일 및 근로일별 근로시간 (단시간근로자에 한함)

인사 노무 Tip	• 서면으로 명시해야 하는 근로조건을 포함하여 근로계약서를 작성해야 합니다. • 근로계약서는 전자문서로도 체결이 가능합니다. • 표준근로계약서를 참고하여 누락된 항목이 없는지 확인합니다. • 근로계약서는 근로 시작 전에 체결합니다.

---

20 기간제법 제17조

005 근로 종료일이 명시되어 있지 않은 근로계약서의 효력

최고수 차장의 회사에 회계사로 입사한 김수학 씨는 1년 후 회사로부터 근로계약 기간만료 통보를 받았다. 하지만 수학 씨는 근로계약서를 작성할 때 입사일만 적고, 종료일은 기재하지 않았기에 인사팀 최고수 차장에게 찾아가 말했다.

김수학 회계사 "제 근로계약서에는 계약만료일이 없는데, 저를 해고하시는 건가요?"

최고수 차장 "해고라니요? 회계사는 계약직으로만 뽑아왔고 채용공고에도 그렇게 되어 있었으니, 김수학 회계사님은 계약직입니다. 근로계약 기간 종료에 대해서 안내를 드린 것뿐입니다."

채용공고에는 분명 '계약직'이라고 되어 있지만, 김수학 회계사가 작성한 근로계약서에는 종료일이 명시되어 있지 않았다. 계약직으로 채용되었음이 명확하니 김수학 씨는 계약직이고, 1년 뒤에는 자동으로 근로계약이 종료되어야 하는 것이 맞을까? 억울한 김수학 씨는 노동위원회에 부당해고 구제신청을 하기로 결심했다.

일반적으로 계약종료일을 명시하지 않은 경우에는 기간의 정함이 없는 근로계약, 즉 정규직 근로계약을 체결한 것으로 인정됩니다.

그리고 당사자 간에 서명날인을 통해 합의의 유효성을 입증한 근로계약서 중 중요한 사항에 대한 착오나 오기가 있었다고 주장한다면, 그러한 주장은 주장하는 당사자가 이를 입증해야 합니다.

사례를 살펴보겠습니다.

김수학 씨는 채용공고에서 '계약직'이라는 문구를 분명 보았지만, 근로계약을 체결할 당시에는 근로계약 종료일을 기재하지 않았습니다. 또한, 회사의 다른 계약직 직원들은 1년~5년까지 근로계약 기간이 다양했습니다.

그런 상황에서 회사가 근로계약 종료일을 작성하지 않은 것이 당사자 간의 착오에 의한 것이라는 이렇다 할 증거도 내놓지 못한다면, 김수학 씨는 계약직이 아닌, 기간의 정함이 없는 근로자로 인정받게 됩니다.

그렇다면 김수학 씨가 받은 근로계약 기간만료 통보서는 회사의 일방적인 근로관계 종료를 알리는 해고 통보서가 되므로 해고의 정당성이 있는지를 살펴야 합니다.

회사가 보낸 통보서에 기간의 정함이 없는 근로자에게 근로계약 기간만료를 계약의 종료 사유로 명시하였으니, 이는 부당한 해고가 될 것입니다.

---

i

인사 노무 Tip

- 근로계약 기간의 종료일이 명시되지 않은 경우에는 별다른 사정이 없는 한 기간을 정하지 않은 근로자, 즉 정규직 근로자로 인정됩니다.
- 근로계약서를 작성할 때 근로계약 기간 등 주요 사항은 근로자 자필로 작성하면 좋습니다.

006 시용과 수습의 차이

강유리 씨는 IT 보안담당자로 입사했다. 인사팀 최고수 차장은 시용기간 3개월 동안 업무 적격성을 판단한 후 정규직 근로계약서를 작성한다고 3개월 시용기간을 정한 근로계약서를 먼저 작성하였다.

경력자였던 유리 씨는 이전 직장과 많이 다른 업무방식에 적응하기 위해 고군분투하였으나, 회사는 유리 씨가 회사와 맞지 않는다고 판단하였고 3개월 후, 근로계약 기간만료를 통보하였다.

별 탈 없이 업무를 수행하면 정규직으로 전환된다고 알고 있었던 유리 씨는 큰 충격을 받았다. 억울한 유리 씨는 노동위원회에 부당해고 구제신청을 제기하였다. 유리 씨는 3개월의 기간을 정한 근로계약서를 작성했으니 근로계약 기간만료가 맞는 것일까? 아니면, 해고를 당한 것일까?

회사에서는 인재를 채용할 때, 근로자가 우리 조직과 잘 맞는지, 담당하게 될 업무를 잘 할지, 구성원들과는 잘 어울리는지 등을 검증하기 위한 단계로, 시용이나 수습 기간을 둡니다.

이 두 제도는 해약권이 유보된 근로계약이라는 점에서 유사하지만 다른 제도입니다.

시용계약

본계약 체결 전에 근로자가 앞으로 담당할 업무를 수행할 능력이 있는지 여부를 사용자가 일정 기간 평가하기 위하여 체결하는 계약으로서 일종의 해약권유보부 근로계약 입니다.

수습제도

근로계약을 확정적으로 체결한 후에 근로자의 직업 능력이나 사업장에서의 적응 능력을 향상시키기 위한 제도입니다.

일반적으로 '수습'은 사회생활 경험이 없는 사회초년생, '시용'은 경력직에게 사용되는 용어이나, 회사에서 어떤 명칭을 사용하였든 **수습, 시용 모두 '평가'를 통해 확정적 근로계약을 맺는다면 '시용'**입니다.

위와 같이 시용과 수습은 구분되는 개념이지만, 사업장에서는 수습과 시용을 구별하지 않고 혼용하여 사용하고 있는 사례가 종종 있습니다. 그런데 판례는 필요한 경우에 시용기간은 정식 채용 이전에 정식 채용 여부를 결정하기 위한 기간이고, 수습은 정식채용 후에 업무수습을 위한 기간이라고 하여 시용과 수습을 명확하게 구분하고 있습니다.[21]

두 제도의 가장 큰 차이는 시용계약은 평가를 통해 업무 적격성 판단을 하여 본채용을 거절할 수 있다는 사용자의 근로계약에 대한 해약권이 유보되어 있어, 수습제도와 같이 정식채용이 체결된 경우보다 근로계약 해지 사유의 정당성을 보다 폭넓게 인정하고 있다는 것입니다.

이런 이유로 많은 회사에서 시용기간이 만료되면 시용 근로자와

---

21 서울고등법원 2012. 11. 2. 선고 2011누38980

의 근로관계 종료가 손쉽게 가능하다고 생각하지만, 판례는 시용기간 만료로 근로계약을 종료하는 것을 해고로 보기 때문에 객관적으로 보아 합리적인 이유가 존재하여 사회통념상 상당하다고 인정되어야 한다고 판결하고 있습니다.[22]

따라서, 근로관계를 종료해야 하는 합리적인 이유 없이 시용계약기간 만료만으로 근로관계를 종료하는 것은 해고에 해당합니다.

시용계약 종료가 정당한 것으로 인정되기 위해서는

시용기간 동안 수행한 업무에 대하여 평가를 실시하여 본채용을 결정해야 합니다. 평가기준과 방법을 설계할 때, 근로자가 납득할 수 있도록 공정성을 높이기 위해서는 담당업무에 적합한 평가항목과 배점을 부여하고 다수의 평가자를 두는 것이 좋습니다.

많은 사업장에서 평가 방식을 상급자와 차상급자의 평점을 종합해 평가하는 방식을 채택하고 있는데, 이 경우, 평가자들이 대상 근로자를 직접 관찰하거나 사실 조사를 할 수 있는 위치에 있는지 여부가 고려되어야 합니다. 예를 들면, 현장 근로자에 대하여 실제 지도·감독한 사례가 없고 장소적으로 분리된 본사 간부가 차상급자로서 현장 조사 없이 전적으로 현장 상급자의 서면 보고서에 의존하여 평가를 한다면 평가의 신뢰성을 확보하기가 어려울 가능성이 높습니다.

또한, 평가항목을 설정함에 있어서 합리적이고 객관적인 평가가 가능하도록 설계해야 합니다. 예를 들면 '다른 부서와의 업무협조' '동료와의 화합'이라는 평가항목을 사업장에서 종종 설정하고 있는

---

22 대법원 2006. 2. 24. 선고 2002다62432 판결 등

데, 구체적인 근거 제시 없이 평가 의견을 막연하게 기재한 경우에는 자의적인 평가로 비판받을 우려도 있습니다. 사용자는 평소에 부서 간 미협조 또는 직원 간 불화 발생 시 침묵하기 보다는 시용기간이니 만큼 그 사유를 살펴보고 개선토록 지도하는 등의 조치를 통해 시용 근로자가 당해 사업장에 조속히 적응할 수 있도록 배려하는 것이 좋으며 그러한 사례가 축적되어 업무 부적합 여부의 구체적 근거가 제시될 경우에 자의적인 평가라는 비판에서 벗어날 수 있을 것입니다.

제도 설정 시 유의사항

시용기간을 근로계약서에 명시하지 않았지만, 취업규칙에 신규 채용하는 근로자에 대한 시용기간의 적용을 선택적 사항으로 규정하고 있는 경우에 그 근로자에 대하여 시용기간을 적용할 것인가의 여부는 근로계약에 명시하여야 하고, 만약 근로계약에 시용기간이 적용된다고 명시하지 아니한 경우에는 시용 근로자가 아닌 정식 사원으로 채용되었다고 보아야 합니다. 따라서[23] 근로계약을 체결하여 시용기간을 설정할 때는, 반드시 이를 근로계약서에 기재하고 근로자에게 명확하게 고지해야 합니다.

사례를 살펴보겠습니다.

시용계약을 체결한 강유리 씨에게 '근로계약 기간만료'를 통보한 것은 시용계약 기간만료를 통보한 것으로 '해고'에 해당하며, 합리적인 사유가 존재하여야 정당한 해고로 인정될 수 있습니다. 회사는 강유리

---

23 대법원 1999. 11. 12. 선고 99다30473

씨에게 본채용을 위한 인사평가를 실시하지 않았고, 근로계약 기간만
료 외에 근로관계를 종료할 합리적인 사유가 있다고 인정될 만한 사정
이 없어 부당해고로 판단될 것입니다.

인사 노무 Tip	• 시용과 수습은 다른 제도입니다. • 시용기간을 설정하려면 근로계약서에 해당 내용을 명시하여야 합니다. • 시용계약 만료로 근로관계를 종료하는 것은 해고에 해당합니다. • 시용기간 중의 평가는 평가항목, 평가 배점 등에 있어서 합리성과 객관성을 갖추도록 설계되어야 하고 조사·관찰이 가능한 다수의 평가자에 의하여 실시되어야 공정성과 신뢰성을 확보할 수 있습니다. • 수습제도를 시용과 유사하게 활용할 경우, 근로계약서에 수습 기간에 대한 평가를 통하여 근로계약이 종료될 수 있음을 명시하여야 합니다. • 시용평가의 내용과 절차를 시용계약 체결 시 근로자에게 알려줍니다.

007 수습기간을 연장할 수 있을까

 최고수 차장 인사팀에 신입사원이 들어왔다. 수습 기간은 3개월 이다.
수습평가 점수가 좋지 않아, 회사는 한 번 더 기회를 줘서 3개월 을 연장한다고 한다.
당초 수습 기간이 3개월이었는데 3개월을 추가로 연장할 수 있는 것인가? 최고수 차장은 궁금해졌다.

수습기간을 연장할 수 있을까?
수습기간 중의 임금수준은 어떻게 결정되나?
연차휴가나 퇴직금 산정기간에 수습기간이 반영되는지?
만일, 수습근로자의 고용이 종료된다면 그 절차는 어떻게 진행되나?
수습근로자의 경우에는 위와 같은 여러 가지 의문이 제기됩니다.

보통 수습 기간에는 일반직원에 비하여 급여를 낮게 지급하고 복지에 대한 혜택도 일부 제한하는 경우가 많습니다. 또한 수습 기간은 일반 근로자보다 해고 사유를 폭넓게 인정하고 있습니다. 수습 기간의 연장은 근로자 입장에서 불안정한 상태로 근무를 해야 하는 기간이 길어지게 되는 것이므로 신중을 기해야 합니다.

수습 기간 연장의 효력요건

수습기간의 연장 또는 갱신은 원칙적으로 허용될 수 없습니다.

다만, ▲근로자의 직업능력 양성·교육이나, 적격성 판단 등을 위한 필요한 최소한의 기간에 한정되고 ▲근로자가 동의하거나 ▲근로자에게 통보한 후 수습기간을 연장할 수 있습니다.

이때 주의해야 할 것은, 수습 기간을 연장하더라도 합리적인 이유 없이 장기간의 수습기간을 설정하는 것은 부당한 처분으로 관련 행정해석에서는 수습 기간이 3개월을 넘지 않을 것을 권고합니다.[24]

일반적으로 일을 배우는 데 시간이 더 필요하다고 생각하는 분야에서는 수습 기간을 6개월로 하기도 합니다. 예를 들어 변호사, 회계사, 노무사 등의 자격증 소지자, 또는 기자직이나 연구원들이 그렇습니다.

회사는 취업규칙과 근로계약서에 '수습' 기간을 두고, '1회에 한하여 연장할 수 있다.' 등으로 **수습과 수습연장의 근거 규정을** 둡니다. 또한 연장 시에는 근로자의 동의를 받습니다.

만약 회사가 수습 기간을 연장할만한 특별한 사정없이 일방적으로 수습 기간을 연장했다면, 본래의 수습 기간이 종료되었을 때 해당 직원은 이미 정규직원이 되었으므로, 연장된 수습 기간 종료 시 단순히 수습 기간에 대한 평가를 이유로 해고하지 못합니다.[25] 즉 일반 근로자와 같이 근로관계 종료에 정당한 사유가 인정되어야만 해고가 가능해집니다.

---

24 서울행정법원 2007. 3. 8. 선고 2006구합2466판결 후 소 취하, 근기01254-14914, 1991. 10. 10.

25 서울행정법원 2006. 9. 26. 선고 2006구합20655

사례를 살펴보겠습니다.

수습 기간은 연장이 가능하지만 근로자가 동의하거나 근로자에게 통보되어야 효력이 있으므로, 최고수 차장은 먼저, 근로계약이나 취업규칙 등에 수습 기간 연장에 대한 내용이 있는지 여부를 살펴보고 연장에 동의할지 여부에 대해 판단하여야 합니다. 사용자는 신입사원에게 수습기간 연장에 대한 동의를 받아야 그 효력이 인정됩니다.

수습 기간 중의 근로관계

1. 수습 기간의 최저임금
   법적으로는 입사 후 3개월 동안 최저임금의 90%만 지급해도 됩니다.(단, 1년 이상 근로계약을 체결하고 단순 노무 업무 종사자가 아니어야 함)[26]

2. 수습 기간은 연차휴가나 퇴직금 산정을 위한 계속근로기간에 포함됩니다.

3. 수습도 해고 시에도 해고 사유와 해고 시기를 서면으로 통지해야 합니다.[27]

필수적으로 근거 조항, 사유, 해고 일자를 기재해야 하며, 사유를 기재할 때는 구체적인 사실 또는 비위 내용을 기재해야 합니다.

다만 계속 근로기간이 3개월 미만인 경우 해고예고가 제외됩니다.

(※ 3개월 미만이므로 계속 근로기간이 3개월이 되기 전에 통보해야 함을 주

---

26 최저임금법 시행령 제3조
27 근기법 제27조 제1항

의해야 합니다.)

여기서 사용자 측에서 30일전에 해고예고를 하였기 때문에 정당한 해고를 하였다고 주장하는 사례를 볼 수 있습니다. 이는 해고예고를 함으로써 30일분의 통상임금을 지급하지 않아도 된다는 의미이지 근기법 제27조 제1항 규정에 따른 절차로서 근로자에게 해고의 사유와 시기를 서면으로 통지하는 의무가 면제되는 것은 아닙니다.

즉, 수습근로자를 해고함에 있어서 서면으로 해고의 사유와 해고시기를 서면으로 통지하지 않았다면 이는 절차적으로 중대한 흠결에 해당하여 부당해고로 인정받게 될 것입니다.

인사 노무 Tip

- 수습 기간은 연장이 가능하나, 취업규칙, 근로계약서에 근거 규정을 두고, 본인 동의를 받아야 합니다.
- 수습 기간은 연차나 퇴직금 산정을 위한 계속근로기간에 포함됩니다.
- 수습근로자도 해고 시에는 해고 사유와 해고 시기를 서면으로 통지해야 합니다.
- 계속근로기간이 3개월 이상(3개월 포함)이라면, 30일 전에 해고예고를 하거나, 30일분 이상의 통상임금을 지급해야 합니다.

해고예고통보서

수신
소속부서 : HR팀
성 명 : 나멋짐
직 위 : 수습사원 / 생년월일 : 2000년 00월 00일

발신
㈜ 좋은회사
대표이사 이세상

- 내 용 -

귀하를 근로기준법 제26조 및 제27조에 의거 아래 사유로 2021년 6월 30일부로 해고예고를 통보합니다.

근거 조항	가 취업규칙 제OO조(수습 기간만료 후 인사발령 사항)
사유	가 3차에 걸친 수습사원 평가 시 공통적으로 업무역량이 매우 부족하고 태도가 불량하다는 지적을 받음(잦은 실수 및 업무 지시 미이행, 보고 누락 등)– 평가점수 47점(80점 이상 통과, 평균 92점) 나 지시 불이행 및 보고 누락 등이 빈번히 발생하여 시정지시 및 교육을 하였으나 개선의 여지가 없음(경위서(사유서) 7건 이상) 다 2회의 무단결근 및 7회의 지각으로 근무태도가 매우 불량함
해고일	2021년 6월 30일

2021년 6월 21일

㈜좋은회사 대표이사
이 세 상 (인)

································ 절취선 ································

해고예고 통보서 수령증

소속 : HR팀
성 명 : 나멋짐
직 위 : 수습사원 / 생년월일 : 2000년 00월 00일

008 취업규칙과 근로계약서의 내용이 다를 때

회사는 최근 과반수 노동조합 대표의 동의로 취업규칙을 불이익하게 변경하였다.

임금피크 감액 비율을 40%에서 50%로 올리는 내용이다.

회사는 매년 1월에 전 근로자의 근로계약을 다시 체결하여 왔다. 그런데 임금피크는 정년 3년 전부터 적용이 되고, 취업규칙에서 정년은 만 60세가 도래하는 달의 마지막 날까지로 규정하고 있어, 1월에 근로계약 체결 시 임금피크제를 적용받지 않았다면, 감액이 되지 않은 연봉으로 근로계약을 하게 된다.

종전에 임금피크제 적용을 받던 근로자도 올해 초 계약 연봉은 피크임금 대비 40%만 감액된 연봉이다.

인사담당 최고수 차장은 감액 비율을 40%에서 50%로 올린다는 내용을 직원들이 이미 다 알고 있으니, 별 문제 없으리라 생각하고 임금피크가 적용되는 직원들과 감액 비율이 변경된 근로계약서를 다시 작성하지 않았다.

그런데 임금피크제 대상인 안돼용 과장은 자신의 근로계약서에는 분명 450만 원(피크임금 750만 원, 40% 감액)으로 기재되어 있는데, 375만 원(50% 감액)을 지급하는 것이 말이 되느냐고 주장한다.

최고수 차장은 어떻게 해야 할까?

근로조건을 규율하는 규범으로는 근로기준법, 단체협약, 취업규칙, 근로계약 등이 있습니다.

법을 적용할 때는 몇 가지 원칙이 있습니다.

일반법과 특별법이 있다면, 특별법을 적용합니다.

근로기준법에 대해 선원법은 특별법으로 선원법을 먼저 적용합니다.

상위규범과 하위규범이 상충한다면 상위규범을 따릅니다.

그런데 근로관계를 규율할 때는 "유리한 조건 우선의 원칙"이 적용됩니다.

노동법의 여러 법원 가운데 근로자에게 가장 유리한 조건을 정한 법원을 먼저 적용하여야 한다는 원칙입니다.

따라서 근로기준법 〉 단체협약 〉 취업규칙 〉 근로계약서 순으로 근로조건이 적용되지만, 규율하는 내용이 다를 경우에는 근로자에게 유리한 조건을 정한 규범을 확인합니다.

단, 취업규칙은 법령이나 해당 사업 또는 사업장에 대하여 적용되는 단체협약과 어긋나서는 안 되며[28], 이는 유리한 조건일 때도 적용되는 것으로 봅니다.[29]

취업규칙과 근로계약 중에 서로 다른 내용이 있을 때에도 취업규칙, 근로계약 순으로 살펴보되, 근로계약서에 근로자에게 유리한 조건을 규정하고 있다면, 해당 규범을 적용합니다.

관련 판례[30]는 취업규칙은 근로자의 근로조건과 복무규율에 관한 기준을 집단적·통일적으로 설정하기 위하여 사용자가 일방적으로 작성한 것인데 반해, 근로계약은 사용자와 근로자의 합의에 기초한 것이므로, 어떠한 근로조건에 관해 취업규칙과 근로계약이 각기 다

28 근기법 제96조 제1항
29 대법원 2002. 12. 27. 선고 2002두9063
30 대법원 2020. 4. 9. 선고 2019다297083

르게 정하고 있다면, 취업규칙이 근로자에게 보다 유리하다는 등의 특별한 사정이 없는 이상, 근로계약이 우선 적용되는 것으로 보아야 한다고 판시하고 있습니다.

중요한 것은 근로계약을 체결한 이후에 취업규칙이 적법한 절차를 거쳐 근로자에게 불리하게 변경되었다고 하더라도 해당 근로자가 그 취업규칙의 변경에 동의하는 등의 특별한 사정이 없는 한 해당 근로자의 기존 근로계약이 취업규칙이 정한 대로 당연히 변경된다거나 그 취업규칙 중 근로계약과 상충되는 부분이 기존의 유리한 근로계약에 우선하여 적용된다고 할 수 없다고 판단한 부분입니다.

취업규칙이 적법한 절차를 거쳐 불이익하게 변경되었음에도 불구하고 그 효력을 인정하지 않았다는 점에서 많은 논란이 있는 판결이지만, 근로자가 그에 동의한 적이 없다면 근로자에게 유리한 기존의 근로계약에 따라야 합니다.

사례를 살펴보겠습니다.

최고수 차장은 근로자 과반수를 대표하는 노동조합 위원장에게 취업규칙 불이익변경 동의를 받았지만, 근로자들에게는 개별적인 동의를 받지 않았고, 취업규칙 불이익 변경 이후에 근로계약서를 새로 작성하지도 않았습니다.

따라서 이에 대한 동의를 한 적 없는 안돼용 과장이 근로계약에 따른 임금을 적용해달라는 주장을 반박할 수 있는 근거가 없으므로, 안돼용 과장에게 근로계약에 따른 임금을 지급해야 합니다.

만약 최고수 차장의 회사가 근로계약서에는 해당 근로자에 대한 특별한 내용만 기재하고, "취업규칙 변경 시에는 그에 따른다, 그 외 다른 근로자들과 동일하게 적용되는 근로조건은 취업규칙의 내용에 따른다, 급여 적용 기간 중 승진, 징계, 휴직, 임금피크 적용 등 인사 변동 또는 인사상 사유가 발생하였거나 급여에 관한 사규가 변경된 경우 이에 따라 급여를 조정하여 지급한다." 등으로 규정해두었다면, 유효하게 변경된 취업규칙에 따라 50% 감액된 금액으로 안돼용 과장에게 급여를 지급할 수 있는 여지가 생길 수 있지만, **취업규칙 불이익 변경을 통해 근로조건을 불리하게 변경하였다면, 변경된 내용으로 근로계약을 체결해야 하겠습니다.**

인사 노무 Tip	• 취업규칙을 불이익하게 변경한 경우, 이에 따라 근로계약도 새로 체결해야 합니다. • 만일, 사용자가 취업규칙의 불이익 변경 시에도 개별 근로자와 변경된 근로계약을 체결하지 않으려면 근로계약서에는 해당 근로자에 대한 특별한 내용만 기재하고 취업규칙 변경 시 이에 따른다는 규정을 두어야 합니다.

009 프리랜서 계약서를 썼다고 무조건 개인사업자

이루리 씨는 프리랜서 웹디자이너로 F 방송사에서 일하기로 프리랜서 계약서를 체결하였다. 입사하고 보니 다른 웹디자이너 중에는 근로계약서를 체결한 사람도 있었는데, 그들은 연차휴가도 사용하고 퇴직금 적용도 받았지만, 일하는 방식은 이루리 씨와 크게 다르지 않았다. 이루리 씨는 방송국에서 업무미팅 시간을 알려주면, 그 시간에 맞춰야 하고, 방송국에서 디자인 수정을 지시하기도 하였으며, 방송국으로 출·퇴근해야 했다.

이루리 씨는 프리랜서 계약서를 체결했으니, 근로자가 아니라, 개인사업자일까?

방송작가, 아나운서, 학원 강사, 헤어디자이너 등 많은 사람들이 약정한 업무를 수행하고 이에 대한 대가를 지급받기로 하는 프리랜서 계약을 체결합니다. 그런데 프리랜서 계약서를 작성했다고 해서 무조건 개인사업자이고, 근로계약서를 써야만 근로자인 것은 아닙니다.

계약의 형식이 아닌 실질에 있어 근로를 제공한다면 근로자입니다.

근로자란

직업의 종류와 관계없이 임금을 목적으로 사업이나 사업장에 근로를 제공하는 사람을 말합니다.[31]

---

31 근기법 제2조 제1항 제1호

근로자는 근로기준법의 적용 대상이 되며 법상 보장된 연차휴가, 시간외수당, 퇴직금 등을 청구할 수 있는 권리가 있습니다. 따라서 근로자로 인정을 받는 것은 법적 지위에 있어 큰 의미가 있고 실제로 이와 관련하여 많은 분쟁이 발생합니다.

근로자성 판단의 중요한 요소는 '사용종속관계 아래에서 근로를 제공'하는지 여부입니다.

'사용종속관계'란 사용자의 지휘·명령아래에 일정한 근로를 제공하고 그 대가로 임금을 받는 고용관계를 의미하고, 여기서 근로자와 프리랜서가 구분됩니다.

프리랜서는 원칙적으로 업무의 결과(완성)에 책임을 질 뿐, 업무수행 방법에 대해 일을 맡긴 자로 부터 지시나 명령을 받지 않습니다.

판례에 의해 적립된 근로자성 판단의 기준은 다음과 같습니다.

근로자성 판단기준

계약의 형식이 고용계약인지 도급계약인지보다 그 실질에 있어 근로자가 사업 또는 사업장에 임금을 목적으로 종속적인 관계에서 사용자에게 근로를 제공하였는지 여부에 따라 판단하여야 하고, 여기에서 종속적인 관계가 있는지 여부는 업무 내용을 사용자가 정하는 지 등 경제적·사회적 여러 조건을 종합하여 판단[32]합니다.

---

32 대법원 2006. 12. 7. 선고 2004다29736

		check list	

번호	항목	내용	해당 여부(OX)
1	업무 수행의 내용과 방법	• 업무 내용이 사용자에 의해 정해지는지	
		• 사용자에 의해 근무의 시간과 장소가 지정되고 구속받는지	
		• 취업규칙 또는 인사 규정 등의 적용을 받는지	
		• 업무수행과정에서 사용자로부터 상당한 지휘·감독을 받는지	
2	독자적인 사업자성	• 근로 제공 관계의 계속성	
		• 사용자에 대한 전속성의 유무와 그 정도	
		• 노무 제공자가 스스로 비품·원자재나 작업 도구 등을 소유하거나 제삼자를 고용하여 업무를 대행케 하는 등 독립하여 자신 계산으로 사업을 영위할 수 있는지	
		• 노무 제공을 통한 이윤 창출과 손실초래 등 위험을 스스로 안고 있는지	
3	보수의 근로 대가성	• 보수의 성격이 근로 자체의 대상적 성격인지	
		• 기본급·고정급이 정해져 있는지	
		• 근로소득에 원천징수 등 보수에 관한 사항	
4	기타	• 사회보장제도에 관한 법령 등 다른 법령에 의해 근로자 지위를 인정받는지 • 채용 시 선발요건, 전형단계를 거쳤는지 여부 • 근로자 관리 여부(명부 작성 등) • 직무교육 실시 여부 • 위탁계약 해지나 손해배상이 아닌 징계를 하였는지 여부 • 근로계약 체결(구두로 한 계약 등 포함) 여부 • 휴일·휴가와 같은 법정 근로조건 적용했는지 등	

판례의 판단 요소 중 회사가 임의로 정할 여지가 큰 기본급, 고정급의 지급, 근로소득세 원천징수, 4대 보험 가입 여부 등은 부차적인 판단 요소이며, 가장 중요한 것은 업무수행의 내용과 방법, 독자적인 사업자성 항목입니다. 즉, 프리랜서(업무대행)계약 체결, 정해진 기본급이 없고 근로소득세가 아닌 사업소득세 납부, 4대 사회보험에 미가입하는 것은 일부 근로자성이 부인될 만한 요소로 볼 수도 있겠으나 이는 사용자가 경제적으로 우월한 지위를 이용하여 임의로 정할 소지가 큰 요소이므로 이러한 사실에 전적으로 의존하여 당해 근로자의 근로자성이 부인되지는 않으며, 근로자인지 여부는 계약이 민법상의 고용계약이든 도급계약이든 계약의 형식에 관계없이 그 실질에 있어 근로자가 사업 또는 사업장에 임금을 목적으로 종속적인 관계에서 근로를 제공하였는지 여부에 따라 판단합니다.

사례를 살펴보겠습니다.

프리랜서 계약서를 한 것, 사업소득으로 신고한 것, 4대 보험에 가입되지 않은 사실이 인정된다고 하더라도 이루리 씨는 출·퇴근 시간을 준수해야 한다는 점, 수정지시를 받고 회의 참석 의무가 있었다는 점, 기타 다른 근로계약을 체결한 디자이너들과 업무수행을 하는 방식이 동일하였다는 점에서 미루어볼 때, 사용자의 지휘명령을 받아 노무를 제공하는 근로자로 판단될 것입니다.

근로자성의 판단은 업무를 수행한 실질적인 사실관계에 달려있습니다. 그렇기 때문에 같은 직업이라고 해서 무조건 동일한 결론이 나오는 것은 아닙니다. 예를 들어 헤어디자이너라고 하더라도 어떤 사안에서는 근로자로 인정되고, 어떤 사안에서는 근로자가 아니라고 판단되기도 합니다. 따라서 개별 사안에서 근로자성 여부 체크리스트에 실질적인 사실관계를 대입하여 확인하시길 바랍니다.

인사 노무 Tip	• 프리랜서 계약서를 체결하고, 기본급이 없고, 사업소득세 납부, 4대 사회보험에 미가입되었다는 사실만으로 근로자성이 부정되지 않습니다. • 실제에 있어 사용자의 지휘 · 명령아래에 일정한 근로를 제공하고 그 대가로 임금을 받는다면 근로자로 인정됩니다. • 사내 프리랜서의 근로자성 여부를 주요 판단기준을 적용한 체크리스트를 통해 점검합니다.

010 현장실습 나온 학생은 근로자일까

 최고수 차장은 직업계고 현장 실습생을 거쳐 정규직 근로자가 된 어떡해 씨에게 연차휴가를 부여할 때 현장실습 기간도 포함하여 야 하는지 궁금하다. 직업계고 현장 실습생은 연차휴가나 퇴직금 등의 노동법이 적용되는 근로자일까?

직업계고등학교란 직무능력 및 취업역량을 강화하기 위해 현장 중심 실무교육을 하는 고등학교를 말하며, 특성화고와 마이스터고, 일반고 중 직업반을 포함합니다.

직업계고 학생들은 훈련을 목적으로 사업 또는 사업장에서 일을 경험하는 현장실습을 하게 되는데, 이를 학습중심 현장실습이라고 합니다.[33]

명칭에서도 알 수 있듯이 회사에 현장실습을 하기 위해 파견된 학생들은 근로자가 아니라, 현장 실습생으로 직업교육훈련 촉진법의 적용을 받습니다.

---

[33] 교육부 고시 제2018-165호

내용	현장 실습생	근로자
계약	현장실습 표준협약서 작성	근로계약서 작성
기간	3개월 이내	제한 없음
내용	일 경험을 통한 지식, 기술, 태도 학습	노동의 제공
방법	기업 현장 교사로부터 일 경험 습득	사용자의 지휘명령에 따라 업무수행
수당 등	현장실습 수당(기업), 현장 실습비(학교) 지급	회사에서 임금 지급
4대 보험	미가입 (*산재는 가입)	적용
필수교육	성희롱 예방 교육, 산업 안전보건교육	법정 필수교육
적용법령	직업교육훈련 촉진법 근로기준법(일부 준용)	근로기준법 등 노동관계 법령

사례를 살펴보겠습니다.

어떡해 씨가 현장실습을 했던 기간은 근로기준법 등 노동관계 법령이 적용되지 않으므로, 현장실습 이후 근로계약을 체결한 시점부터 기산하여 연차휴가를 산정하면 됩니다. 퇴직금 산정 기간도 동일하게 적용됩니다.

인사 노무 Tip

- 현장 실습생은 근로기준법이 적용되는 근로자가 아닙니다.
- 현장 실습생은 산재보험 가입대상입니다.
- 일학습병행제도의 학생은 근로자에 해당하여 근로기준법 등 노동관계 법령이 적용됩니다.

011 외국인고용 시 고용허가를 꼭 받아야 하나요

이루자 대표는 요즘 일손이 부족하여 채용공고를 통해 사원을 모집 중이다. 그러던 중 마음에 드는 지원자를 채용하려고 하는데, 알고 보니 중국 교포였다. 이루자 대표는 외국인을 고용할 때 고용노동부로부터 고용 허가를 받아야 한다는 이야기를 들었던 기억이 났다. 외국인 근로자를 고용할 때, 반드시 고용 허가를 받아야 하는 걸까?

모든 비자에 대해서 고용 허가를 받아야 하는 것은 아닙니다

채용하고자 하는 외국인의 비자가 H2, E9인 경우에만 고용 허가 대상이 됩니다. 그 외의 비자는 반드시 외국인을 채용하기 전 출입국 관리소에서 고용 관련하여 정확한 상담을 받아보는 것이 좋습니다. (전화 : 1345)

사업의 업종에 따라서 채용이 가능한 비자가 있고, 사업장에서 추가로 준비하고 제출해야 하는 서류들이 있으니 반드시 확인해야 합니다.(참고 : 하이코리아 https://www.hikorea.go.kr)

예를 들어 F5, F6 비자의 경우에는 사업의 종류에 상관 없이 취업이 가능하지만, F4 비자(재외동포 비자)는 단순 노무를 제외한 업무에

만 취업이 가능한 비자입니다.

고용 허가는 다음의 절차를 거쳐야 합니다.

일반외국인 근로자 고용 절차

1. 내국인 구인노력

- 제조업·건설업·서비스업 : 원칙 14일, 예외 7일
- 농축산업·어업 : 원칙 7일, 예외 3일
- 예외 적용 : 워크넷, 신문, 방송, 생활정보지 등 매체를 통해 최근 2개월 내에 3일 이상 구인노력을 한 경우

2. 외국인 고용허가 신청

- 내국인 구인노력에도 원하는 인력의 전부 또는 일부를 채용하지 못한 경우 관할 고용지원센터에 외국인 고용허가 신청
- 기한 : 내국인 구인노력 기간 경과 후 3개월 이내
- 구비서류 : 외국인 근로자 고용허가서 발급신청서, 발급요건 입증서류(사업자등록증 사본 등)

3. 고용허가서 발급

- 고용지원센터는 외국인 근로자를 구직인원의 3배수로 알선하며 사업주는 고용지원센터를 직접 방문하거나 고용허가제 웹사이트www.eps.go.kr을 통해 알선 인원 중 적격자를 선택하여 고용허가서를 발급 받음

4. 근로계약 체결

5. 사증발급인정서 신청 및 발급

6. 외국인 근로자 입국 및 취업 교육

7. 사업장 배치, 사업장 고용 및 체류 지원

외국국적동포 고용 절차-특례고용
1. 내국인 구인노력
   (※내국인 구인신청은 고용노동부 고용센터에 해야 함(Work-Net))
2. 특례고용 가능 확인서 신청 및 발급
3. 근로계약 체결
4. 근로 개시 신고
   ● 외국국적동포를 고용한 사용자는 근로 개시 14일 이내에 고용노동부 고용지원센터에 근로 개시 신고를 하여야 하며, 신고하지 않는 경우 500만 원 이하의 과태료를 부과[34]

외국인 고용 가능 사업장의 자격요건
☑ 외국인 근로자 허용업종 및 고용 가능한 사업/사업장이어야 함
☑ 일정 기간 내국인 구인노력을 하였음에도 구인 신청한 내국인 근로자(전부 또는 일부)를 채용하지 못했어야 함
☑ 내국인 구인신청을 한 날 전 2월부터 고용 허가 신청일까지 고용조정으로 내국인 근로자를 이직시키지 않아야 함
☑ 구인신청을 한 날 전 5월부터 고용 허가 신청일까지 임금 체불을 하지 않았어야 함
☑ 신청일 현재 고용보험 및 산재보험에 가입하고 있어야 함(미적용 사업장 제외)

---

34 외국인 근로자의 고용 등에 관한 법률 제32조 제1항 제4호

누구나 쉽게 배우는
인사 노무 사례 100개면 되겠니

인사 노무 Tip
- 2009년 5월부터 "건설업종 동포 취업 등록제"가 시행됨에 따라 건설업 분야 사용자는 '건설업 취업 인정 증명서'를 소지한 근로자를 고용하여야 합니다.

- 외국인을 해고하거나, 외국인이 퇴직한 경우 및 고용계약의 중요한 내용을 변경한 경우에는 15일 이내 출입국관리소에 신고[36]해야 합니다.

---

35 출입국관리법 제19조 제1항

02

언제 일하고
언제 쉬어야 하는가

012 회사에서 딴 짓하면 월급 깎아도 될까

이루자 대표는 오늘도 사무실에서 뒷목을 잡고 있다. 얼마 전 입사한 월급직 지혜 씨가 근무시간에 일은 하지 않고 자신의 블로그에 포스팅을 하고 있는게 아닌가. 알고 보니 지혜 씨는 SNS에서 꽤나 알려진 인플루언서였다.

점심 먹고 잠깐도 아니고 틈만 나면 SNS에 접속하는 모습을 포착한 이루자 대표는 속이 끓어 오른다. 아이를 키우며 하루를 제대로 쉬지 못하고 그야말로 분골쇄신하여 일군 자신의 회사에서 근무시간에 딴 짓을 하다니...

지혜 씨가 입사한 후에 올린 블로그에 포스팅 글들의 날짜와 시간을 보니 죄다 근무시간 중이었음을 확인한 이루자 대표는 지혜 씨에게 말한다,

"딴 짓한 시간만큼 월급에서 깎을 겁니다."

지혜 씨는 나름 억울하다.

"일 다 하고 남는 시간에 짬짬히 한 거예요!"

근로시간 중에 딴 짓한 시간을 월급에서 제할 수 있을까?

회사에서 일하면서, 어떻게 일만 할 수 있을까요, 커피도 한 잔 마시고, 담배도 한 대 태우고, 동료나 직장상사와 사적인 대화를 나누고, 가족이나 지인들에게 걸려온 전화도 받습니다.

주52시간제의 실시로 연장근로에 제한이 생기고, 많은 회사들이 "딴짓"을 규제하기 시작했습니다. 모든 소셜네트워크를 차단하고 컴

퓨터의 모니터 화면으로 공석이었던 시간을 체크하는 시스템까지 도입할 정도입니다.

딴 짓 않고 열심히 일하는 근로자들이 조용히 불만을 품고 있기도 할 테니 공정한 사내문화 형성을 위해서도 적절한 규제는 필요합니다. 그렇다면 어떻게, 어디까지 가능할까요?

먼저, 근로시간에 대해 이해하는 것이 중요합니다.

근로시간이란

근로자가 사용자의 지휘·감독 아래 근로계약상의 근로를 제공하는 시간을 말하며, 이에 대하여는 사용자의 임금지급의무가 발생합니다.

근로기준법 제50조 제3항은 근로자가 사용자의 지휘·감독 아래에 있는 대기시간을 근로시간으로 본다고 규정하고 있으며, 대법원 판례에서도 작업 시간 중 작업에 종사하지 않은 대기시간이나 휴식·수면 시간 등이라 하더라도 그것이 휴게시간으로서 근로자에게 자유로운 이용이 보장된 것이 아니고 실질적으로 사용자의 지휘·감독 아래 놓여있는 시간이라면 이는 근로시간이라고 판시하고 있습니다.[1]

즉, 근로시간 도중 사용자의 지위 및 감독으로부터 벗어나 자유롭게 사용이 보장된 휴게시간만이 무급이고, 근로를 제공하지 않더라도 사용자의 지휘·감독 아래 근로를 제공하고 있다면 사용자는 근로계약상의 임금을 지급해야 합니다.

---

1 대법원 1993. 5. 27. 선고 92다24509, 대법원 2006. 11. 23. 선고 2006다41990

사례를 살펴보겠습니다.

지혜 씨는 사무실에서 이루자 대표님이나 상사가 지시를 내리면 바로 착수할 수 있는 상황에서 SNS 활동을 해왔기 때문에 사용자의 지휘·감독 아래에 있었다고 할 수 있습니다. 따라서, 특별한 사정이 없는 한, 대기시간 중의 활동으로 월급을 삭감할 수는 없을 것으로 판단됩니다. 다만, 지혜 씨는 근로계약상의 신의성실의무를 다하지 않은 것을 이유로 징계의 대상이 될 수 있습니다. 근로자가 근무시간 중 성실하게 근로를 제공해야 하는 의무는 근로계약서나 취업규칙에 명시적으로 규정하지 않더라도 근로자의 가장 기본적인 의무로서 당연히 인정되기 때문입니다.

인사 노무 Tip	• 회사에서 근무시간 중에 딴 짓을 하는 것을 이유로 무조건 임금을 삭감할 수는 없습니다. • 근로자는 근무시간 중 성실하게 근로를 제공해야 할 의무를 부담하므로, 이를 위반할 경우 징계의 대상이 될 수 있습니다.

누구나 쉽게 배우는
인사 노무 사례 100개면 되겠니

013

교육시간도
근로시간인가요

김그만 씨는 콜센터 아르바이트로 업무 전 실습 교육을 받았다. 교육 기간은 총 1주였는데 적성에 맞지 않을 것 같아 3일 정도 교육을 받아보고 퇴사를 하였다.
근로계약서는 작성하지 않았고, 아직 정식으로 일을 시작하지도 않았지만, 3일이나 출근을 했는데, 김그만 씨는 3일 교육을 들은 것에 대한 임금을 받을 수 있을까?

근로계약서를 쓰지 않았다고 해서 근로계약이 성립되지 않은 것은 아닙니다. 근로계약은 구두로도 성립됩니다. 김그만 씨의 근로계약은 성립되었고, 교육시간이 근로시간에 포함된다면, 근로의 대가인 임금을 요구할 수 있습니다.

그렇다면 교육 시간은 근로시간에 해당할까요?

판단기준은 무엇일까요? 1일이면 안 줘도 될 것 같고 3일이면 줘야 할 것 같은 건 아니겠죠?

교육시간은 정당한 사유 없이 참석하지 않을 경우에 사용자로부터 불이익을 받는 등 거부할 수 없다면 근로시간에 포함됩니다.

예를 들면, 직무교육의 사례와 같이 반드시 이수를 해야 업무에 투입이 되는 등 '교육의 불참'에 일정한 제재가 가해진다면 교육참가자

와 회사 사이에 '사용 종속성'이 인정된다고 판단합니다.[2]

왜냐하면, '사용종속성'이란 사용자의 지휘·명령 아래에 근로를 제공하는 것이므로 사용자의 지시를 정당한 이유 없이 불이행하였다면 이에 대한 제재가 가능하기 때문입니다.

한편, 업무수행에 요구되는 근로자의 면허갱신을 위한 교육 등과 같이 사용자의 지시는 없었더라도 법령에 의해 업무수행을 위한 불가피한 교육은 근로자의 과실에서 비롯된 것이 아니라면 근로시간에 해당합니다.

반대로 회사에서 직원 복지 차원에서 인문소양교육, 외국어 교육 등의 비용을 부담하기도 하는데요. 회사가 비용을 부담하더라도, 반드시 수강해야 하는 것이 아니고 교육에 불참하였더라도 어떠한 제재가 없었다면, 개인적인 목적의 교육에 해당하고 이는 근로시간에 포함되지 않습니다.

사례를 살펴보겠습니다.

김그만 씨의 콜센터 교육은 직무교육으로 반드시 이수를 해야 업무에 투입이 되고 교육에 불참한다면 아예 업무를 시작할 수가 없습니다. 따라서 회사의 지시에 정당한 사유 없이 거부할 수 없는 교육에 해당하므로 근로시간에 포함되며, 그에 대한 임금을 청구할 수 있습니다.

2 근로개선정책과-2570, 2012. 5. 9.

인사 노무 Tip

- 법정 교육을 비롯하여 회사가 시행하는 필수교육, 직무 수행을 위한 OJT 의 사례와 같이 참석하지 않은 이유로 불이익이 주어지는 등 이수가 강제되는 교육은 근로시간에 포함됩니다.

반면, 근로자가 교육 참석 여부에 대해 선택할 수 있고 회사가 교육비만 지원하고 이수를 강제하지 않는다면, 교육 시간이 근로시간에 포함되지 않습니다.

014 휴게시간을 쪼개서 줘도 되나요

자동차 회사 생산직으로 근무하고 있는 나피로 씨는 휴게시간이 짧은 것이 힘들고 불만스럽다. 2시간마다 10분씩 쉬는데, 짧은 휴게시간 동안 화장실을 가고 다음 공정 준비를 위해 기계를 점검하곤 한다. 그런데, 회사에서는 2시간마다 주는 10분의 휴게시간에 대한 임금을 제하고 지급하고 있어 이의를 제기했다. 나피로 씨는 쉬지도 못했는데, 임금까지 공제하는 회사가 야속하다. 하지만 회사는 휴게시간은 임금을 지급하지 않아도 된다고 주장한다. 휴게시간을 이렇게 쪼개서 줘도 되는 걸까? 휴게시간은 무조건 무급인 걸까?

휴게시간은 근로계약서에 명시됩니다. 많은 사업장에서는 점심시간 1시간이 휴게시간이고, 그 시간은 온전히 휴식을 취할 수 있습니다.

휴게시간

근기법 제54조에 의하면 사용자는 근로시간이 4시간인 경우에는 30분 이상, 8시간인 경우에는 1시간 이상의 휴게시간을 근로시간 도중에 주어야 하며, 휴게시간은 근로자가 자유롭게 이용할 수 있습니다.

휴게시간은 어떻게 주어야 할까

휴게시간은 일 시작하기 전이나 일을 마친 후에 주는 것이 아니라,

'근로시간 도중'에 부여해야 합니다.

또한, 휴게시간은 근로시간과 구분되어야 하며, 판단기준은 다음과 같습니다.

①근무시간과 휴게시간이 명백히 구분되고 ②근로자가 사전에 휴게시간임을 알고 있고 ③그 시간 중에는 사용자의 지휘·명령에서 벗어나 자유로이 이용을 할 수 있어야 합니다.

즉, 근로자가 노동력을 사용자의 처분이 가능한 상태로 유지하고 있다면 근로시간으로 인정됩니다.

휴게시간은 분할하여 줄 수 있을까

근로자가 휴게시간을 자유로이 이용할 수 있다면 분할하여 주는 것도 가능합니다.

휴게시간을 일시적으로 부여함이 휴게 제도의 취지에 부합되나, 작업의 성질 또는 사업장의 근로조건 등에 비추어 사회 통념상 필요하고, 또한 타당성이 있다고 일반적으로 인정되는 범위 내에서 휴게 제도 본래의 취지에 어긋나지 않는 한 휴게시간을 분할하여 주어도 무방합니다.[3]

그러나 휴게시간을 분할하는 경우 해당 시간을 휴게시간으로 볼지에 대해서는 주의가 요구됩니다.

학원 강사의 50분 강의 후 10분 휴게시간을 휴게시간으로 본 행정해석도 있지만,[4] 생산직 근로자의 정규근무시간과 연장근로시간 중 10분 내지 15분씩 부여되는 휴게시간을 근로시간으로 인정한 경우

---

3 근기 01254-884, 1992. 6. 25.
4 근기 68207-2676, 2002. 8. 9.

도 있습니다.[5]

생산직 근로자의 경우에는 공장 규모, 작업 특성, 한꺼번에 휴게시간을 부여받는 생산직 근로자의 인원수 등을 고려했을 때, 이를 자유롭게 이용하는 데 근본적인 한계가 있을 수밖에 없어 휴게시간이 아닌 근로시간으로 보았습니다.

관련 판례의 세부적인 판단기준은 아래와 같습니다.

1. 근로계약의 내용이나 해당 사업장에 적용되는 취업규칙과 단체협약의 규정
2. 근로자가 제공하는 업무의 내용과 해당 사업장에서의 구체적인 업무방식
3. 자유롭게 이용할 수 있는 휴게 장소의 구비 여부
4. 그 밖에 근로자의 실질적 휴식을 방해하거나 사용자의 지휘·감독을 인정할 만한 사정이 있는지와 그 정도

근로자가 휴게시간을 자유로이 이용할 수 있다면, 회사는 이에 대해 전혀 제한을 할 수 없을까요? 아닙니다. 휴게시간이라 하더라도 앞으로의 근로가 전제가 되기 때문에 작업의 특수성과 계속성을 감안, 휴게시간의 이용장소 등 어느 정도의 범위 내에서 사용자의 제약을 받는 것은 부득이한 것입니다. 따라서 근로자들의 묵시적 인정하에 이의 없이 관행적으로 이러한 휴게시간이 운용되어 왔다면 이를 위법이라 할 수 없으나, 앞으로는 휴게 장소 및 이용 방법에 대하여

---

5 대법원 2020. 8. 20. 선고 2019다14110

누구나 쉽게 배우는
인사 노무 사례 100개면 되겠니

취업규칙에 구체적인 명시 규정을 두고 이에 따라 시행되어야 합니다.[6]

또한, 근기법 제50조 제3항에서는 근로시간을 산정하는 경우 작업을 위하여 근로자가 사용자의 지휘·명령 아래에 있는 대기시간 등은 근로시간으로 본다고 규정하고 있습니다.

사례를 살펴보겠습니다.

나피로 씨가 작업하는 생산공정은 기계의 특성상 2시간에 10분씩 반드시 휴식을 해주어야 했고, 그 시간 동안 화장실을 가거나 다음 공정을 준비해야 했습니다. 따라서 휴식을 취할 수 없는 대기시간이라고 할 수 있고, 그 대기시간에 대하여 임금을 청구할 수 있습니다.

인사 노무 Tip	• 휴게시간은 근로시간 중에 주어야 합니다. 시업 시간 전이나, 종업시간 후에 줄 수 없습니다. • 휴게시간을 분할하여 줄 수는 있으나, 근로자가 자유롭게 이용할 수 있어야 휴게시간으로 인정됩니다. • 사용자가 근무를 위해 휴게시간의 이용장소 등을 일정 부분 제한할 수 있으나, 명시 규정을 두어야 합니다. • 작업을 위하여 근로자가 사용자의 지휘·명령 아래에 있는 대기시간 등은 근로시간 산정에 포함됩니다.

6 해지 01254-5965, 1988. 4. 24.

015 9시 출근일 때 8시 40분까지 나가야 할까

 최고수 차장은 부서 막내가 마음에 들지 않는다. 신입사원이 9시에 업무 시작이면 8시 40분에는 와 있어야 하는데, 늘 8시 55분에서 59분 사이에 도착해 화장실로 쏙 가버리고, 9시 10분이 돼서야 슬그머니 나타나 일을 시작한다.

9시가 업무 시작 시각이면, 9시에는 바로 일을 할 수 있도록 그 전에 준비해야 하는 게 아닌가? 최고수 차장은 부서 막내에게 8시 40분까지 출근하라고 명령할 수 있을까?

업무 시작 시각이 9시라면, 대게 8시 반이나 40분에는 출근을 합니다.

20분~30분 더 일찍 나오는 셈이니 연장수당을 줘야 할까요?

어떻게 생각하시나요?

'배달의 민족'에서 강조하듯이 9시는 9시 1분이 아닙니다.

마찬가지로 9시까지 도착하면 되는 것이지 8시 40분에 도착해야 하는 것은 아닙니다.

최고집 차장은 부서 막내에게 8시 40분 출근을 강제할 수 있을까요?

중요한 것은 막내 직원이 8시 40분까지 출근을 해야만 한다면 그 시간은 근로시간이 되고 회사는 그 시간에 대해 임금을 지급해야 한다는 것입니다.

작업을 위하여 근로자가 사용자의 지휘·감독 아래 있는 대기시간 등은 근로시간으로 보기 때문입니다.[7] '사용자의 지휘 · 감독 아래' 있는지가 근로시간인지를 판단하는 주요 지표입니다.

행정해석은 '시업 시간 이전에 조기 출근토록 하여 시업에 지장이 없도록 하는 것을 근로시간으로 인정하여 임금이 지급되어야 할 것인가 여부는 조기 출근을 하지 않을 경우 임금을 감액하거나 복무 위반으로 제재를 가하는 권리의무관계라면 근로시간에 해당할 것이나 그렇지 않다면 근로시간에 해당하지 않는다.'라고 보았습니다.[8]

즉, 회사가 신입사원에게 8시 40분까지 출근을 명하고, 이를 지키지 못할 경우 복무 위반 등으로 제재를 가했다면, 근로시간에 해당하니 그 시간에 대하여 임금을 지급해야 합니다. 그러나 업무 시작 전 여유 있게 사무실에 도착하는 게 좋을 것 같다고 신입사원에게 권유하고 신입사원이 이를 받아들였다면 그에 대해 연장근로수당을 지급할 필요는 없습니다.

인사 노무 Tip

• 조기 출근을 하도록 하고 이를 지키지 않았을 경우 제재가 가해진다면 '근로시간'으로 보아 연장근로수당을 지급해야 합니다.

---

7 근기법 제50조 제3항
8 근기01254-13305, 1988. 8. 30.

016 재량 근로제도란

시각디자이너 하하하 씨는 광고회사에 다니고 있다. 여느 광고회사와 같이 하하하 씨도 PT 일정이 잡히면 며칠 동안 철야 작업을 한다. 같은 여자 동료들은 회사를 그만둔 지 오래다. 결혼하거나 임신을 하면 밤샘 작업은커녕 연장근로도 부담스러워 어쩔 수가 없다고 한다.

인간 올빼미가 되어가는 하하하 씨에게 친구들은 이제 주52시간제가 시행되었으니 인간다운 생활을 할 수 있게 되었다고 이야기하지만 회사는 전과 다름이 없다.

하하하 씨의 회사는 법을 위반하고 있는 걸까?

디자이너나 연구원, 혹은 신상품 개발자, 드라마나 영화 PD를 떠올리면 여러분은 어떤 모습이 연상되시는지요?

자발적이고 주도적으로 일하고, 밤낮을 가리지 않고 일에 집중하는 전문가의 모습이 떠오르지 않나요?

재량근로제란

법에서도 고도의 전문성 또는 창의성을 요하는 업무로 업무 자체의 성질상 근로자가 자율적으로 업무수행 방법을 결정할 필요가 있는 업무(대상 업무는 대통령령으로 정함)는 사용자와 근로자 대표가 서면

합의로 정한 시간을 근로한 것으로 본다고 명시하고 있는데,[9] 이를 재량근로제라고 합니다.

재량근로제의 요건

1. 재량근로의 대상 업무[10]에 해당해야 합니다.

채용절차법 주요 내용

1. 신상품 또는 신기술의 연구개발이나 인문 사회과학 또는 자연과학 분야의 연구 업무
2. 정보처리시스템의 설계 또는 분석 업무
3. 신문, 방송 또는 출판 사업에서의 기사의 취재, 편성 또는 편집 업무
4. 의복·실내장식·공업제품·광고 등의 디자인 또는 고안 업무
5. 방송 프로그램·영화 등의 제작 사업에서의 프로듀서나 감독 업무
6. 그 밖에 고용노동부장관이 정하는 업무

※ 고용노동부고시 제2019-36호(2019. 7. 31)

회계·법률사건·납세·법무·노무관리·특허·감정평가·금융투자분석·투자자산 운용 등의 사무에 있어 타인의 위임·위촉을 받아 상담·조언·감정 또는 대행을 하는 업무

---

2. 대상 업무수행 방법에 있어 근로자의 재량성이 보장되어야 합니다.

재량근로제는 업무수행 수단 및 근로시간의 배분에 관해 구체적인 지시를 하지 않아야 합니다. 즉 내용·목표·기한 등 기본적인 사항에 관한 지시, 일정 정도의 진행 경과 확인, 업무 (중간) 결과물에 대한 평가, 사업장의 질서·보안 유지 등을 위한 지시 정도는 가능하지만

---

9 근기법 제58조 제3항
10 근기법시행령 제31조

〈업무보고 등〉
- 업무의 목표 내용 기한 등 기본적인 내용에 대한 지시 (○)
- 일정 단계에서 진행 경과 확인, 정보공유 등을 위한 업무보고 지시 (○)
- 업무의 완성이 임박한 단계에서 완성도 확보를 위한 보고 지시 (○)
- 업무의 성질에 비추어 보고 주기가 지나치게 짧고, 보고 불이행 시 징계 등 불이익 조치가 있는 경우 (×)

〈회의 참석, 출장〉
- 업무 진행 상황 확인, 정보공유 등을 위한 회의 참석 지시 (○)
- 중대한 결함 발생 등 긴급업무 발생 시 회의 참석 출장 등 지시 (○)
- 업무의 완성을 위해 필요한 출장 외부회의 행사 등 참석 지시 (○)
- 근로자 스스로 재량에 따른 회의 소집 참석, 출장 등 (○)
- 근로자의 시간 배분을 사실상 제한할 정도의 빈번한 회의 참석 지시 (×)

〈복무 관리〉
- 소정근로일 출근 의무를 부여하고 이를 확인하는 경우 (○)
- 장시간 근로 차단 등 건강 보호, 연차휴가 산정 등 복무 관리 목적의 출·퇴근 기록 의무 부여 (○)
- 출퇴근 기록을 토대로 임금산정, 평가 반영 등 불이익 조치 (×)

〈업무부여 주기〉
- 통상 1주 단위 이상으로 업무를 부여하거나, 일(日) 단위로 업무를 부여하더라도 업무의 성질 등에 비추어 합리적 사유가 있는 경우 (○)
- 통상 소요되는 기간에 미치지 못하는 완료 기한을 정하는 등 과도한 업무 부여 (×)

〈출·퇴근 시각 등〉
- 사업장의 설비시스템 도입·교체 및 수리, 사고 발생(위험)에 따른 안전 확보 등의 사유로 한시적으로 출퇴근 시각을 정하여 엄격히 적용 관리하는 경우 (○)
- 재량근로에서 통상적인 시업·종업 시각을 엄격히 적용 관리하는 경우 (×)
- 서면합의로 업무의 완성을 위해 필요한 근무 시간대를 정하는 경우 (○)
- 사실상 출·퇴근 시각을 정하는 것과 같이 필요 근무 시간대를 지나치게 넓게 설정·배치하는 경우 (×)

지나치게 업무보고를 많이 시키거나 회의 참석을 많이 시킨다면 재량성이 보장되어 있다고 인정되지 않습니다.

구체적으로 근로자의 재량성이 보장되어 있는지를 체크리스트[11] 확인해 보시기 바랍니다.

3. 근로자 대표와 사용자가 아래 사항을 명시하여 서면합의를 해야 합니다.
ㄱ) 대상 업무
ㄴ) 근로자에게 구체적인 지시를 하지 않는다는 내용
ㄷ) 근로시간의 산정은 서면합의로 정하는 바에 따른다는 내용

재량근로제의 효력
앞의 요건이 충족되었다면, 서면합의에 명시된 재량간주근로시간이 근로시간이 됩니다.
즉 근로자가 더 많이 근로했다고 주장하더라도 근로시간이 바뀌지 않습니다.

사례를 살펴보겠습니다.

하하하 씨는 디자이너이기 때문에 재량근로제 대상 업무에 해당합니다. 따라서 하하하 씨의 회사가 근로자 대표와 적법한 서면합의를 하고 하하하 씨의 업무에 대해서 충분히 재량성을 보장하고 있다면 밤샘

---

11 재량간주근로시간제 운영 가이드('19. 7. 31. 고용노동부)

작업을 아무리 많이 한다 하더라도 법 위반이라 할 수 없습니다.

다만 하하하 씨에게 출퇴근 시간을 엄격하게 지키도록 하거나, 매일 업무일지를 작성하게 하는 등 업무를 수행하는 데 재량권이 없다고 인정될 경우에는 적법한 재량근로제로 볼 수 없으니 제도 운영에 앞서 제도의 유효요건을 확인하고 적용해야겠습니다.

인사 노무 Tip	• 재량근로시간제란 업무수행 수단 및 시간 배분 등을 근로자의 재량에 위임할 필요가 있는 업무(대통령령으로 정한 업무)에 대하여 사용자와 근로자 대표와의 서면합의로 정한 시간을 근로한 것으로 간주하는 제도입니다.(서면합의로 정한 시간=근로시간) • 재량 근로시간제하에서는 근로시간의 운영이 근로자에게 맡겨져 있어 별도의 휴게시간을 부여하지 않을 수 있습니다.

누구나 쉽게 배우는
인사 노무 사례 100개면 되겠니

017 출장 시 근로시간산정

영업직 안돼용 과장은 출장이 잦다. 고객사들과의 미팅 때문에 외근을 하는 날이 더 많다. 지방 출장이 있을 때는 휴일에 미리 가 있기도 한다. 오늘은 업체와의 미팅을 위해 부산에 가야 하는데, 회의 시간은 길지 않더라도 집에 도착하면 10시는 넘을 것 같다. 문득 출장업무가 연장근로에 해당하는 것이 아닌가 하는 생각이 든 안돼용 과장은 인사팀에 문의를 해본다. 인사팀 최고수 차장은 출장은 평소의 업무시간으로 간주되고 있어, 연장근로에 해당되지 않는다고 한다.

그렇다면 출장은 무조건 1일 8시간 근무인 걸까?

회사에서 근무하던 시절, 저는 출장을 참 좋아했습니다. 상사와 늘 함께하던 사무실에서 벗어나니 이동시간이 아무리 오래 걸려도 여행하는 듯 자유로운 기분이 들어서였던 것 같습니다.

출장과 같은 외근의 경우에는 실제로 몇 시간을 일했는지 회사에서 정확하게 알 수가 없는 경우가 대부분입니다.

그래서 법에서는 사업장 밖에서 근로를 하여 근로시간을 산정하기 어려운 경우에는 소정근로시간을 근로한 것으로 본다고 규정하고 있습니다.[12]

---

12 근기법 제58조 제1항

간주근로시간제란

사업장 외부에서 이루어진 근로에 대해서는 실제 근로한 시간과 관계없이 소정근로시간을 근로한 것으로 간주하는 것입니다. 실무에서는 간주근로시간제라고 합니다.

간주근로시간제의 요건

첫째, 사업장 밖의 근로일 것

둘째, 실제 근로시간 산정이 어려울 것

위 요건이 충족된 경우에는 법정근로시간의 범위 내에서 정한 근로시간, 즉 소정근로시간을 근로한 것으로 간주합니다.

그러나 어떤 업무를 수행하기 위해서 소정근로시간을 초과할 것이 명백한 경우에는 해당 업무를 수행하기 위해 통상적으로 필요한 시간을 근로시간으로 보아야 합니다.

또한 근로자대표와 회사가 서면합의를 통해 해당 업무수행에 필요한 근로시간을 정하였다면 그 시간이 통상 필요한 시간으로 간주됩니다.

간주근로시간제는 '근로시간 산정'을 위한 것입니다. 이를 도입하더라도 유급주휴일, 연차유급휴가는 부여해야 하며, 휴일근로나 야간근로가 발생한 경우에는 가산 수당을 지급해야 합니다.

사례를 살펴보겠습니다.

안돼용 과장의 회사가 근로자대표와 간주근로시간제에 대한 합의서를 작성하여 이 제도를 시행 중에 있다면, 별다른 사유가 없는 한 안돼 용 과장의 출장은 그 시간(1일 8시간)으로 인정될 것이기 때문에 연장 근로수당은 발생하지 않게 됩니다.

인사 노무 Tip	• 내근만 하는 경우나 실제로 근로시간 산정이 명확한 경우에는 간주근로시간이 적용되지 않습니다. • 본 제도의 도입을 위해서 반드시 근로자대표와 합의하거나 취업규칙을 변경해야 하는 것은 아니며, 근로자의 개별동의에 의해서도 가능합니다. 다만 근로조건의 변경이 예상되거나 제도 운영에 혼선을 방지하기 위해서는 취업규칙 등 규정에 그 내용을 명시하는 것이 바람직합니다.

018 탄력적 근로제도를 실시하는 사업장에서 연장근로시간의 기준

 한고집 과장은 최근 일이 많아 계속 야근을 하였다.
'이번 달에는 연장근로수당이 좀 나오겠는데!'
내심 기대를 했는데, 급여명세서에는 연장근로수당으로 찍힌 금액이 '0원'이었다.
한고집 과장은 인사팀 최고수 차장에게 달려가 따졌다.

한고집 과장 "최 차장님, 연장근로수당이 안 들어왔어요."
최고수 차장 "저희는 3개월 단위 탄력적 근로시간제를 운영하고 있어요. 평균 주 40시간이면 연장근로수당은 발생하지 않아요."

연장근로는 법정근로시간을 초과하는 근로를 말합니다.

근기법상 법정근로시간은 1일 8시간, 1주 40시간[13]이며, 근로자와 사용자는 법정근로시간 범위 내에서 당사자 간에 근로시간을 정할 수 있는데, 이렇게 당사자 간에 정한 근로시간을 소정근로시간이라고 말합니다.

소정근로시간은 근로계약 체결 시 서면으로 업무의 시작과 종료 시간을 명시하여 정해집니다.

---

13 근기법 제50조 제1항

또한, 근기법에서는 당사자 간에 합의하면 1주간에 12시간을 한도로 연장근로를 할 수 있다고 규정하고 있습니다. 따라서 연장근로는 1주 12시간이 한도입니다.

탄력적 근로시간제

계절적인 사업이거나, 업무량이 주기적으로 많은 업종, 연속적으로 근무하는 것이 효율적인 업종은 일이 몰릴 때가 있고 그렇지 않을 때도 있습니다. 이때 일이 많을 때는 근로시간을 길게 하고 적을 때는 근로시간을 짧게 조정할 수도 있을까요?

탄력적 근로시간제를 도입한다면, 일정 범위 내에서 근로시간 제한 규정의 적용을 받지 않고 근로시간을 변경하여 운영할 수 있습니다.

탄력적 근로시간제란 어떤 근로일의 근로시간을 연장하는 대신에 다른 근로일의 근로시간을 단축함으로써 일정 기간의 평균 근로시간을 법정기준근로시간(주 40시간) 내로 맞추는 근로시간제를 말하며, 2주 이내 및 3개월 이내, 3개월 초과 6개월 이내가 있습니다.

탄력적 근로시간제의 유형[14]

(2주 단위) 사용자는 회사는 취업규칙에서 정하는 바에 따라 2주 이내 단위기간 평균 1주 근로시간이 40시간을 초과하지 아니하는 범위에서 특정 주에 40시간을, 특정 일에 8시간을 초과하여 근로하게 할 수 있습니다. 다만 특정 주의 근로시간은 48시간을 초과할 수 없습니다.

---

14 동법 제51조 및 제51조의2

3개월 이내 단위

근로자대표와의 서면합의로 ① 대상 근로자의 범위, ② 단위기간 (3개월 이내의 일정한 기간), ③ 단위기간의 근로일과 그 근로일별 근로시간, ④ 서면합의의 유효기간을 정하면 3개월 이내 단위기간 평균 1주 근로시간이 40시간을 초과하지 아니하는 범위에서 특정한 주에 40시간을, 특정 일에 8시간을 초과하여 근로하게 할 수 있습니다. 다만 특정한 주의 근로시간은 52시간을, 특정 일의 근로시간은 12시간을 초과할 수 없습니다.

3개월 초과 6개월 이내 단위

실시 요건은 근로자대표와의 서면합의로 3개월 이내 단위와 동일합니다.

서면합의에 기재해야 하는 사항은 ① 대상 근로자의 범위, ② 단위기간(3개월을 초과하고 6개월 이내 일정한 기간), ③ **단위기간의 주별 근로시간**, ④ 서면합의의 유효기간입니다.

주의해야 할 점이 세 가지 있습니다.

1. 근로일 종료 후 다음 근로일 개시 전까지 근로자에게 연속하여 **11시간 이상의 휴식 시간을 주어야 합니다.**[15] (위반 시 2년 이하의 징역 또는 2천만 원 이하의 벌금[16])

2. 각 주의 근로일이 시작되기 2주 전까지 근로자에게 해당 주의

---

15 동법 제51조의2 제2항
16 동법 제110조 제1호

누구나 쉽게 배우는
인사 노무 사례 100개면 되겠니

근로일별 근로시간을 통보하여야 합니다.[17]

3. 3개월 초과 탄력근로제 도입 시, 회사는 **임금보전방안을 마련하여 고용노동부장관에게 신고하여야 합니다. 미신고시에는 과태료가 부과**[18]됩니다.

이와 같은 탄력적 근로시간제를 도입할 경우 법정근로시간을 초과한 근로는 연장근로에 해당하지 않으며, 따라서 추가로 1주 12시간 한도 내에서 연장근로를 시킬 수 있습니다.

탄력적 근로시간제의 유형별 연장근로시간의 기준[19]

사례검토: 2주 단위

① 단위기간을 평균한 1주간의 근로시간이 40시간 초과하거나

② 특정한 주의 근로시간이 48시간을 초과하는 경우(단 ①과 중복되는 시간 제외) 중 어느 하나에 해당하면 연장근로에 해당합니다.

주	구분	월	화	수	목	금	토	일	합계
1주	일정표	7	7	7	7	7	–	–	35
	실근로	7	7	7	8	7	–	–	**36**
2주	일정표	9	9	9	9	9	–	–	45
	실근로	9	9	9	9	9	4	–	**49**

① 위 도표의 2주 간 실근로시간 합계가 85시간(36시간+49시간)이

---

17 동법 제51조의2 제3항
18 동법 제116조 제2항 제3호
19 고용노동부 유연근로시간제가이드(2018. 06.)

고 이를 단위기간 2로 평균하면 42.5시간이므로 1주간 40시간을 초과한 5시간이 연장근로에 해당함.

② 둘째 주의 근로시간이 49시간으로 특정 주의 근로시간이 48시간을 초과한 1시간이 연장근로(①에서 이미 포함)

- 실제 연장근로는 ①과 ②를 합산한 6시간이나 이미 계산에 포함된 1시간(②)를 제외한 5시간임

사례검토: 3개월 이내 단위 및 3개월 초과 6개월 이내 단위

① '근로일별 근로하기로 정한 시간' 초과하거나 ② 특정 주의 근로시간이 52시간 초과, 특정 일의 근로시간이 12시간 초과(단 ①과 중복되는 시간 제외), ③ 단위기간을 평균한 1주간의 근로시간이 40시간 초과(단 ①과 중복되는 시간 제외) 중 어느 하나에 해당하면 연장근로에 해당합니다.

주	구분	월	화	수	목	금	토	일	합계
1주	일정표	7	7	7	7	7	–	–	35
	실근로	7	8	7	7	7	–	–	36
2주	일정표	7	7	7	7	7	–	–	35
	실근로	7	7	7	7	7	–	–	35
3주	일정표	9	9	9	9	9	-	–	45
	실근로	9	9	9	9	9	8	–	53
4주	일정표	9	9	9	9	9	–	–	45
	실근로	9	9	9	13	9	–	–	49

① 위 도표에서 '근로일별 근로하기로 정한 시간'을 초과한 13시간 이 연장근로(※1주 화요일 1시간, 3주 토요일 8시간, 4주 목요일 4시간)

② 특정 일에 12시간을 초과한 1시간(4주 목요일)이 연장근로(①에 이미 포함)

특정 주에 52시간을 초과한 1시간(3주, 53시간)이 연장근로(①에 이미 포함)

③ 4주 간 실근로시간 합계가 173시간(36+35+53+49)이고, 이를 단 위기간 4로 평균하면 43.25시간이므로 1주간 40시간을 초과한 13시간이 연장근로(①에 이미 포함)

● 실제 연장근로는 ①부터 ③까지 합한 28시간에서 이미 계산 에 포함된 15시간(②,③)을 제외한 13시간임

사례를 살펴보겠습니다.

한고집 과장이 최근에 일이 많아 야근을 많이 한 것은 사실이지만, 근 로일 및 근로일별 근로시간이 초과되지 않았고, 특정 주의 근로시간이 52시간 이내, 특정 일의 근로시간이 12시간 이내이고, 단위기간 평균 1주 근로시간이 40시간 이내였다면, 연장근로수당은 지급되지 않습 니다.

비록 연장근로수당은 나오지 않았지만, 바쁜 시기가 지나고 나면, 주 40시간 미만으로 일을 해도 되니, 한고집 과장은 너무 속상해할 필요 없습니다.

인사 노무 Tip	• 연장근로는 법정근로시간(1일 8시간, 1주 40시간)을 기준으로 합니다. (※1일 8시간을 넘거나, 1주 40시간을 넘는다면 연장근로에 해당합니다.) • 탄력적 근로시간제 유형별 요건 및 연장근로의 기준은 다음과 같습니다.	

구분	2주 단위	3개월 이내	3개월 초과 6개월 이내
개념	2주 이내의 단위기간을 평균하여 1주간 근로시간이 40시간을 초과하지 아니하는 범위에서 특정 주에 40시간, 특정 일에 8시간을 초과하여 근로하게 할 수 있음	3개월 이내의 단위기간을 평균하여 1주간의 근로시간이 40시간을 초과하지 아니하는 범위에서 특정 주에 40시간, 특정 일에 8시간을 초과하여 근로하게 할 수 있음	3개월 초과 6개월 이내의 단위기간을 평균하여 1주간의 근로시간이 40시간을 초과하지 아니하는 범위에서 특정 주에 40시간, 특정 일에 8시간을 초과하여 근로하게 할 수 있음
요건	① 취업규칙 또는 이에 준하는 것으로 규정 ② 특정 주에 48시간을 초과하지 못함	① 근로자대표와 서면합의 대상근로자 범위, 단위기간, 근로일 및 근로일별 근로시간, 서면합의 유효기간 ② 3개월 이내(1개월, 3개월 등) ③ 특정 주에 52시간, 특정 일 12시간을 초과하지 못함.	① 근로자대표와 서면합의 대상근로자 범위, 단위기간, 단위기간 주별 근로시간, 서면합의 유효기간 ② 3개월 초과 6개월 이내 ③ 특정 주에 52시간, 특정 일 12시간을 초과하지 못함 ④ 근로일 종료 후 다음 근로일 개시 전까지 근로자에게 연속하여 11시간 이상의 휴식 시간 부여해야 함 ⑤ 각 주의 근로일이 시작되기 2주 전까지 근로자에게 해당 주의 근로일별 근로시간을 통보해야 함 ⑥ 임금보전방안을 마련하여 고용노동부장관에게 신고해야 함

구분	2주 단위	3개월 이내	3개월 초과 6개월 이내
유효 기간	유효기간을 정할 의무는 없으나, 취업규칙에 정하는 것이 바람직함.	노사 서면합의로 정함	
최장 연장 근로	60시간 (48시간 + 12시간)	64시간 (52시간 + 12시간)	
연장 근로	① 단위기간을 평균한 1주간의 근로시간이 40시간 초과 또는 ② 특정 주의 근로시간이 48시간을 초과	① 단위기간의 근로일 및 근로일별 근로시간 초과 또는 ② 특정 주의 근로시간이 52시간 초과 또는 ③ 특정 일의 근로시간이 12시간 초과 또는 ④ 단위기간을 평균한 1주간의 근로시간이 40시간 초과	
적용	① 연소자		
제외	② 임신 중인 여성 근로자		

019 연차휴가는 어떻게 부여할까

이루리 씨는 2021년에 6개월간 휴직(7월 1일~12월 31일)을 하고 올 1월에 복직하였다. 루리 씨는 여름휴가로 15일 연차를 붙여 유럽 여행을 가려고 하는데, 인사팀에서는 루리 씨의 휴가가 7.4일 이라고 한다. 똑같이 휴직을 해도 육아휴직자들은 휴가가 그대로 있던데?

연차휴가는 어떻게 부여하고, 연차휴가 산정 시 제외되는 기간 은 언제일까?

회사는 1년간 80% 이상을 출근한 근로자에게 15일의 유급휴가를 부여하며, 계속 근로기간이 1년 미만인 근로자나 1년간 80% 미만 출근한 근로자에게는 1개월 개근 시 1일의 유급휴가를 부여합니다.

또한 3년 이상 계속하여 근로한 근로자는 15일의 휴가에 최초 1년을 초과하는 계속근로연수 매 2년에 대해 1일을 가산하여 휴가를 주어야 하며, 가산 휴가를 포함한 총 휴가 일수는 25일을 한도로 합니다.

연차휴가를 부여할 때는 입사일 기준이 원칙이나, 회계연도 기준으로 일률적으로 부여하는 것도 가능합니다.

다만 회계연도 기준으로 부여할 경우에는 입사일 기준으로 부여했을 때보다 근로자에게 불리하지 않아야 하므로, 퇴직 시점에 총 휴가일수가 근로자의 입사일을 기준으로 산정한 휴가일수에 미달하는 경우에는 그 미달하는 일수에 대해 연차휴가 미사용수당으로 정산합니다.

출근율 산정

연차휴가 부여의 기준이 되는 출근율은 출근일과 연간 소정근로일의 비율로 산정합니다.

$$출근일 / 연간 소정근로일수 \times 100$$

소정근로일이란 365일을 의미하는 것은 아니며, 노사가 합의하여 정한 근로의무가 있는 날입니다. 법령 또는 약정에 의한 휴일은 소정근로일수에서 제외됩니다.

출근율 산정 시 출근으로 간주되는 기간, 소정근로일에서 제외되는 기간, 결근한 것으로 봐야 하는 기간이 있습니다.

출근으로 간주되는 기간 : 소정근로일수와 출근일에 모두 산입

1. 근로자가 업무상의 부상 또는 질병으로 휴업한 기간
2. 출산 전후 휴가
3. 육아휴직 기간
4. 연차휴가 및 생리휴가
5. 예비군 훈련기간 및 민방위 훈련기간, 공민권 행사 휴무일(선거, 투표)
6. 부당해고 기간 등

(※ 법령상 출근으로 보거나, 근로자의 귀책 사유 없이 출근하지 않은 기간)

소정근로일에서 제외되는 기간 : 소정근로일과 출근일에서 모두 제외

1. 사용자의 귀책 사유로 인한 휴업 기간
2. 적법한 쟁의행위 기간
3. 개인적 사정에 의한 휴직 기간 등

(※근로의무가 면제되지만 출근으로 볼 수 없는 기간)

결근으로 처리되는 기간 : 소정근로일 포함, 출근일 제외

1. 징계처분으로 정직 또는 직위해제를 받은 기간
2. 정당성 없는 쟁의행위 기간 등

(※근로자의 귀책 사유로 출근하지 않은 기간)

근로자가 개인적 사정 등으로 휴직한 경우의 연차유급휴가는 어떻게 산정할까

변경 전

취업규칙, 단체협약 등에 별도로 정한 바가 있으면 그에 따르나, 별도로 정한 바가 없고 당해 근로자가 휴직한 날을 휴가 등으로 대체하지 않았다면 결근한 것으로 보아 출근율을 계산하여 연차유급휴가를 부여했습니다.[20]

종전 기준에 따르면 이루리 씨의 경우 1년간 80% 미만 출근하였으므로 1개월 개근 시 1개의 연차휴가가 부여되어 총 6개의 연차휴

---

20 근로조건지도과-1755, 2008. 5. 29.

가가 부여됩니다.

변경 후

개인적 사정 등에 의한 약정 육아휴직 또는 질병 휴직 기간은 연차 휴가 산정 시 결근으로 처리하는 것은 부당하며, 근로관계의 권리·의무가 정지된 기간으로 보아 소정근로일수에서 제외합니다.[21]

이때, 연차휴가는 연간 소정근로일수에서 해당 기간을 제외한 나머지 일수를 연간 소정일수로 나눈 비율을 곱하여 부여합니다.[22]

연차휴가일수×(연간 소정근로일수 - '소정근로일 제외기간')
/ 연간 소정근로일수

사례를 살펴보겠습니다.

이루리 씨는 개인적인 사유로 전년도에 6개월(7월 1일~12월 31일)을 휴직하였습니다.
1년의 소정근로일수를 250일, 루리 씨의 휴직 기간 중 소정근로일수는 127일, 휴직 기간을 제외한 실질 소정근로일수는 123일입니다.

☑ 출근율 : 123 / (250 - 127) = 100%
☑ 연차휴가일수 : 15×(250 - 127) / 250 ⇨ 7.4일

---

21 임금근로시간과-1736, 2021. 8. 4.
22 대법원 2013. 12. 26. 선고 2011다4629

한편, 계속근로기간 1년 미만인 근로자 또는 1년간 80% 미만 출근한 근로자에게는 1개월 개근 시 1일의 연차휴가가 발생합니다. (계속근로기간 1년 미만일 때 1개월 개근 시 1일씩 주어지는 연차는 그 1개월의 근로를 마친 "다음날"에 발생함을 유의합니다.)

이 경우도 반드시 1일을 부여해야만 하는 것은 아니며, 비례적으로 산정이 가능합니다.

종전 노동부 행정해석은 연차휴가는 1일(日) 단위로 부여 및 사용이 원칙이므로 비례할 수 없다고 보아,[23] 무조건 1일의 연차휴가를 부여하도록 하였습니다.

그러나 연차휴가를 일 단위로 주어야 한다는 명문의 규정이 있는 것이 아니고, 실무상으로도 시간 단위 연차사용이 활발하게 이루어지고 있으므로, 비례적으로 연차휴가를 부여할 수 있다고 행정해석이 변경되었습니다.

예를 들어, 1년 미만 근로자가 정당한 쟁의행위로 출근하지 않은 경우 연차휴가를 산정해 보겠습니다.

한 달 소정근로일이 20일, 정당한 쟁의행위 기간 10일, 개근한 날 10일

- 연차휴가일수(시간) = 1일(소정근로시간) × (월 실질 소정근로일수 / 월 소정근로일수)

  (※월 실질 소정근로일수 = 월 소정근로일수 − 쟁의행위 등의 기간의 소정근로일수)

---

23 근로기준정책과-8676, 2018. 12. 28.

☑ 1일(8시간)×(10일 / 20일) ⇨ 0.5일(4시간)

종전에는 무조건 1일을 부여하도록 하였지만, 4시간(반일) 연차사용이 가능해진 것입니다.

인사 노무 Tip	• 연차는 최초 1년에는 1개월 개근 시 1개씩 부여되어 총 11개가 발생합니다. • 연차는 입사일 기준 또는 회계일 기준으로 부여가 가능하나, 후자로 부여할 경우에는 입사일 기준으로 부여했을 때보다 근로자에게 불리하지 않도록 퇴직 시점에 입사일 기준으로 산정한 휴가일수에 미달할 경우 정산하여 연차휴가 미사용수당으로 지급합니다. • 연차휴가를 부여하기 위해 출근율을 산정할 때, 근로자가 업무상의 부상 또는 질병으로 휴업한 기간, 출산 전후 휴가 및 육아휴직 기간은 출근한 것으로 봅니다. • 근로자의 개인적 사정 등으로 휴직한 경우, 연차휴가는 별도로 정한 바가 없다면, 소정근로일에서 제외하여 출근율을 산정하고 실질 소정근로일수와 소정근로일수의 비율에 따라 부여합니다.

020 연차유급휴가 사용 촉진은 어떻게 해야 할까

이루자 대표의 회사는 아직 사내 전산시스템이 구축되어 있지 않다.
회사 게시판이나 회사 도메인의 이메일만 있는 정도다.
곧 7월이라 연차유급휴가 사용 촉진 조치를 준비해야 한다는데, 이메일로 연차 촉진 활동을 할 수는 없을까? 그리고 만약 직원이 휴가사용계획서 작성을 거부한다면 어떻게 해야 할까?

연차휴가 사용촉진제는 사용자가 근로자에 대하여 연차휴가 사용을 촉구하였음에도 불구하고 근로자가 연차휴가를 사용하지 않아 소멸된 경우에 미사용 연차휴가에 대한 금전보상을 면제하는 제도입니다. 근기법에서는 사용자가 연차휴가사용을 촉진하였음에도 근로자가 휴가를 사용하지 아니한 경우에는 그 휴가에 대한 보상의 의무가 없음을 명시하고 있습니다.[24]

연차휴가는 사용자가 근로자에게 정신적·육체적 휴양의 기회를 제공하고 문화적 생활의 향상을 위해 보장해 주어야 하는 것이 원칙이며, 다만 근로자가 업무상의 이유로 연차유급휴가를 사용하지 못

---

24 근기법 제61조

하는 경우에는 연차휴가미사용수당을 청구할 수 있게 됩니다.

그런데, 사용자의 권유에도 불구하고 연차유급휴가를 사용하지 않은 근로자에게 수당을 지급해야 하는 문제가 발생하여 노사간에 갈등이 야기되어 왔고 이러한 이유로 2003년 근기법이 개정되어 휴가사용촉진제도가 신설되었습니다

이러한 제도는 사용자에게 보상 의무를 면하게 하는 예외적인 조치이므로, 법에 정해진 대로 절차를 준수해야 인정됩니다. 단체협약 등에서 '연차유급휴가 사용촉진 조치를 하지 않는다'라고 별도로 규정하지 않았다면, 대부분 회사에서는 연차유급휴가 사용촉진 조치를 시행합니다.

연차유급휴가 사용 촉진 방법

첫째, 연차유급휴가 사용 촉진 조치는 서면으로 하도록 규정되어 있습니다.

이유는 구두로 할 경우, 불명확한 조치로 인한 당사자 간의 분쟁을 방지하기 위함입니다.

이메일은 서면일까요? 아닙니다.

이메일의 경우 근로자가 이를 반드시 열람한다는 보장이 없고, 열람했다 하더라도 메일 내용을 정확하게 인지했는지 확인할 수 없어, 근로자가 인지할 수 있는 정도의 의사표시 수준이라고 보기 어렵습니다.[25]

---

25 근로개선정책과-4271, 2012. 8. 22.

한편, 연차유급휴가 사용 촉진 시 전자결재 시스템을 이용한 서면 촉구가 가능한지에 대해서는 '서면'은 종이로 된 문서를 의미하고, 전자문서는 회사가 전자결재체계를 완비하여 전자문서로 모든 업무를 관리하는 경우 예외적으로 가능하다고 봅니다.[26]

이 경우에도 기안, 결재, 시행 등을 진행하고 있는 전자결재 시스템을 완비한 상태에서 근로자에게 도달 여부가 명확히 확인되어야 합니다.[27]

위 두 가지 행적해석을 보면, 공통으로 근로자에게 의사표시의 내용이 명확하게 전달되고 이를 확인할 수 있어야 한다는 것을 알 수 있습니다.

'서면'으로 하는 것은 불명확한 조치로 당사자 간 분쟁을 막기 위해서니까요.

안타깝지만 이루자 대표님의 회사 이메일로 연차유급휴가 사용 촉진 조치를 하기가 어려울 것 같습니다.

둘째, 휴가사용 촉진조치는 1년 이상 근무와 1년 미만 근무(11일)에 대한 촉진조치 방법이 아래와 같이 다르며, 모두 2단계로 나뉘어집니다.

1년 이상 근무에 대한 촉진조치 방법

① 1차 촉진 조치(시기지정 촉구): 휴가청구권이 발생한 지 1년이 지

---

26 근로개선정책과-1128, 2012. 2. 7.
27 근로기준정책과-3801, 2017. 6. 20.

나기 6개월 전을 기준으로 하여 10일 이내에 사용자가 근로자별로 미사용 휴가일수를 알려주고, 근로자는 그 사용 시기를 정하여 사용자에게 통보토록 서면 촉구합니다.

② 2차 촉진조치(휴가사용촉구): 근로자가 촉구를 받은 때부터 10일 이내에 사용하지 않은 휴가의 전부 또는 일부의 사용 시기를 정해 사용자에게 통보하지 않으면 휴가청구권이 발생한지 1년이 지나기 2개월전까지 사용 시기를 사용자가 정해 근로자에게 서면으로 통보합니다.

참고로 위의 내용을 연차유급휴가 촉진을 위한 기간 및 인사담당자가 해야 할 업무들은 다음과 같습니다.

1년 이상 근무자(80% 미만 출근자 포함) 연차사용 촉진조치 절차(1.1~12.31 기준)		
구분	기간	내용
1차 사용촉진 (사용자→근로자)	7. 1.~7. 10. (10일)	• 근로자별 미사용 연차휴가 일수 통지 • 미사용 휴가 사용 시기 지정 제출 요구
사용시기 제출 (근로자→사용자)	7. 11.~7. 20. (촉구 받은 날로부터 10일 이내)	• 미사용 휴가 사용 시기 제출
(미제출자) 2차 촉진 (사용자→근로자)	7. 21.~10. 31. (2개월 전)	• 미제출자에 대해 사용자가 사용시기를 지정하여 근로자에게 통보
노무 수령 거부	7. 21.~12. 31.	• 근로자가 지정된 시기에 휴가를 쓰지 않고 출근 시 노무 수령거부 조치

1년 미만 근무 11일에 대한 촉진조치방법

① 1차 촉진 조치(시기지정 촉구): 최초 1년간 근로가 지나기 3개월 전을 기준으로 10일 이내에 사용자는 근로자별 미사용 휴가일 수를 알려주고, 근로자는 그 사용 시기를 정하여 사용자에게 통보토록 서면 촉구합니다.

> ※ 서면 촉구한 이후에 발생한 휴가는 최초 1년간 근로가 지나기 1개월 전을 기준으로 5일 이내에 촉구합니다.

② 2차 촉진조치(휴가사용촉구): 근로자가 촉구를 받은 때부터 10일 이내에 미 사용 휴가의 전부 또는 일부의 사용 시기를 정해 사용자에게 통보하지 않으면, 최초 1년간 근로가 지나기 1개월 전까지 사용 시기를 사용자가 정해 근로자에게 서면으로 통보합니다.

> ※ 서면촉구한 이후에 발생한 휴가는 최초 1년간 근로가 지나기 10일 전까지 서면으로 통보합니다.

예를 들면 2021. 1. 1. 입사자가 2021. 1월부터 11월까지 개근에 따라 발생한 연차(11일)은 모두 2021. 12. 31.까지 사용 가능합니다. 1년 미만 근로자의 연차휴가(연11일) 사용을 촉진하기 위하여 아래의 조치를 모두 취하여야 하며 먼저 발생한 연차 9일과 이후 발생한 연차 2일의 사용촉진 시기가 다름에 유의하셔야 합니다.

대상	구분	기간	내용
		1년 미만 근무 11일에 대한 연차사용 촉진조치 절차(1.1.~12.31. 기준)	
연차 9일	1차 촉진 (사용자→근로자)	10. 1.~10. 10. (3개월 전, 10일 간)	• 근로자별 미사용 연차휴가 일수 통지 • 미사용 휴가 사용시기 지정 제출 요구
	사용시기 제출 (사용자→근로자)	10. 11.~10. 20. (촉구 받은 날로부터 10일 이내)	• 미사용 휴가 사용 시기 제출
	(미제출자) 2차 사용촉진 (사용자→근로자)	10. 11.~10. 20. (1개월 전)	• 미제출자에 대해 사용자가 사용시기를 지정하여 근로자에게 통보
연차 2일	1차 촉진 (사용자→근로자)	12. 1.~12. 31. (1개월 전, 5일 간)	• 근로자별 미사용 연차휴가 일수 통지 • 미사용 휴가 사용시기 지정 제출 요구
	사용시기 제출 (사용자→근로자)	12. 6.~12. 15. (촉구 받은 날로부터 10일 이내)	• 미사용 휴가 사용 시기 제출
	(미제출자) 2차 사용촉진 (사용자→근로자)	12. 16.~12. 21. (10일 전)	• 미제출자에 대한 사용자가 사용시기를 지정하여 근로저에게 통보

연차유급휴가 사용 촉진 조치를 법에 따라 했더라도 근로자가 휴가일에 출근할 경우, 명확한 노무 수령거절 의사표시를 해야 합니다. 노무 수령거절 의사를 표시하지 않았다면, 근로를 승인한 것으로 봐서 연차휴가미사용수당을 지급해야 합니다.

노무 수령거절 의사표시는 연차휴가일 해당 직원의 책상 위에 '노무 수령거부의사통지서'를 올려놓거나 연차휴가일에 해당 직원이 자기 컴퓨터를 켜면 자동으로 '노무 수령거부의사 통지'가 화면으로 나타나는 방법 등과 같이 근로자가 사용자의 노무 수령거부 의사를 인지할 수 있는 정도여야 합니다.

실무적으로는 부서장이 연차휴가일에 출근한 직원을 귀가 조치하도록 해야 할 것이며, 입출입 기록, 전자결재 시스템 등에 당일 로그인, 결재 등의 업무처리기록이 남지 않도록 해야 할 것입니다.

근로자가 휴가사용계획서 작성을 거부할 경우

만약 직원이 연차유급휴가 사용 촉진 조치에 반대하여, 휴가사용계획서 작성을 거부해도, 적법한 연차사용 촉진 활동으로 인정되어 연차휴가미사용수당 보상 의무가 면제될까요?

직원이 연차휴가사용계획서를 제출할 것을 거부하고 있는데, 법에는 연차사용계획을 사용자에게 통보하지 아니하면, 회사가 사용기간 끝나기 2개월 전에 휴가 사용 시기를 정해서 서면으로 통보하도록 정하고 있습니다. 따라서 직원에게 휴가 사용을 지정해 주었음에도 이를 사용하지 않은 것이 전적으로 해당 직원의 개인적인 사유에 의한 것이라면 회사는 적법한 연차휴가 사용을 촉진한 것으로 인정되고 미사용연차휴수당을 지급할 의무도 없게 됩니다.

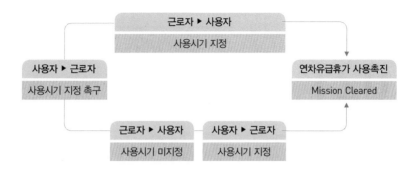

인사 노무 Tip

- 이메일로는 의사표시가 명확히 도달했다고 보기 어렵습니다. 전자결재 시스템이 있다면 전자결재 시스템으로, 없다면 서면으로 연차유급휴가 사용 촉진 조치를 시행해야 합니다.

- 연차유급휴가 사용 촉진 조치는 근기법에서 정한 절차에 따라야 금전보상의무가 면제됩니다. 또한, 1년 이상 계속 근무한 근로자와 1년 미만 근로자의 절차가 다르고 1년 미만 근무자에 대해서도 먼저 발생한 연차 9일과 이후 발생한 연차 2일의 사용촉진 시기가 다름에 유의하셔야 합니다.

- 근로자가 연차휴가로 지정된 날에 출근했을 때, '노무 수령거절'을 해야 연차휴가미사용수당 보상 의무가 면제됩니다.

- 연차사용 촉진은 개별적으로 해야 하며, 게시판에 게시하는 등의 집단적 촉진 방식은 유효한 것으로 인정되지 않습니다.

021 휴일 대체란

인사팀 최고수 차장은 고민이 생겼다. 대체 공휴일 지정으로 유급 휴일은 늘어나는데, 기계를 돌리려면 일정 수의 근로자들은 나와서 일을 해야 하기 때문이다.
휴일근로수당이 늘어날 게 뻔히 보이는데, 당장 8월 16일(월)은 어떻게 해야 할지 고민이 된다.

2021년에는 광복절(8월 15일)이 유급휴일인 일요일과 겹쳐, 월요일(8월 16일)이 대체 공휴일이 되었습니다.

근로기준법 제55조 제2항 및 동법시행령 제30조 제2항에 따라 근로계약 또는 근무 편성에 의하여 근로 제공 의무가 있는 소정근로일이 공휴일 또는 대체 공휴일에 해당한다면 유급휴가로 보장해야 합니다.

회사원으로서는 기쁘지만, 한편으로 휴일근로수당이 늘어나는 것은 걱정이 됩니다.

이럴 때는 '휴일 대체'를 고려해 볼 수 있습니다.

'휴일 대체'란 사전에 정해진 휴일을 근로일로 변경하여 근로를 실시하고, 대신에 다른 근로일을 휴일로 대체해 휴식하는 제도를 말합니다.

휴일에도 불구하고 근로할 필요성이 있다면, 회사는 근로자대표와 서면 합의[28]로 소정근로일인 다른 특정한 날과 대체할 수 있습니다.

소정근로일과 대체가 가능하므로 비번일, 휴무일과는 대체가 불가능합니다.

제도를 실시하려면
- 근로자대표와 서면합의가 필요합니다.
- 근로 제공 의무가 없는 휴일은 사전에 정하여 고지해야 합니다.

지정된 휴일을 변경하고자 할 때는 적어도 24시간 전에 근로자에게 통지하여야 합니다.

휴일이 대체휴일로 변경된 경우에는 당초의 휴일은 평일이 되어 휴일 근로 가산수당을 지급할 필요가 없습니다.[29]

이렇듯 적법하게 휴일 대체가 되었다면 이제는 '대체된 날'이 휴일이 됩니다.

사례를 살펴보겠습니다.

최고수 차장의 회사가 근로자대표와의 서면합의로 휴일을 소정근로일인 다른 특정한 날과 대체하였다면, 근로자의 휴일은 8.16(월)이 아

---

28 근기법 제55조 제2항 단서
29 근기 68207-806, 1994. 5. 16.

닌 8.13(금)으로 변경됩니다.

또한 8.16(월)은 공휴일이 아닌 소정근로일이 되므로 이날 근무를 한다고 하더라도 휴일근로수당은 발생하지 않습니다.[30]

실무적으로 유의해야 할 점이 두 가지가 있습니다.

1. 근로자의 날(5월 1일)은 특정 사실을 기념하기 위한 유급휴일로 휴일의 대체제도가 불가능하다는 것입니다. 따라서 근로자의 날 근무를 하고 평일 중 하루 쉬었다고 하더라도 근로자의 날 근무분에 대한 휴일근로수당은 지급되어야 합니다.
2. 휴일 대체 시 주 총근로시간이 40시간이 넘는다면 시간외근로수당을 지급해야 합니다.

예를 들어 월~금 근무하고 유급휴일인 일요일을 그 다음 주 수요일과 대체하여 근무하였다면 그 주 근무시간은 주 40시간을 초과하여 시간외근로 수당을 지급해야 합니다.

인사 노무 Tip	• 휴일 대체를 하기 위해서는 근로자대표와의 서면 합의가 필요하며, 해당 근로자에게 사전에 고지를 해야 합니다. • '근로자의 날'은 위 요건을 모두 준수하였다 하더라도, 휴일 대체가 불가합니다. • 휴일 대체 시 주 총근무 시간이 40시간을 초과하는지 살펴봅시다.

---

30 대법원 2000. 9. 22. 선고 99다7367

022 연장, 야간, 휴일근로수당 대신 휴가를 줄 수 있을까

회사를 내 몸과 같이 사랑하는 인사팀 최고수 차장은 늘어나는 연장, 야간, 휴일근로수당 때문에 걱정이 많다. 해당 근로시간뿐 아니라 가산 시간까지 포함해서 지급해야 하니, 회사 부담이 이만저만이 아니다. 수당 대신 쉬게 할 수는 없을까?

근로기준법 제56조는

- 연장근로에 대해, 통상임금의 100분의 50 이상을 가산
- 휴일근로에 대해, 8시간 이내의 휴일근로는 통상임금의 100분의 50 이상, 8시간 초과 시에는 통상임금의 100분의 100 이상을 가산
- 야간근로(오후 10시~다음 날 오전 6시)에 대해, 통상임금의 100분의 50 이상을 가산하여 근로자에게 지급하도록 규정하고 있습니다.

동법 제57조는 사용자는 1. 근로자대표와의 서면 합의에 따라 2. 연장근로·야간근로 및 휴일근로 등에 대하여 임금을 지급하는 것을 갈음하여 휴가를 줄 수 있다고 하였으므로, 동 연장근로·야간근로 및

휴일근로수당이 부담된다면, 위 수당에 대해 휴가를 부여하는 방안을 고려해 볼 수 있습니다.

1. 근로자대표와의 서면 합의

근로자대표와의 서면 합의가 요건입니다.

서면 합의문에 휴가적용대상, 휴가부여방식, 휴가부여시기, 휴가사용방법 등 세부적인 내용을 규정해두어야 추후 운용과정에서 문제가 발생 시 판단의 기준이 될 수 있습니다.

근로자대표란 과반수 노동조합이 있는 경우 그 노동조합, 그리고 과반수 노동조합이 없는 경우 근로자의 과반수를 대표하는 자를 말합니다.

근로자대표의 선정 단위는 '사업 또는 사업장'이므로 제도를 사업 단위로 도입하고자 하면 근로자대표는 사업 단위로 선정하고, 일부 사업장에만 도입하고자 한다면, 사업장 단위로 선정해야 합니다.[31]

근로자대표를 선출하는 근로자의 범위는 근로기준법상 근로자로 근로기준법상 사용자를 제외한 자입니다.[32]

근로기준법상 사용자는 사업주, 사업경영담당자, 그 밖에 근로자에 관한 사항에 대해 사업주를 위하여 행위하는 자를 말합니다. 실무적으로 대표이사, 등기임원 등을 제외합니다.

부서의 부장이나 팀장 등 간부급 인사를 '사업주를 위하여 행위하는 자'로 보아 제외할 것인지는 판단이 필요합니다. 행정해석은 '제외'해야 한다고 보고 있습니다.

---

31 근로기준팀-8048, 2007. 11. 29.
32 근로기준과-5062, 2004. 7. 26. 근로기준정책과-1900, 2020. 5. 7.

2. 연장근로·야간근로 및 휴일근로 등에 대하여 임금을 지급하는 것을 갈음하여 휴가 부여

연장근로·야간근로 및 휴일근로 등에 대하여 임금을 지급하는 것에 갈음하여 지급하므로, 수당 지급과 마찬가지로 50% 가산하여 휴가가 부여되어야 합니다.

예를 들어 연장근로를 8시간 하였다면, 8시간(1일)을 휴가로 부여할 것이 아니라, 12시간(1일 + 4시간)을 부여해야 합니다.

제도 운용 시 주의해야 할 점이 2가지 있습니다.

보상 휴가를 사용하지 못했다면 임금으로 지급해야 합니다

근로자대표와 서면 합의로, 보상 휴가 사용기간 내에 사용자의 귀책 사유 없이 근로자가 사용하지 않은 보상 휴가에 대해 사용자는 임금 지급 의무가 없다"라고 규정하였더라도, 보상 휴가는 연장근로·야간근로 및 휴일근로 등에 대하여 임금을 갈음하여 지급하는 것이므로, 근로자가 해당 휴가를 미사용하였다면, 임금으로 지급해야 합니다.[33](※연차휴가 사용 촉진 활동으로 연차휴가미사용수당 지급 의무가 소멸되는 것과 구분합니다.)

휴일 대체와 다른 제도입니다

휴일 대체는 사전에 휴일과 특정 소정근로일을 1:1로 맞바꾸는 개념입니다.

---

33 근로기준과-6641, 2004. 12. 10.

소정근로일 ⟷ 휴일

사례를 살펴보겠습니다.

최고수 차장은 근로자대표와 서면 합의를 체결하여 보상휴가제도를 실시하여, 연장, 야간근로수당 등의 시간외수당에 대한 비용을 줄일 수 있습니다. 다만 보상 휴가는 법정 가산식을 적용하여 부여하여야 합니다.

인사 노무 Tip	• 보상 휴가는 근로자대표와 서면 합의가 요건입니다. • 근로자가 보상 휴가를 미사용하였다면 사용자는 이를 임금으로 지급해야 합니다. • 보상 휴가와 휴일 대체는 다른 개념이며, 보상 휴가는 수당과 마찬가지로 근로분과 가산분을 포함하여 부여해야 합니다.

023 건강검진일과 국민참여재판 참석일에 대한 휴가는

 수진 씨는 고민이 생겼다.
연차도 별로 없는데, 이달 말까지 건강검진도 받아야 하고,
국민참여재판 배심원으로 참석하라는 등기도 받았다.
인사팀 최고수 차장에게 문의하니,
"저희 회사는 건강검진일이 유급휴일이 아니에요.
그리고 국민참여재판 배심원 참석은 무급휴가를 내시든가,
연차를 써야 해요."라고 말한다.
건강검진은 공가라던데? 왜 우리 회사는 유급으로 안 쉬고
나와서 일을 하지?
국민참여재판 배심원 참석은 공적인 일인데 회사가 유급휴가를
줘야 하는 거 아닌가?

건강검진 어떻게 받으시나요? 대부분 오전에 받고 오후에 출근하죠. 공무원들에게는 공가가 맞습니다.

국가공무원 복무규정에서는 「산업안전보건법」 제129조부터 제131조까지의 규정에 따른 건강진단을 포함합니다.

그런데, 여러분이 일하고 있는 사업장의 단체협약이나 취업규칙 등에서 건강검진을 공가 또는 기타 유급휴가로 정하지 않았다면, 무급입니다. 관례상 근무시간 중에 검진을 받는 것이지, 회사가 유급으로 건강검진 시간을 보장해줄 필요는 없습니다.

국민참여재판 참석은 어떨까요?

근로기준법에서는 '사용자는 근로자가 근로시간 중에 선거권, 그 밖의 공민권(公民權) 행사 또는 공(公)의 직무를 집행하기 위하여 필요한 시간을 청구하면 거부하지 못한다. 다만 그 권리 행사나 공(公)의 직무를 수행하는 데에 지장이 없으면 청구한 시간을 변경할 수 있다.'라고 규정합니다. (벌칙 : 2년 이하의 징역 또는 2천만 원 이하의 벌금)

공민권

'공민권'이란 국가 공무에 참여할 수 있는 자격을 갖춘 국민이 헌법이나 기타의 법률에 따라 정해진 공무에 참여할 수 있는 국민의 기본권을 말합니다.

예를 들어, 헌법개정의 국민투표권, 공직의 선거권 및 피선거권(입후보등록을 위한 행위, 본인의 선거운동), 공직선거법상의 선거 또는 당선에 관한 소송 등을 말합니다.

공의 직무

'공의 직무'란 법령에 근거를 두고 직무 자체가 공적인 성격을 갖는 업무를 의미합니다.

예를 들어, 국회의원, 노동위원회의 위원으로서의 직무, 증인·정인으로서 법원에 출석하는 행위, 향토예비군 소집에 응하는 것, 민방위 교육, 군 입대를 위한 신체검사, 주민등록 갱신업무, 법령에 따라 설치된 각종 심의회·위원회의 업무 등을 말합니다.

국민참여재판에 배심원으로 활동하는 것은 '공의 직무'에 해당하여, 근로자가 이에 필요한 시간을 청구하면 사용자는 이를 거부할 수 없습니다.

　그러나 단체협약이나 취업규칙에서 이를 유급으로 정하지 않은 한, '유급'으로 할 필요는 없습니다.

　또한, 공민권 행사가 회사 근무시간 외에 가능하다면, 근무시간 중 부여하지 않아도 법 위반이 아니며, 공민권 행사에 지장이 없다면 근로자가 청구한 시간을 변경하거나 날짜를 변경할 수도 있습니다.

　그런데 우리는 '공가'[34]를 사용했다고 해서 무급으로 처리하는 경우를 본 적이 없습니다.

　왜 그럴까요?

　관련 법령에서 '유급'으로 인정해야 한다는 근거 규정[35]이 있기 때

---

34 공가란 병가(病暇)의 원인 이외에 정당한 사유가 있을 때 허가되는 휴가를 말하며, '국가공무원복무규정' 제19조에서는 「병역법」이나 그 밖의 다른 법령에 따른 병역판정검사·소집·검열점호 등에 응하거나 동원 또는 훈련에 참여할 때, 공무와 관련하여 국회, 법원, 검찰, 경찰 또는 그 밖의 국가기관에 소환되었을 때, 법률에 따라 투표에 참여할 때 등을 공가 사유로 인정합니다.

35 관련 법령에서 유급으로 인정하는 경우
　• 국민투표법 제4조
　제4조(투표권 행사에 대한 보장) 공무원·학생 또는 다른 사람에게 고용된 자가 투표인명부의 열람 또는 투표에 필요한 시간은 휴무 또는 휴업으로 보지 아니한다.
　• 공직선거 및 선거 부정방지법 제6조제2항
　제6조 (선거권행사의 보장)
　②공무원·학생 또는 다른 사람에게 고용된 자가 선거인명부를 열람하거나 투표하기 위하여 필요한 시간은 보장되어야 하며, 이를 휴무 또는 휴업으로 보지 아니한다.
　• 향토예비군 설치법 제10조
　제10조(직장 보장) 다른 사람을 사용하는 자는 그가 고용한 사람이 예비군대원으로 동원되거나 훈련을 받을 때는 그 기간을 휴무로 처리하거나 그 동원이나 훈련을 이유로 불리한 처우를 하여서는 아니 된다.
　• 민방위기본법 제27조
　제27조(직장 보장) 타인을 고용하는 자는 고용하는 자가 민방위 대원으로 동원되거나 교육 또는 훈련을 받은 때에는 그 기간을 휴무로 하거나 이를 이유로 불이익이 되는 처우(處遇)

문입니다.

예를 들어, 예비군훈련, 민방위 훈련으로 동원되어 훈련을 받는다면, 휴무가 아니므로 유급으로 부여해야 합니다.

국민참여재판 배심원 참석은 '국민의 형사재판 참여에 관한 법률'에서 '유급'으로 인정하는 규정이 없습니다.

배심원 신변을 위한 조치로 '해고 또는 그 밖의 불이익한 처우'를 하지 못하도록 규정[36]하고 있긴 합니다.

'유급'으로 인정해주는 것도 아닌데, 정당한 사유 없이 불출석 시에는 과태료(200만 원 이하)가 부과됩니다.[37]

정당한 사유로 인정받은 경우는
- 특별한 사정으로 업무 대체가 불가능한 경우
- 장시간 재판을 하기 어려울 정도로 건강상 질병이나 문제가 있는 경우
- 중요한 시험을 앞두고 있는 학생, 취업 준비생
- 해외여행을 미리 당일 계획하고 있었던 경우 등입니다.

정당한 사유 없이 불출석하여, 과태료 30만~100만 원을 부과된 사례가 있었습니다.

를 하여서는 아니 된다.
- 병역법 제74조의4
제74조의4(병력 동원 및 훈련 관련 직장 보장) 국가기관·지방자치단체의 장 또는 고용주는 소속 공무원 또는 소속 임직원이 병력 동원소집 등에 응하여 그 의무를 이행하는 때에는 그 소집된 기간을 휴무로 처리하거나 그 소집을 이유로 불리하게 처우하지 못한다.
36 동법 제50조
37 동법 제60조

법원에서 통지를 받았다면, 특별한 사유가 없는 한 참석해야 합니다.

수진 씨처럼 '회사가 유급휴가를 안 줘서'라는 사유로 인정받기가 어려울 것 같습니다.

일비를 지급(예비배심원 6만 원, 배심원 12만 원)한다고는 하나, '무급' 또는 '연차'를 사용하면서 종일 재판에 참여한다는 것은 쉬운 일은 아닙니다.

가능하다면, 회사에 '공가' 또는 '기타 유급휴가'에 대한 규정을 두고, 국민참여재판 배심원 참석 등을 포함하는 것이 좋을 것 같습니다.

인사 노무 Tip	• 건강검진일을 유급휴가로 할지는 회사 사정에 따라 단체협약 또는 취업규칙 등에서 정하면 됩니다. 다만, 이를 유급휴가로 할 의무는 없습니다. • 공민권의 행사나 공의 직무의 수행 시 이를 유급으로 보장해야 하는 것은 아닙니다. 회사에 공가 또는 기타 유급휴가에 해당 내용이 규정되어 있는지 확인하고, 사업장의 여건에 따라 규정을 정비합니다.

법에 따른 임금 산정하기

024 월 216만 원을 주고도 최저임금 위반이라니

이루리 대표는 최근 노동부의 사업장 정기점검에서 최저임금을 위반했다는 결과 통보와 함께 시정지시 명령을 받았다. 이루리 대표는 직원들 중에 최저임금 이하의 임금을 받는 근로자가 없을 뿐만 아니라 상여금을 500%나 지급하고 있는데 최저임금을 위반했다는 것은 말도 안 된다고 항변하였다. 어떻게 된 것일까?

기본급	1,242,792원
식대	70,000원
직무수당	625,000원
연장근로수당	227,751원
합 계	2,165,543원

상여금은 홀수달에 지급

최저임금에 해당되기 위해서는 매월 1회 이상 정기적으로 지급하는 임금이어야 합니다.

그러나 모든 임금이 최저임금에 산입되는 것이 아니라 제외되는 임금이 있어 그 산정에 주의해야 합니다.

최저임금 산입범위

임금 − 최저임금에 산입하지 않는 임금 = 최저임금

연도별 최저임금	
연도	**최저임금**
2019	8,350원
2020	8,590원
2021	8,720원
2022	9,160원

최저임금에 산입하지 않는 임금[1]

1. 근로기준법의 소정근로시간 또는 소정의 근로일에 대하여 지급하는 임금 외의 임금

   : 연장근로수당, 야간근로수당, 휴일근로수당 등의 시간외수당

2. 상여금, 그 밖에 이에 준하는 것으로써 고용부령으로 정하는 임금의 월 지급액 중 해당연도 시간급 최저임금액을 기준으로 산정된 월 환산액의 **10%**(2022년의 경우)에 해당하는 부분

3. 식비, 숙박비, 교통비 등 근로자의 생활 보조 또는 복리후생을 위한 성질의 임금으로써 다음 중 하나에 해당하는 것

   1) 통화 이외의 것(현물)으로 지급하는 임금

   2) 통화로 지급하는 임금의 월 지급액 중 해당연도 시간급 최저임금액을 기준으로 산정된 월 환산액의 **2%**(2022년의 경우)에 해당하는 부분

   (※단, 미산입 비율은 단계적으로 축소되어 '24년 이후에는 전부 산입)

---

1 최저임금법 제6조 제4항

연도	2019년	2020년	2021년	2022년	2023년	2024년
정기상여금	25%	20%	15%	10%	5%	0%
현금성 복리후생비	7%	5%	3%	2%	1%	0%

월환산액 기준으로 제외되는 금액

단위: 원

연도		2019년	2020년	2021년	2022년	2023년	2024년
최저임금 월 환산액		1,745,150	1,795,310	1,822,480	1,914,440	미정	0
제외 금액	정기 상여금	436,288	359,062	273,372	191,444	미정	0
	현금성 복리후생비	122,161	89,765	54,764	38,288	미정	0

사례를 살펴보겠습니다.

상여금은 매월 정기적으로 지급되는 금품이 아니기 때문에 포함되지
않으며, 월 급여액 중 연장근로수당과 식대 7만 원 중 2022년 기준
38,288원이 제외됩니다.
따라서 최저임금 산입금액은 다음과 같습니다.

임금구성항목	월급여액	최저임금 산입임금
기 본 급	1,242,792원	1,242,792원
식 대	70,000원	70,000−38,288 = 31,712원
직무수당	625,000원	625,000원
연장근로수당	227,751원	0원
합 계	2,165,543원	1,899,504원

고용노동부장관은 최저임금을 시급으로 정하여 고시하고 있습니다. 따라서 고시된 시급 최저임금과 해당 사업장의 최저임금 시급을 비교하여 미달 여부를 판단하여야 하므로 우선 사례 사업장의 월 급여를 시급으로 환산해 보아야 합니다.

만일, 소정근로시간이 1주 40시간 근무, 주휴일 8시간인 경우라면, 월 급여 1,899,504원을 시급으로 환산할 경우, 9,088원(월 소정근로시간 209시간[2] 으로 나눔)이 되고, 2022년 최저임금 9,160원에 미달하므로 최저임금법에 위반됩니다.

인사 노무 Tip	• 최저임금 미달 여부를 판단하려면, 최저임금은 시급으로 고시되므로, 당해 사업장에서 지급된 월 급여는 소정근로시간 등을 적용하여 시급으로 환산한 후 판단하거나, 최저임금 시급을 당해 사업장의 소정근로시간 등을 적용하여 월 환산액을 계산하고 이를 기준으로 미달 여부를 판단해야 합니다. • 최저임금 미달 여부 판단 시 임금의 범위는 근로자에게 지급된 모든 금품을 포함하여 산정하는 것이 아니라, 연장근로수당, 상여금, 식비 등과 같이 전부 또는 일부 제외되는 금품이 있으므로 이를 우선 확인하여 제외하고 산정해야 합니다. • 최저임금 위반은 3년 이하의 징역 및 2천만 원 이하의 벌금의 형벌에 처해질 수 있기 때문에 매년 인상된 최저임금액을 기준으로 위반되지 않도록 각별히 주의하여야 합니다.

---

2 (주40시간+유급주휴 8시간)×52주+8시간)÷12월=209시간

025 하루 일해도 주휴수당을 지급해야 하나요

이루자 대표는 기간제 근로자 관리로 골치가 아프다. 입·퇴사가 워낙 잦은지라 이제는 며칠 일하고 그만둔다고 해도 별로 놀라지도 않는다. 그런데 이번에는 조금 당황스러웠다.

해당 근로자는 월요일에 입사하여 하루 업무 교육을 받았고 화요일부터 수요일은 공휴일, 대체 공휴일인 목요일까지 쉬고, 금요일은 백신 휴가로 쉬었다. 회사는 1일의 백신 휴가를 유급으로 부여하고 있다.

그런데 그 다음 월요일에 출근해서는 이제 그만 나오겠다고 한다.

이럴 때에도 주휴수당을 지급해야 할까?

월	화	수	목	금	토	일	월
입사 교육	공휴일	공휴일	대체 공휴일	백신 휴가	무급휴무	주휴일	사직 통보

　

위의 사례는 입사 교육을 받은 날을 근무한 것으로 보더라도, 1주일간 근로한 날은 1일입니다.

종전에는 1주일간 소정근로일에 개근하더라도, '1주를 초과하여 (예: 8일째) 계속 근로가 예정'되어 있지 않다면, 주휴수당을 줄 필요가 없었습니다.[3]

---

3 근로기준정책과 -6551, 2015. 12. 7. 등

그런데 2021년 8월에 행정해석이 변경되면서4, 이제는 1주일 기간 동안 소정근로일에 개근했다면, '1주를 초과한 날(8일째)의 근로가 예정되어 있지 않더라도 주휴수당을 지급해야 합니다.

사용자는 근로자에게 ① 1주일에 평균 1회 이상의 '유급' 휴일을 주어야 하며, 5주 1회의 유급휴일을 가질 수 있는 자는 ② 1주일간의 소정근로일수를 '개근'한 자에 한합니다.6

여기에 그간 행정해석으로 '계속 근로가 예정'될 필요를 덧붙였던 것이죠.

주휴일을 유급으로 부여하는 이유는 연속되는 근로로부터의 피로 해소 등을 위해서인데, 계속 근로를 하지 않는다면, 법의 취지상 굳이 부여할 이유가 없다고 보았기 때문입니다.

근로자의 소정근로일이 월~금까지이며, 개근했고, 주휴일은 일요일인 경우

- 월요일~금요일까지 근로관계 유지(토요일 퇴직) ▶ 주휴수당 미발생
- 월요일~일요일까지 근로관계 유지(그 다음 월요일에 퇴직) ▶ 주휴수당 발생
- 월요일~그 다음 월요일까지 근로관계 유지(그 다음 화요일에 퇴직) ▶ 주휴수당 발생

사실 1주일 일한 건 똑같은데, '계속 근로 여부'에 따라 누구는 주휴수당을 받고 누구는 받지 않는다면 형평성에 어긋난다고 볼 여지는 있습니다.

---

4 임금근로시간과-1736, 2021. 8. 4.
5 근기법 제55조
6 동법 시행령 제30조

법대로 줄 것은 제대로 계산해서 줘야겠지요.

다만 이런 얄미운 경우가 생기지 않기를 바랄 뿐입니다.

| 인사 노무 Tip | • 1주간 소정근로일을 개근하고 그만둘 때에도 이제는 주휴수당을 줘야 합니다.

• 즉, 5월 1일(근로자의 날), 약정휴일, 무급휴무일 등 명칭에 관계없이 근로제공의 의무가 없는 날(결근이 아님)이 주중에 있다면, 그 날을 제외하고 나머지 일수를 개근하면 계속근로가 예정되어 있지 않더라도 주휴수당이 발생합니다. |

026 일용근로자의 주휴수당은 얼마일까

최고닭 씨 치킨집에서 일용직으로 근무하는 현숙 씨는, 주휴수당을 제대로 받는 건지 궁금하다. 사장은 주휴수당을 포함한 시급으로 일당을 계산하고 있으니 걱정하지 말라고 한다.

식당은 사장님(주방), 사모님(카운터), 홀서빙 직원(정직원)과 현숙 씨 이렇게 4명이다.

치킨집은 1일 10시간(중도 휴게시간 제외) 일하고, 106,260원을 지급하는데, 사장은 최저시급(9,160원)을 기준으로 주휴수당을 얹어서 계산한 금액이라고 한다.

현숙 씨는 3월 첫 주에는 4일 근무, 둘째 주에는 5일을 근무하였다.

현숙 씨의 주휴수당은 얼마인 걸까?

　사용자는 근로자에게 1주일에 평균 1회 이상의 유급휴일을 보장해야 합니다.[7]

　주 1회의 유급휴일은 1주간의 소정근로일수를 '개근'한 자에게 주어집니다.[8]

　월급 근로자에게는 주휴수당이 포함되어 있지만, 일용근로자는 근로계약이 1일 단위로 체결되므로 1주간의 소정근로일수를 산정할 수

---

7 근기법 제55조제1항
8 동법 시행령 제30조제1항

가 없습니다.

일용근로자가 계속 근로를 한다면 이때는 소정근로일수 대신 실 근로일수를 기준으로 주휴수당을 지급해야 합니다.

일용근로자가 주휴수당을 포함하여 임금을 지급받기로 사전에 약정하지 않는 한 주휴수당은 임금과 별도로 지급돼야 합니다.[9]

현숙 씨가 주휴수당 지급 대상인지 여부

현숙 씨는 첫 주 40시간(4일×10시간), 둘째 주 50시간(5일×10시간)을 근무했습니다.

주당 근무시간이 15시간을 초과하여 주휴수당 지급 대상입니다.

포괄임금계약이 성립했는지 여부

포괄임금계약이란 기본임금을 미리 산정하지 않은 채 제 수당을 합한 금액을 지급하는 계약입니다.

포괄임금계약은 근로계약서상에 제 수당이 얼마인지, 어떤 기준 (시간급×시간)으로 산정이 되었는지를 역산할 수 있어야 유효합니다.

예) '일급 106,260원은 일급 73,280원(8시간분), 연장근로수당 18,320원(2시간), 주휴수당(14,660원)이 포함된 금액이다.'

그런데 현숙 씨는 포괄임금계약(일당)을 쓰지 않았으므로, 포괄임금계약 성립 여부는 확인할 방법이 없습니다.

---

9 근기 68207-424,1997. 4. 2.

현숙 씨가 받아야 하는 임금은

1일 근무시간 중 8시간은 소정근로시간, 2시간은 연장근로시간인데, 최고닭 치킨집은 사장과 사모를 제외한 직원은 2명이므로 4인 이하 사업장에 해당해 연장근로수당이 가산되지 않습니다. 따라서 1일 10시간을 근무하면 일당 91,600원을 지급받게 됩니다. (10시간×9,160원) 실제로 현숙 씨는 106,260원을 받았으므로 주휴수당을 뺀다면 매일 14,660원을 더 받은 셈입니다.

이를 현숙 씨가 받아야 하는 주휴수당과 비교합니다.

주휴수당은 1주 소정근로시간 / 40시간×8시간(1일)×시간급으로 계산합니다. (※ 연장근로시간은 소정근로시간에서 제외됩니다.)[10]

따라서 첫 주는 8시간×4일로 둘째 주는 8시간×5일로 계산합니다.
첫 주에는 32시간 / 40시간×8시간×9,160원으로 58,624원
둘째 주에는 40시간 / 40시간×8시간×9,160원으로 73,280원
총 131,904원으로 사장님이 지급한 금액(131,940원 / 14,660원×9일)과 비슷하네요.

사장님 입장에서 발생할 수 있는 문제점

문제는 현숙 씨와 사장님은 주휴수당을 포함한다는 내용의 포괄임금계약서를 쓰지 않았고, 임금이 지급된 형태만 본다면 사장님은 시급 10,626원×10시간으로 산정하여 지급한 것으로 보입니다.

현숙 씨가 주휴수당을 못 받았다고 주장할 여지도 있던 셈입니다.

---

10 임금정책과-2507,2004. 7. 9.

다만 이 경우에는 양자 간 최저시급을 기준으로 정산한 것을 알고 있다고 주장해볼 수 있을 것입니다.

이런 문제는 주휴수당을 포함하여 지급한다고 구두로 말을 할 것이 아니라, 현숙 씨의 동의를 받아 포괄임금계약서를 작성하면 예방할 수 있습니다.

인사 노무 Tip

- 계산의 편의를 위해 주휴수당을 일급에 포함하고 싶다면, 기본시급과 수당산정내역(주휴수당, 연장근로수당 등)을 명시하여 포괄임금계약서를 작성해야 합니다.

027 급여명세서의 각종 수당, 통상임금에 포함될까

최고수 차장은 급여명세서에 찍혀 있는 각종 수당들이 통상임금에 해당하는지 잘 모르겠다.

평균임금은 퇴직금 계산할 때 외에는 딱히 쓰이지도 않고, 퇴직금 산정 시, 경영 성과금이나 인센티브 등을 제외하는 것만 주의하면 크게 신경 쓸 일이 없는데, 문제는 통상임금이다.

"통상임금에 어떤 항목들이 포함되고 어떤 항목들이 제외되는 걸까?"

회사의 급여명세서에 기재된 수당들은 다음과 같다.

- 기본임금 · 책임수당 · 직무수당 · 근속수당 · 가족수당 · 통근수당 · 급식수당 · 조정수당
  (※가족수당은 배우자나 자녀가 있는 사람만 지급하며 인당 2만 원씩 가산하여 지급)
- 정기 상여는 1월, 2월, 5월, 9월, 11월에 지급하며 급여일과 달리 1일에 지급한다.

이중 어떤 항목이 통상임금에 해당할까?

우선 통상임금의 개념을 확인해 봅시다.

통상임금

통상임금이란 근로자에게 정기적이고 일률적으로 소정 근로 또는

총 근로에 대해 지급하기로 정한 시간급 금액, 일급금액, 주급 금액, 월급 금액 또는 도급 금액을 말합니다.[11]

판례는 통상임금을 '근로계약에서 정한 근로를 제공하면 확정적으로 지급하는 임금'이라 정의하면서 통상임금은 소정 근로의 대가로 근로자에게 지급되는 금품으로 정기적, 일률적, 고정적으로 지급되는 것인지를 기준으로 판단해야 한다고 봅니다.[12]

통상임금은 연장, 야간, 휴일근로수당 등 각종 수당을 산정하기 위한 기준으로 시간급으로 산정됩니다.

통상임금의 판단 기준을 좀 더 살펴봅시다.

소정 근로의 대가란

근로자가 소정근로시간에 통상적으로 제공하기로 정한 근로에 관하여 사용자와 근로자가 지급하기로 약정한 금품을 말합니다.

따라서 소정근로시간을 초과하여 지급받는 임금이나, 근로계약에서 제공하기로 정한 근로 외의 근로를 특별히 제공하여 추가로 지급받는 임금, 고정 근로시간의 근로와 관련 없이 지급받는 임금은 소정 근로의 대가가 아닙니다.

정기성이란

미리 정해진 일정한 기간마다 정기적으로 지급되는 것을 말합니다. 매월 지급되지 않고, 분기별, 반기별, 매년 지급이 되더라도 정기적으로 지급하는 것으로 봅니다.

---

11 근기법 시행령 제6조제1항
12 대법원 2013. 12. 18. 선고 2012다89399, 전원합의체 판결

일률성이란

'모든 근로자'에게 지급되는 것과 '일정한 조건 또는 기준에 달한 모든 근로자'에게 지급되는 것을 말합니다.

'일정한 조건 또는 기준'은 작업 내용이나 기술, 경력 등과 같이 소정 근로의 가치 평가와 관련된 조건이어야 합니다.

일례로, 차장 직급 이상에게 지급하는 '직책수당'이나, 특정 자격증 소지자에게 지급하는 '자격수당' 등이 이에 해당합니다.

가족수당의 경우 부양가족 수에 따라 차등 지급되는 경우는 '근로와 관련된 일정한 조건 또는 기준'이라 할 수 없어 일률성이 부정됩니다.

그러나 기본금액을 동일하게 지급하면서 부양가족 수에 따라 추가로 지급한다면, 기본금액은 통상임금에 해당합니다.

고정성이란

초과근무를 할 당시, 그 지급 여부가 업적·성과 기타 추가적인 조건과 관계없이 지급될 것이 사전에 이미 확정된 것을 의미합니다.

'추가적인 조건'이란 '초과근무를 제공하는 시점'에서 성취 여부가 불분명한 것을 의미하므로, 근로 제공 이외에 추가적인 조건이 충족되어야 지급되는 임금이나 그 충족 여부에 따라 지급액이 달라지는 임금은 고정성이 결여되어 있다고 볼 수 있습니다.

단 지급액 중 조건에 따라 변동되지 않는 최소 임금은 고정성이 인정됩니다.

예를 들어, 근무 성적에 따라 지급 여부나 지급액이 달라지는 성과급은 통상임금이 아닙니다.

이 경우에도 최소한도로 보장되는 임금은 고정성이 인정될 수 있으며, 전년도 성과로 올해 임금이 결정되었다면, '사전에 확정된 것'이므로 고정성이 인정됩니다.

그러나 일정 근무 일수를 채워야 지급을 하거나, 지급일에 재직을 요건으로 하는 상여금 등은 통상임금에서 제외됩니다.

상여금 지급이 이미 근로한 기간을 기준으로 지급하는 것이 아니라, 상여금 지급 월의 '첫 영업일'에 지급하는 경우 '선불 성격'이므로 고정성이 인정됩니다.[13]

최근 하급심 판결[14]에서 '재직자 조건'이 있는 정기상여금도 통상임금에 해당한다고 본 경우가 있어, 추후 판례를 추이를 주목해볼 필요가 있습니다.

사례를 살펴보겠습니다.

가족수당 지급 기준인 '부양가족'의 유무는 '근로와 관련이 없는 일정한 조건 또는 기준'입니다. 정기적, 고정적으로 지급된다고 하더라도 통상임금에 해당하지 않습니다. 단, 본인에 대한 가족수당은 통상임금에 해당합니다.

근속연수에 따라 차등을 두는 **근속수당**은 근로와 관련된 일정한 조건 또는 기준에 해당하며, 초과근로를 하는 시점에 근속연수는 이미 '확정'되어 있음으로, 통상임금에 해당합니다.

---

13 서울중앙지방법원 2016. 5. 26. 선고 2014가합33869
14 서울고등법원 2019. 5. 14. 선고 2016나2087702 및 서울고등법원 2020. 12. 2. 선고 2016
   나2032917

정기적, 일률적으로 지급하는 **통근수당**이나 **급식수당**은 통상임금에 해당합니다.

참고로, 급식수당으로 매월 10만 원이 지급되었다면, 통상임금에 해당하나, 급식을 제공하고 식사를 하지 않은 직원에게 급식비에 해당하는 금품이 제공되지 않았다면, 통상임금에서 제외됩니다.

급여명세표 각종 수당 - 통상임금 해당 여부

구분	내용	통상임금	정기성	일률성	고정성
기본임금	월급 총액의 70%	○	○	○	○
책임수당	차장급 이상 지급	○	○	○	○
직무수당	생산직 근로자에게 지급	○	○	○	○
근속수당	근속연수에 따라 차등	○	○	○	○
가족수당	부양가족 수에 따라 2만 원씩 가산	×	○	×	○
통근수당	20만 원	○	○	○	○
급식수당	10만 원	○	○	○	○
조정수당	월급 총액의 15%~20%	○	○	○	○
정기상여	1월, 2월, 5월, 9월, 11월에 지급 지급일자는 해당 월 1일	○	○	○	○

인사 노무 Tip

- 통상임금은 '소정 근로의 대가'로 정기적, 일률적, 고정적으로 지급되는 임금이며, 시간급으로 계산합니다.
- 통상임금의 성질 중 '고정성' 요건이 주로 문제가 되는데, 초과근로를 할 당시 '성취 여부'가 확실한 것을 의미하므로, 추가적인 조건이 붙는다면 '고정성'이 없어 통상임금이 아닙니다.

028 무급휴무일과 공휴일이 중복되는 경우 임금산정방법

토요일이 무급휴무일인 회사에서 현숙 씨는 돌아오는 토요일이 법정공휴일인 빨간 날이라는 것을 발견했다. 현숙 씨는 인사팀에 문의를 한다.
"토요일이 유급인 법정공휴일이니, 그날에 대한 임금을 받게 되는 건가요?"

2021년 1월 1일부터 30인 이상 300인 미만 사업장에서도 『관공서의 공휴일에 관한 법률』에 따른 공휴일 및 대체공휴일(이하, '관공서 공휴일'이라 함)에 대하여 유급휴일로 적용되었습니다. 5인 이상 30인 미만 사업장은 2022년 1월 1일부터 적용됩니다.

2020년 이전에는 관공서 공휴일은 민간기업에서는 원칙적으로 유급휴일이 아니었기 때문에 이와 관련하여 회사의 규모 및 복지정책에 따라 기업이 재량적으로 운영해 왔습니다. 하지만 이번 법 개정으로 관공서 공휴일이 유급휴일이 됨에 따라 이와 관련한 여러 가지 문의사항이 빈번하였습니다.

그중에서도 위 사례처럼 회사 규정 및 근로계약에 따른 무급휴무일이 법정공휴일인 경우 그날의 연장근로에 대한 수당을 어떻게 산정하여 지급하는지에 대한 문의가 가장 많았습니다.

이에 대해 노동부는 무급휴무일은 애초에 근로 제공이 예정되어 있지 않은 날이기 때문에 관공서 공휴일과 겹친다고 하더라도 유급으로 처리하여야 하는 것은 아니며[15], 관공서 공휴일이 겹친 무급휴무일의 근로는 휴일근로에 해당하여 가산임금(8시간 이내는 50%, 8시간을 초과 하는 근로시간은 100%가산)을 지급하면 된다고 하였습니다.[16]

관공서 공휴일을 유급휴일로 보장하도록 한 법 개정 취지가 공무원과 일반근로자가 공평하게 임금의 삭감이 없이 휴식을 취할 수 있도록 하기 위한 것이지, 사업주에게 약정 임금 이상의 임금부담 의무를 지우기 위한 것이 아니기 때문입니다.

즉 애초부터 근로제공이 예정되어 있지 않은 날이라면, 관공서 공휴일 등 유급휴일과 겹친다고 하더라도 유급으로 처리하지 않습니다.

따라서 현숙 씨의 경우에도 무급휴무일인 토요일이 관공서 공휴일이라고 하더라도 추가로 임금을 지급하지 않아도 됩니다.

참고로 현숙 씨와 같이 이미 월급에 유급휴일에 대한 금액이 포함되어 있는 월급제 근로자와 달리, 시급제 근로자나, 일용직 근로자의 경우에는 가산임금이 지급되어야 합니다.

상시 5인 이상 사업장을 기준으로 근로 형태별 유급휴일 포함 여부 및 휴일근로 시 가산액은 다음 표과 같습니다.

---

15 임금근로시간과-743, 2020. 3. 30.
16 임금근로시간과-653, 2021. 3. 22

구분	유급휴일	휴일 근로	총 가산액
월급제	– (월급에 포함)	150%	150%
시급제	100%	150%	250%
일용직	x	150%	150%

※ 휴일근로 8시간 이내 기준, 휴일근로수당 150%(휴일근로 100%+휴일근로가산수당 50%)

인사 노무 Tip

• 휴일이 중복되는 경우, 별다른 규정이 없는 한 1일의 휴일만 인정되며 휴일을 추가로 부여할 의무는 없습니다.

누구나 쉽게 배우는
인사 노무 사례 100개면 되겠니

029 월급이 같은 우리는 왜 연장근로수당이 다를까

어떡해 씨는 강유리 씨보다 일주일 뒤에 입사했다. 둘은 같은 부서이고 임금도 같다.

두 사람은 지난달 똑같이 야근(20시간)을 했는데, 어떡해 씨의 연장근로수당이 더 많이 나온 것이 아닌가! 강유리 씨는 인사팀 최고수 차장에게 항의했다.

최고수 차장 "어떡해 씨는 토요일이 무급이고, 강유리 씨는 토요일이 유급이라 그렇습니다."

이게 무슨 말일까 싶어 계약서를 보니, 어떡해 씨와 강유리 씨의 기본급 산정을 위한 시간이 다르다.

어떡해 씨			강유리 씨		
원기본금	209시간	3,000,000원	원기본금	226시간	3,000,000원

토요일이 유급이라는 의미는 무엇이고, 임금에 어떤 영향을 미치는 것일까?

위 사례는 소정근로시간 차이에 따른 통상시급의 차이를 보여주기 위해 구성한 것으로 실제로 이러한 사례는 10인 이하의 취업규칙 작성 · 신고의무가 없는 사업장의 경우에만 가능합니다.

만약 취업규칙에 소정근로시간이 1주, 40, 주휴일이 일요일 8시간

으로 기재되어 있다면 개별 근로계약서에 토요일 4시간 유급휴일을
규정하였더라도 유리 여부를 따져서 적용해야 합니다.

1일 8시간, 주5일 근무를 하게 되면 주 40시간을 근무하게 됩니다.
보통 월요일부터 금요일까지 5일을 출근하고 토요일, 일요일은 출근
하지 않습니다. 사용자는 근로자에게 1주에 평균 1회 이상의 유급휴
일을 보장하여야 하는데, 이를 주휴일이라고 하고 많은 사업장에서
일요일을 주휴일로 하고 있습니다.

(사례 1) 어떡해씨의 근로계약

월	화	수	목	금	토	일
(근무)	(근무)	(근무)	(근무)	(근무)	무급 주휴일	유급 주휴일
8시간	8시간	8시간	8시간	8시간	–	8시간

이 경우 월요일부터 금요일까지 일을 하고, 토요일과 일요일에 쉬
는데 일요일이 주휴일이라 쉬면서 임금을 받습니다.

따라서 주휴일을 포함해서 한 달에 209시간[17]에 대한 임금을 지급
해야 합니다. 209시간은 매월 일수가 달라서 발생하는 문제를 해결
하고자 평균적으로 산정한 값으로, 주 40시간이 소정근로인 경우에
주휴시간을 포함해서 기본급을 산정할 때 사용됩니다.

이번에는 토요일도 유급휴일인 경우를 살펴보겠습니다.

---

17 [(주40시간+주휴일 8시간)×52주+8시간]÷12월≒209시간

(사례2) 강유리씨의 근로계약

월	화	수	목	금	토	일
(근무)	(근무)	(근무)	(근무)	(근무)	유급 주휴일	유급 주휴일
8시간	8시간	8시간	8시간	8시간	4시간	8시간

이 경우에는 주 40시간 근로를 하고, 위의 사례1 경우보다 쉬면서 임금을 받는 토요일 4시간이 추가됩니다. 토요일 4시간에 대한 임금을 지급해야 하므로, 주휴일을 포함하여 209시간과 동일하게 평균값으로 계산하면 월 226시간[18]에 대한 기본급을 지급해야 합니다.

토요일을 유급으로 인정해 준다고 하니 근로자에게 더 좋은 것이 아닌가 하는 생각이 듭니다. 월급으로 급여를 받는 직원들은 평소에는 별 차이를 느끼지 못합니다.

그러나 일급이나 시급으로 환산해야 하는 경우에는 얘기가 달라집니다.

다른 수당이 없다고 가정하고 기본급만을 통상임금으로 해서 연장근로수당 및 연차휴가수당 등을 계산하기 위한 시간급을 산정해 보겠습니다.

- 토요일이 무급인 경우(어떡해씨의 경우 통상시급)
  기본급 300만 원 / 209시간 = 14,354원
- 토요일 4시간이 유급인 경우(강유리씨의 경우 통상시급)
  기본급 300만 원 / 226시간 = 13,274원

---

18 (주40시간+주휴일 8시간+토요일 유급 4시간)×52주+8시간)÷12월≒226시간

토요일이 무급인 경우가 시급이 더 높아지므로, 연장근로시간이 같더라도 수당이 달라지게 됩니다.

사례를 살펴보겠습니다.

	어떡해	강유리
통상시급	14,354원(300만 원/209시간)	13,274원(300만 원/226시간)
연장근로수당	430,622원(14,354원×20시간×1.5)	398,220원(13,274원x20시간x1.5)

통상시급은 소정근로시간에 따라 달라집니다. 강유리씨는 토요일 4시간이 유급으로 처리되지만, 통상시급이 낮아지니 연장근로수당을 덜 받게 됩니다.

인사 노무 Tip	• 월급제 근로자가 1주 소정근로시간이 40시간이고, 토요일이 무급휴무일, 일요일은 주휴일이라면 월 209시간에 대한 임금입니다. (※실제 근로일수로 산정하는 경우 등 기타 예외적인 경우는 제외) • 위의 사례에서 일요일 이외에 토요일도 일정 시간을 유급휴일로 정하고 있다면 토요일에 대해서도 임금을 산정해 주어야 합니다. • 무급휴일이나 무급휴가라고 하면 그날은 임금이 지급되지 않는 것이 원칙입니다.

030 포괄임금 계약을 하면 연장근로수당 안 줘도 되나요

박규리 씨의 근로계약서는 포괄임금계약서다. 1주 12시간의 연장근무에 대한 수당이 포함되어 있다.

회계업무를 담당하는 박규리 씨는 퇴근 시간이 늘 밤 9시, 10시인데다, 토요일은 다른 부원들과 교대로 돌아가면서 나오고, 간혹 일요일에도 나와서 근무를 한다.

'아무리 봐도 연장근무가 1주 12시간은 넘는 것 같은데?'

그리고 포괄임금계약서에는 연장근무만 12시간이지, 일요일 휴일근무는 아예 포함이 안 되어 있다.

인사담당자는 "포괄임금계약이라, 규리 씨의 연장근무 수당은 이미 급여에 포함되어 있어요. 게다가 법정 한도는 12시간이니 더 일하게 되면 법을 위반하는 셈이라, 지급할 수도 없어요."라고 한다.

"일한 만큼 받는 게 맞지 않나? 그리고 법정 한도를 초과하면 수당을 아예 못 받는 걸까?"

규리 씨의 포괄임금근로계약서 임금구성항목

구분	금액	비고
기본급	1,914,440원	209H 기준
연장근로수당(OT)	714,480원	52H(1주 12H)
총계	2,628,920원	9,160원 / 1H

포괄임금제

포괄임금제란, 기본임금을 미리 산정하지 않은 채 시간외근로 등에 대한 제 수당을 합한 금액을 월급여액이나 일당 임금으로 정하거나 매월 일정액을 제 수당으로 지급하는 내용의 임금 지급 계약을 말합니다.

과거에는 '근로시간 산정이 어려운 경우'뿐 아니라, 계산상의 편의 등의 사유도 인정이 되었으나, 최근에는 좀 더 엄격하게 해석하는 추세입니다.

근로시간 산정이 어려운 경우란, 근로기준법상 '간주근로시간제(제58조제1항)', '재량근로시간제(제58조제3항)', '감시적·단속적 근로(제63조제3호)'에 해당하는 업무들을 말합니다.

사무직 근로자의 경우 근로시간 산정이 어려운 것으로 보지 않기 때문에, 위와 같은 포괄임금제 계약을 했다면 적법 유효한 것으로 인정받지 못하고, 월급여는 기본급으로 간주됩니다.

사례를 살펴보겠습니다.

규리 씨의 업무는 '근로시간의 산정이 어려운 경우'에 해당하지 않아 **포괄임금계약이 유효하게 성립되지 않았습니다.**

그렇다면, 근로기준법상 실근로시간에 따른 임금이 지급되어야 하므로, 규리 씨는 12시간을 초과한 연장근로 및 휴일근로에 대한 수당을 요구할 수 있습니다.

규리 씨는 주중뿐 아니라 토요일(무급휴무일)에도 나와 일정 시간 근로하였고 이는 연장근로에 해당하므로 통상임금의 50%를 가산하여 지급해야 합니다.

일요일(유급주휴일)에도 근무했다면, 8시간 이내의 초과근로는 통상임금의 50%, 초과분은 통상임금의 100%로 가산하여 지급해야 합니다.

규리 씨의 연장근로가 12시간 미만인 경우에는 어떨까요?

실제 연장근로시간과 상관없이 일정한 시간을 연장근로시간으로 합의한 경우에는 실제 근로시간이 합의한 시간에 미달하는 경우에도 **미리 약정한 연장근로수당을 지급**해야 합니다.

인사담당자의 주장처럼 주 12시간을 초과해서 연장근로를 하게 되면 법을 위반하는 셈이니 지급할 수 없는 걸까요?

법 위반은 맞습니다.

2021년 7월부터 5인 이상 사업장에는 1주 52시간의 근로시간 상한제가 적용됩니다.

위반 시에는 사업주에게 2년 이하의 징역 또는 2천만 원 이하의 벌금이 부과됩니다.[19]

시정 기간은 있지만 처벌이 가볍지 않습니다.

그러나 연장근로수당 등을 지급하지 않는다면, 이는 **임금 체불이며 3년 이하의 징역 또는 3천만 원 이하의 벌금**이 부과됩니다.[20]

일이 몰릴 때가 있고 그렇지 않을 때가 있다면 근로기준법상 유연근로제도(선택적근로시간제, 탄력적근로시간제 등)를 활용하는 것도 방법입니다. 다만 이 경우에 근로자대표와 서면합의 등의 절차를 지키는 것뿐 아니라 근로시간 정산을 할 수 있는 시스템이 뒷받침되어야 합니다.

---

19 근기법 제110조
20 동법 제109조

인사 노무 Tip

- '근로시간 산정이 어려운 경우'가 아니라면 포괄임금제가 인정되기 어렵습니다.

- 고정 연장근로수당을 지급한다면 실제 연장근로시간이 고정연장 근로수당에 미달하더라도 미리 약정한 제수당을 지급하기로 한 것으로 보아 지급해야 합니다.

- 고정 연장근로수당을 약정할 경우에, 근로기준법상 연장근로의 한도인 12시간을 약정한다면, 실질적으로 12시간을 초과하여 근로자를 근로시킬 수 없음으로, 포괄임금제와 다를 바가 없어, 해당 고정 연장근로수당이 연장근로수당으로 인정되지 않고 기본급으로 볼 가능성이 있으니 주의해야 합니다.

031 상여금, 상품권으로 줄 수 있나요

 최고수 씨 회사는 상여금을 상품권으로 주고 있다. 노조와 임금협약을 체결하면서 그렇게 하기로 정한 것이다. 그런데 상품권으로 지급해도 괜찮을지 찜찜한 기분이 든다.
이게 법에 맞는 것일까?

임금을 지급할 때는 ▲매월 1회 이상 일정한 날짜에 ▲임금 전액을 통화로 ▲사용자가 직접 근로자에게 ▲전액을 지급해야 합니다.[21]

임금 지급의 4가지 원칙

1. 통화 지급의 원칙

2. 직접 지급의 원칙

3. 전액 지급의 원칙

4. 정기지급의 원칙

(※위반 시 3년 이하의 징역 또는 3천만 원 이하의 벌금)[22]

---

21 근기법 제43조
22 동법 109조

통화 지급의 원칙

임금은 근로자가 편리하게 사용할 수 있도록 통화로 지급해야 합니다.

통화란 한국은행이 발행한 화폐를 말하며, 회사의 재고품으로 지급하는 등 물건으로 지급하거나 당좌수표나 어음, 주식 등으로 지급하는 것은 안 됩니다. 다만 자기앞 수표로 지급하거나 본인 명의의 은행 계좌로 입금하는 것은 통화 지급으로 봅니다.

통화 지급 원칙의 예외

법령 또는 단체협약에 특별한 규정이 있는 경우에는 임금의 일부를 공제하거나 통화 이외의 것으로 지급할 수 있습니다.[23]

다만 근로자들의 생계와 직결되어 있는 임금의 지급에 관한 문제이기 때문에 노사가 상품권으로 대체하고자 합의하는 임금의 종류는 매월 고정적으로 지급되는 임금이 아니라 성과급, 상여금의 일부 또는 전부, 특별수당 등의 비정기적으로 지급되는 경우가 많습니다.

사례를 살펴보겠습니다.

최고수 차장 회사의 경우 조합원들에게 임금과 관련하여 수권을 받은 노조와 임금협약을 맺어 수당을 상품권으로 처리하였다면, '**조합원**'에게 수당을 상품권으로 지급할 수 있습니다.

행정해석은 단체협약에 의해 임금의 일부를 공제하여 통화 이외의 것

---

23 동법 제43조 제1항 단서

으로 지급하는 경우는 단체협약에 조합비 등과 같이 임금공제 대상 항목이 특정되어 있어야 할 뿐만 아니라 본인의 동의가 있거나 노동조합 대표에게 임금공제에 대한 권한을 위임하는 등의 경우에 한하여 가능하다고 보았습니다.[24]

조합원이 아닌 경우에는 단체협약상의 통화 지급 예외 조항이 적용되지 않기 때문에 상품권으로 지급할 수 없습니다.

한편, '조례'로 임금을 상품권으로 지급한 사례가 있어 문제가 된 적이 있습니다.

근로기준법에서는 '법령'과 '단체협약'에 특별한 규정이 있는 경우에 예외를 둘 수 있다고 했는데, '조례'가 여기서 말하는 '법령'에 해당하는지가 문제가 되었습니다.

행정안전부는 지방자치단체의 관할 구역에 한정해서 효력이 미치는 조례는 근로기준법 제43조 제1항 단서에 따른 "법령"에 해당하지 않는다고 보았으며, 근로기준법이나 지방자치법 같은 상위 법률을 위반할 소지가 있는 조례 조항을 고치라고 권고했습니다.

인사 노무 Tip	• 임금은 원칙적으로 통화로 지급해야 합니다. • 법령 또는 단체협약에 특별한 규정이 있는 경우에는 임금의 일부를 공제하거나 통화 이외의 것으로 지급할 수 있습니다. 다만 근로자의 개별 동의 또는 노동조합 대표에게 권한을 위임해야 하며, 조합원에 한하여 가능합니다.

---

24 근로조건지도과-2514, 2008. 7. 11.

032 점심식사를 회사에서 제공해야 하나요

이루자 대표는 사내 식당이 없어 인근 식당과 계약을 맺고 점심시간에 직원들이 자유롭게 이용할 수 있도록 하고 있다. 그런데 한 고집 과장은 휴가 기간이나 바이어를 만나는 날은 회사와 계약한 식당에서 밥을 먹지 않는다.

"한 달에 20일은 식당에서 밥을 먹을 수 있어요. 7천 원×20일만 하더라도 14만 원이면 적은 돈이 아니지 않습니까? 못 먹은 날은 금액으로 환산해서 급여에 넣어줘야 하는 것 아닙니까?"

이루자 대표는 어떻게 이 문제에 대답해야 할까?

이루자 대표는 현물로 중식대를 지급하는데, 이 중식대가 회사에 '지급 의무'가 있는 것인지에 따라 결론이 달라집니다.

임금은 회사가 근로의 대가로 근로자에게 임금, 봉급, 그 밖에 어떠한 명칭으로든지 지급하는 일체의 금품을 말합니다.[25]

근로자에게 계속적·정기적으로 지급되고 그 지급에 관하여 단체협약, 취업규칙 등에 의하여 사용자에게 지급 의무가 지워져 있으면 그 명칭 여하를 불문하고 모두 임금입니다.

판례는 "피고 회사가 식사를 하지 않는 근로자들이 피고 회사에 식

---

25 근기법 제2조 제1항 제5호

비에 상응하는 현금이나 다른 물품을 청구할 수 있고 피고 회사가 이를 지급할 의무가 있다는 점을 인정할 증거가 없는 이상, 중식대는 근로자의 후생 복지를 위해 제공되는 것으로써 근로의 대가인 임금이라고 보기 어려워 퇴직금 산정의 기초가 되는 평균임금에 포함되지 않는다."라고 판시하였습니다.[26]

사례를 살펴보겠습니다.

이루리 대표는 직원들이 실제로 식사를 한 것에 대하여 식당에 지불하고 있음으로 근로의 대가인 임금으로 판단되지 않습니다. 직원들의 복리후생을 위해 점심을 제공하는 것이죠.
따라서 중식을 안 먹을 경우, 회사가 이를 지급할 의무가 있다고 본 고집 과장의 주장은 받아들여지지 않을 것입니다.
실제 출근일수나 식사 여부에 관계없이 식대를 고정적인 수당으로 정기적, 일률적으로 지급한다면, 평균임금뿐 아니라, 통상임금에도 해당합니다.

인사 노무 Tip	• 중식대는 세법상 월 10만 원까지 비과세 처리가 가능하므로, 급여에 포함하면 비과세 혜택을 받을 수 있습니다. 참고로 2023년부터 식대 비과세는 월 20만원 한도로 변경됩니다. • 현물로 중식을 제공하는 경우 식사하지 않은 만큼 이를 환산하여 현금 등으로 지급한다면, '임금'으로 판단될 가능성이 높아 주의해야 합니다.

---

26 대법원 2005. 10. 13. 선고 2004다13755

033 연속 D고과, 연봉 삭감이 가능할까

문제야 과장이 2번 연속 고과 D를 받았다.

회사의 '인사평가 운영규칙' 및 '연봉 근로계약서'에는 인사고과 평가등급에 따라 최대 10%까지 연봉을 삭감할 수 있다는 내용이 있다.

문제야 과장은 억울하다.

딸린 식구가 몇인데, 아무래도 부장을 잘못 만나서 올해는 꼬인 것 같다.

인사부장은 인사부장대로 고민이 많다.

분명 인사평가 운영규칙, 연봉 근로계약서에는 임금 삭감이 가능하다는 규정이 있다.

인사평가 운영규칙에는 연속으로 2번 이상 고과 D를 받을 경우 10% 감액한다고 되어 있고, 연봉 근로계약서에는 연봉 재계약 시 인사고과 평가등급에 따라 연봉의 삭감은 최대 10%까지 가능하다고 되어 있다.

과반수 노조의 대표가 서명한 '취업규칙'에도 해당 내용은 없고, '인사평가 운영규칙'은 회사가 일방적으로 만들고 과반수 노조 대표의 동의를 받지 않았다.

이 경우 D 고과를 받은 문제야 과장의 연봉 삭감이 가능할까?

사례를 적용할 때는 상위법 먼저, 근로자에게 유리한 조건을 우선 적용합니다.

따라서 취업규칙 〉 근로계약서 순이며, 규율하는 내용이 다를 경우에는 근로자에게 유리한 조건을 정한 규범을 확인합니다.

취업규칙과 근로계약서를 살펴봅시다.

취업규칙
'인사평가 운영규칙'이 취업규칙인지의 여부

취업규칙이란 그 명칭을 불문하고 사업장에서의 근로자에 대한 복무규율과 임금 등 근로조건에 관한 준칙의 내용을 정한 것으로써 사용자에 의하여 작성되는 사업장 내부의 규칙을 의미합니다. 따라서 '인사평가 운영규칙'은 취업규칙에 해당합니다.

* 간혹 신고용 취업규칙은 과반수 노조의 동의를 받고, 세부 내규 등은 과반수 노조 동의를 받지 않고 운영하는 경우가 있습니다. 이때 세부 내규가 취업규칙이 아니라고 생각하는 인사담당자들도 있습니다. 그러나 명칭을 불문하고 복무규율, 근로조건을 규율하는 것이라면 취업규칙입니다.

취업규칙의 불이익 변경 요건
과반수 노동조합 대표의 동의 또는 근로자 과반수의 동의

'임금 삭감'을 규정한 취업규칙(인사평가 운영규칙)은 근로자에게 불이익한 내용을 담고 있습니다.

취업규칙 불이익 변경이 유효하려면, 과반수 노동조합 대표의 동의 또는 근로자 과반수의 동의가 필요합니다.[27]

---

27 근기법 제94조

문제는 회사가 과반수 노동조합 대표의 동의를 받아 신고한 취업규칙에는 해당 내용이 없고 '인사평가 운영규칙'은 회사가 임의로 작성한 것으로 과반수 노동조합 대표의 동의를 받은 것이 아니라는 점입니다.

따라서 위 '인사평가 운영규칙'은 유효하지 않습니다.

연봉 근로계약서

연봉 근로계약서의 '삭감' 조항이 유효한지의 여부

취업규칙 변경은 유효하지 않아 적용할 수가 없고, 이제 남은 적용 기준은 근로계약서인데, 근로계약서에는 '삭감' 조항이 있고 근로자는 서명했습니다.

그렇다면 해당 연봉 근로계약서의 '삭감' 조항은 유효할까요?

그럴 수도 있겠지만, 아닐 수도 있습니다.

연봉 근로계약서를 살펴봐야겠지만, "연봉 재계약 시 인사고과 평가등급에 따라 연봉의 삭감은 최대 10%까지 가능하다."라고 했다면 문제가 될 수 있습니다. 임금 삭감의 구체적인 요건에 대해 정한 바가 없기 때문입니다.

위 문구는 어떤 평가등급을 받을 때 얼마나 삭감을 한다는 것인지 명확하지 않습니다.

'훈시규정'에 불과하다고 볼 여지가 있습니다.

실무적으로 생각해볼 문제

근로자가 동의하지 않는다면

평가등급에 따라 적용 연봉을 달리한다면, 매년 연봉계약서 또는 연봉 근로계약서를 작성하는 사업장일 것입니다.

문제야 과장의 입장에서 생각해 봅시다.

회사가 매년 초에 전년도 평가를 기준으로 한 연봉을 적용한다고 했을 때, 다음 해 연봉이 삭감될 상황이라면, 해당 연봉 근로계약서에 동의를 할까요?

연봉제 규정 및 인사고과에 의거 개인별 연봉 금액이 결정된다고 하더라도 그것이 바로 근로계약의 내용으로 된다고 보기는 어렵습니다.[28]

따라서 근로자의 '동의'를 받아야 하고, 동의를 받지 못했다면, 급여는 종전대로 지급할 수밖에 없습니다.

인사 노무 Tip

- 연봉계약서, 연봉 근로계약서는 근로자가 동의하지 않는다면 효력이 없습니다.
임금 삭감에 동의하지 않았다면, 종전대로 지급해야 합니다.

---

28 근로기준팀-973, 2005. 11. 4.

034 비정규직도 상여금 똑같이 줘야 하지 않나요

기간제 근로자로 일하고 있는 지혜 씨는 연말 상여금 소식에 들떴다.

'그간 봐 두기만 했던 구두도 하나 장만하고 부모님께 한턱 쏴야지.' 하고 생각만 해도 기쁘다. 그런데 막상 상여금을 받아보니, 소문과 다르게 너무 작았다.

인사담당자에게 문의해보니, "100만 원 기준으로 올해 일한 개월 수에 비례해서 지급했어요."라고 한다.

정규직 근로자들은 2~3백만 원을 받았다는데, '비정규직이라서 적게 주면 차별 아닐까?'

'차별'은 같은 것을 다르게, 다른 것을 같게 대하는 것을 의미합니다. 업무는 같은데 임금 등의 처우가 다르면 차별입니다.

지혜 씨는 정규직 근로자에 비해 적은 연말 성과금을 받았습니다. 그렇다면, 차별을 받은 걸까요?

법에서는 사용자는 비정규직 근로자임을 이유로 사업 또는 사업장에서, 동종 또는 유사한 업무에 종사하는 정규직 근로자에 비하여 차별적 처우를 하지 못하도록 규정하고 있습니다.[29]

하나씩 살펴봅시다.

---

29 기간제법 제8조, 파견법 제21조 제1항

'동종 또는 유사한 업무'는 주된 업무 내용, 작업조건 등의 핵심 소요를 검토하여 판단합니다.

채용 절차가 달랐다거나 업무의 범위, 난이도 등에서 다소 차이가 있다고 하더라도 이는 부수적이라고 봅니다.[30]

'비교대상 근로자'는 당해 사업 또는 사업장에서 근무하는 정규직 근로자입니다.

비정규직 근로자를 별도 직군으로 분리하여 동일 직군에는 비교대상 근로자가 없는 경우에는 사업 또는 사업장 전체를 고려하여 파악합니다.

차별이 금지되는 영역은 임금, 상여금, 성과급, 그 밖에 근로조건 및 복리후생 등에 관한 것으로, 지혜 씨의 경우와 같이, 연말 상여금을 포함합니다.

사례를 살펴보겠습니다.

지혜 씨의 상황을 이해하기 위해 아래 두 가지 경우를 살펴봅시다.

첫 번째, '동종 또는 유사한 업무'가 아닌 경우입니다.

일반적으로 회사는 비교적 덜 중요하거나 일시적인 업무에 비정규직을 고용합니다.

정규직과 비정규직의 업무가 다른 셈입니다.

업무가 달랐다면, '다른 것'을 '다르게' 처우한 것이라 차별이 아닙니다.

---

30 대법원 2012. 10. 25. 선고 2011두7045

두 번째, '차별'은 있었으나 '합리적 이유'가 있는 경우입니다.

예를 들어, 자녀 학자금은 장기근속을 우대 · 장려하고 장기근속한 근로자들의 생활을 배려하며 그 공로를 보상하기 위한 복리후생제도로 보아 기간제근로자에게 지급하지 않은 것은 합리적 이유가 있다고 한 사례가 있습니다.[31]

그러나 자녀 학자금 역시 차별이 금지되는 복리후생 영역이므로, 일반적으로 회사는 3년 이상 근속 대상자에게 자녀 학자금을 지원하는 등의 내규를 가지고 있습니다.

교육비 지원 역시 '장래의 공헌 가능성' 등을 고려하여 지원하도록 설계한다면, '합리적 이유'가 있다고 볼 수 있습니다.

그러나 그 외 장기근속 등과 무관한 식비 지원, 교통비와 같은 실비 변상적 근로조건의 차별은 상대적으로 합리성을 인정받기가 어렵습니다.

성과상여금과 관련하여 "채용, 업무 등에 있어서 실질적인 차이를 고려하여 그 액수를 각기 달리하여 성과상여금을 지급하는 것"에 합리적 이유는 별론으로 하고, 기간제근로자라는 이유만으로 성과 상여금을 전혀 지급하지 않은 것"은 합리적인 이유가 없다고 판단합니다.[32]

회사가 지혜 씨에게 상여금을 전혀 지급하지 않았다면, 문제가 됩니다. 그러나 그 지급액이 정규직에 비해 적더라도, 무조건 '차별'이라고 보기는 어렵습니다.

앞서 살펴본 바와 같이 '동종 또는 유사 업무'인지, '합리적 이유가 있

---

31 서울행정법원 2010. 4. 29. 선고 2009구합36583
32 서울행정법원 2008. 10. 24. 선고 2008구합6622

는지 등을 따져봐야 합니다.

인사 노무 Tip	• 정규직 직무와 비정규직 직무를 구분하여 설계합니다.
	• 차별을 간과하기 쉬운 '복리후생' 영역에서는 '장기근속' 을 전제로 하는 것과 그렇지 않은 것을 구분합니다.
	• 사내근로복지기금에서 학자금 등을 운영한다면, 지급대 상을 3년 이상의 근속자로 합니다.

035 임금명세서 지급의무

 2021년 11월 19일 자로 임금명세서 교부가 의무화되었습니다. 11월 급여부터는 임금을 지급할 때 반드시 임금명세서를 함께 교부해야 하는데요, 근로자가 1인이라고 하더라도 반드시 준수해야 합니다. 자세한 사항을 다음과 같이 정리하였습니다.33

임금명세서 교부 의무화34

1. 사용자는 근로자에게 임금을 지급하는 때에 임금명세서를 주어야 하고

2. 임금명세서에는 임금의 구성항목, 계산 방법, 공제 내역 등 대통령령으로 정하는 사항을 기재해야 하며

3. 임금명세서는 서면 또는 전자문서법에 따른 전자문서로 교부하여야 합니다.

---

33 고용노동부 임금명세서 교부 의무 설명자료 참조
34 근기법 제48조 제2항

임금명세서 기재사항

1. 근로자를 특정할 수 있는 정보 : 성명, 생년월일, 사원 번호(※근로자를 특정할 수 있다면 성명만을 기재하는 것도 가능)

2. 임금지급일

3. 임금총액 : 근로소득세, 4대 보험 근로자부담분 등 공제 이전 임금총액을 기재

4. 임금의 구성항목별 금액 : 기본급과 각종 수당, 상여금, 성과금 등 임금을 구성하는 모든 항목을 포함해야 하며, 그 금액도 기재 (※통화 이외의 것으로 지급되는 임금의 경우에도 그 품명 및 수량과 평가 총액을 기재해야 하나, 그 가치 평가가 어렵거나 평가총액을 기재하지 않을 수 있음)

5. 임금의 구성항목별 계산 방법 : 임금의 구성항목별 금액이 어떻게 산출되었는지 산출식 또는 산출 방법을 작성하되, 계산 방법을 기재하더라도 무방[35]하다는 것이 노동부의 의견임

6. 시간외수당의 경우 실제 시간 외 근로시간 수를 포함하여 계산 방법을 작성
   예) 16시간(연장근로시간)×12,000원(시급)×1.5=288,000원

7. 출근일 수, 시간 등에 따라 금액이 달라지는 항목에 대해서만 계산 방법을 작성
   예) 일·숙직수당의 경우 그 일수 기재

8. 공제항목별 금액과 총액 등 공제 내역 : 근로소득세, 건강보험료, 노동조합 조합비 등

---

35 고용노동부 임금명세서 교부 의무 설명자료 참조

임금명세서 교부 방식

1. 서면 또는 전자문서 가능
2. 근로자가 확인 가능한 방식일 것
   예) 서면 임금명세서, 사내전산망의 정보처리시스템, 앱(App)
   을 통한 전달, 휴대전화 문자 메세지 전송

임금명세서 교부 시기

근로자에게 임금을 지급하는 때에 임금명세서 교부

임금명세서 의무 위반 시 제재

500만 원 이하의 과태료 부과[36]

고용노동부에서는 임금명세서를 작성하고 배포할 수 있도록 사이트를 오픈하고 명세서를 다운로드할 수 있도록 하였으니, 참고하실 수 있습니다.

링크 : https://moel.go.kr/wageCalMain.do

임금명세서 작성례[37]

---

36 근기법 제116조 제2항
37 고용노동부 임금명세서 교부의무 설명자료

〈임금명세서 1〉

이름 : 홍길동
임금지급일 : 2021. 11. 25
임금총액 : 48만 원
계산방법 : 48시간×10,000원=480,000원

〈임금명세서 2〉

홍길동 님께 2021.11.25.에 총 48만 원을 지급하였습니다. 21.11월 총 근로시간 48시간에 대해 시간당 1만 원을 지급하였습니다.

〈임금명세서 3〉

이름 : 홍길동
임금지급일 : 2021. 11. 25
임금총액 : 110,000원
80,000원 (일급)
2시간×10,000원×1.5=30,000원

〈임금명세서 4〉

이름 : 홍길동
임금지급일 : 2021. 11. 25
임금총액 : 150,000원
(100,000원×1.5공수)

임금명세서 양식

임금명세서

지급일 : 2021-11-25

성명	홍길동	사번	073542
부서	개발지원팀	직급	팀장

세부 내역

	지급		공제	
	임금항목	지급 금액(원)	공제 항목	공제 금액(원)
매월지급	기본급	3,200,000	소득세	115,530
	연장근로수당	396,984	국민연금	177,570
	휴일근로수당	99,246	고용보험	31,570
	가족수당	150,000	건강보험	135,350
	식대	100,000	장기요양보험	15,590
			노동조합비	15,000
격월 또는 부정기 지급				
지급액 계		3,946,230	공제액 계	490,610
			실수령액(원)	3,455,620

연장근로시간수	야간근로시간수	휴일근로시간수	통상시급(원)	가족 수
16	0	4	16,541	배우자 1명, 자녀 1명

계산 방법

구분	산출식 또는 산출방법
연장근로수당	연장근로시간×통상시급×1.5
야간근로수당	야간근로시간×통상시급×0.5
휴일근로수당	휴일근로시간×통상시급×1.5
가족수당	배우자 :100,000원, 자녀 1명당 : 50,000원

임금명세서			
			지급일 : 2021-11-25
성명	홍길동	사번	073542
부서	개발지원팀	직급	팀장

세부 내역

	지급		공제	
	임금항목	지급 금액(원)	공제 항목	공제 금액(원)
매월지급	기본급	3,200,000	소득세	115,530
	연장근로수당	396,984	국민연금	177,570
	야간근로수당	16,541	고용보험	31,570
	휴일근로수당	99,246	건강보험	135,350
	가족수당	150,000	장기요양보험	15,590
	식대	100,000	노동조합비	15,000
격월 또는 부정기 지급				
지급액 계		3,962,771	공제액 계	490,610
			실수령액(원)	3,472,161

계산 방법

구분	16시간×16,541원×1.5	지급액
연장근로수당	2시간×16,541원×0.5	396,984
야간근로수당	4시간×16,541원×1.5	16,541
휴일근로수당	휴일근로시간×통상시급×1.5	99,246
가족수당	100,000원×1명(배우자)＋ 50,000원×1명(자녀 1명)	150,000

036 회사 사정으로 쉬는데 휴업수당을 받을 수 없나요

진아 씨는 여행사에 다닌다. 코로나19의 여파로 회사 경영 사정이 극도로 나빠져 무급휴직에 들어가게 되었다.

내가 쉬고 싶어서 쉬는 것도 아닌데, 무급휴직을 해야 하는 상황도 억울하고, 당장 생계도 막막하다.

진아 씨가 알아본 바로는 천재지변이 아닌 한 회사 사정으로 휴업을 하게 되면, 회사는 휴업수당을 지급해야 한다던데, 진아 씨는 휴업수당을 받을 수 있을까?

근로기준법 제46조 제1항에 규정 된 휴업이란 개개의 근로자가 근로계약에 따라 근로를 제공할 의사가 있음에도 그 의사에 반해 근로가 거부되거나 불가능한 경우를 말합니다.[38] 즉, 근로기준법 제46조 제1항에 규정 된 '휴업'에는 개개의 근로자가 근로계약에 따라 근로를 제공할 의사가 있는데도 그 의사에 반하여 취업이 거부되거나 불가능하게 된 경우도 포함되므로, 이는 '휴직'을 포함하는 광의의 개념입니다.[39]

사용자의 책임 있는 사유(고의, 과실)로 근로자가 근로를 제공하지

---

38 대법원 1991. 6. 28. 선고 90다카25277
39 대법원 2013. 10. 11. 선고 2012다12870

못할 때, 근로자는 임금 전액을 청구할 수 있습니다.[40]

그렇다면 사용자가 고의, 과실이 없다면, 근로자는 임금을 받지 못하는 걸까요?

근로자가 근로를 제공할 수 없어, 임금을 받지 못한다면 근로자는 생존권을 위협받게 됩니다.

근로기준법에 규정된 휴업수당

근로기준법은 사용자의 귀책 사유로 휴업을 하는 경우에 회사는 휴업 기간 동안 근로자에게 평균임금의 70%(또는 통상임금)를 지급하도록 하고 있습니다.[41]

다만 회사에서 부득이한 사유로 사업을 계속하는 것이 불가능하여 노동위원회의 승인을 받은 경우에는 기준에 못 미치는 휴업수당을 지급하거나 무급휴업도 가능합니다.[42]

휴업수당의 지급 여부는 사용자에게 '귀책 사유'가 있는지에 따라 판단합니다. 여기서의 '귀책사유'는 사용자의 고의·과실을 요건으로 하지 않으므로 사용자에게 휴업의 책임을 물을 수 있다면 휴업수당의 청구권이 발생합니다.

사용자에게 귀책 사유는 원칙적으로 사용자의 세력범위 안에서 생기는 모든 경영 장애로 자금난, 원자재 부족, 주문량 감소, 시황불황과 생산량 감축, 모회사의 경영난에 따른 하청공장의 자재, 자금난에 의한 조업단축 등도 해당합니다.[43] 경기가 위축되어 매출이 감소

---

40 민법 제538조 제1항
41 근기법 제46조 제1항
42 동법 제46조 제2항
43 근기 68207-106, 1999. 9. 21.

하거나, 부품을 받는 업체의 휴업으로 사업장이 휴업하게 되었다면 이것도 사용자의 귀책 사유에 해당합니다. 그러나 천재지변 등의 사유는 회사의 지배·관리가 불가능하므로 휴업수당 지급 의무가 없습니다.

회사에서 경영이 어려울 때, 근로자들에게 무급휴직을 유도하는 경우가 있는데, 무급휴직은 개별 근로자가 신청해서 회사가 승인하는 방식을 취하며, 근로의 의사가 있음에도 회사 사정으로 인하여 휴업하는 경우와는 구별됩니다.

개별 근로자가 자진해서 무급휴직을 신청하고 사용자가 이를 승인했다면 근로자와 사용자의 근로관계가 일시 정지되는 것이므로 근로자는 근로 제공 의무를 면하게 되고 사용자는 특별한 규정이 없는한 금품 지급 의무를 면하게 됩니다.[44]

고용조정이 불가피할 정도의 '긴박한 경영상 필요'가 인정되고, 사용자가 해고를 피하고자 노사 합의를 통해 무급휴직을 한다면, 이는 결과적으로 근로자에게 유리한 것으로 보아야 할 것이고, 이 경우 휴업수당을 지급하지 않아도 근로기준법 위반은 아니라고 봅니다.

그런데 노사가 무급휴직 시행에 합의한 후 개별 근로자의 신청 없이 특정 근로자에게 휴직을 강제한다면 이는 사실상의 휴업으로 사용자는 해당 근로자에게 휴업수당을 지급해야 합니다.[45]

민법 제538조 제1항의 임금청구권

근기법 제46조의 사용자의 귀책사유는 고의·과실을 요건으로 하

---

44 근로조건지도과-1005, 2008. 4. 22.
45 근기 68207-780, 2001. 3. 8.

분류	지원수준
유급휴업	• 사업주가 지급한 휴업수당의 2/3 • 대규모 기업은 1/2 지원(단 근로시간을 50% 이상 단축하는 경우 2/3 지원)
유급휴직	• 1개월 이상 유급휴직 시 지급한 휴직수당의 2/3 • 대규모 기업은 1/2 지원
무급휴업 휴직	• 심사위원회가 근로자 평균임금의 50% 범위 내에서 지원금 결정 • 사업주가 근로자 직업능력향상프로그램을 실시하는 경우 1인당 매월 10만 원 지원

※ 근로자 1인당, 1일 66,000원 한도로 지원

지 않습니다. 이와는 달리 민법 제538조제1항에서 정한 '쌍무계약의 당사자 일방의 채무가 채권자의 책임있는 사유로 이행할 수 없게 된 때'의 '채권자의 책임있는 사유'란, 채권자 즉 '사용자의 신의칙상 비난 받을 수 있는 고의·과실'을 의미합니다.[46]

따라서 사용자의 고의·과실이 인정되는 경우에는 근로기준법상 휴업수당 청구권과 민법에 의한 임금청권이 모두 발생하므로 근로자는 어느 하나를 선택적으로 행사 할 수 있습니다.

이 경우 어느 하나를 택하여 청구권을 행사하였다면 그 한도내에서 나머지 청구권은 소멸합니다.

고용유지지원금

정부에서는 회사가 경영상황의 어려움을 겪고 있음에도 불구하고 인원 감축 대신 휴업이나 휴직을 실시하여 고용을 유지하도록 장려

---

46 대법원 2011. 1. 27. 선고 2010다42495

하기 위해서 고용유지지원금제도를 운영하고 있습니다.

기업 전체가 휴업하는 경우뿐만 아니라 근로시간 조정, 교대제 개편 등을 통해 총 근로시간의 20/100을 초과하여 근로시간을 단축하는 경우에도 지원이 가능하며, 지원방법은 다음과 같습니다.

1. 사업주가 고용센터에 고용유지조치계획서 제출 (고용보험 www.ei.go.kr 신청)

   노사 합의 내용, 대상자 선정기준, 근로자 직업능력개발 향상 프로그램, 업무복귀 계획 등을 고용유지조치 30일 전까지 관할 지방관서 제출

2. 사업주에게 고용유지조치계획 승인 또는 불승인 통보

3. 사업주는 지원금 매월 신청하고, 고용센터에서 사실관계 확인 후 지급

사례를 살펴보겠습니다.

진아 씨의 여행사가 경영악화로 휴업을 한다면, 노동위원회 승인을 받지 않은 한, 진아 씨에게 휴업수당을 지급해야 합니다.

진아 씨의 무급휴직이 근로기준법 제24조(경영상 이유에 의한 해고의 제한)의 법적 요건과 절차에 따라 무급휴직자를 선정하지 않고, 단지 노사가 무급휴직 시행에 합의한 후 개별 근로자의 신청 없이 특정 근로자에게 휴직을 강제한 것이라면, 이는 사실상의 휴업이며 진아 씨에게 휴업수당을 지급해야 할 것입니다.

사례에서는 구체적인 내용은 알 수 없으나, 진아 씨의 회사에서 해고 회피의 노력의 하나로 노사가 합의해서 무급휴직을 하였고, 개별 근로자의 동의를 얻었다면, 휴업수당을 지급할 필요는 없을 것입니다.

인사 노무 Tip

• 경영상 필요가 발생한 경우에는 사용자가 해고회피 노력의 일환으로 고용조정 대신 노사합의를 통해 무급휴직을 하더라도, 개별 근로자의 동의(동의서 작성)를 받아야 하며, 이 경우에는 무급휴직을 실시하는 것은 가능합니다.

• 고용보험 홈페이지에서 '고용유지지원금'을 신청할 수 있습니다.(문의 T. 1350) 홈페이지에 안내 매뉴얼이 있으나, 신청 전에 미리 전화로 확인하여 무급휴직 실시 계획을 세워두는 것이 좋습니다.

037 사업장에 확진환자가 발생할 경우 임금지급은

 수진 씨가 다니는 회사에 확진환자가 발생하여 회사에서 불가피하게 휴업을 시행하게 되었다. 회사에서는 어찌할 수 없는 사유에 의한 휴업이니, 임금이나 휴업수당은 지급하지 않는다고 한다. 수진 씨는 일하지는 않지만, 휴업 기간 동안 임금을 받지 못한다니, 이번 달 카드값이 걱정이다.

수진 씨는 정말 임금을 못 받는 것일까?

근로자 중 확진환자, 유증상자 또는 접촉자가 발생하여 사업장 전체 또는 일부를 휴업한 경우에는 사용자의 귀책 사유로 보기 어려우므로 원칙적으로 휴업수당 지급 의무는 발생하지 않습니다.

사업장 내 코로나 확진자가 있어 어쩔 수 없이 감염병예방법 등에 의한 강제조치로 사업장의 문을 닫게 된다면, '사용자의 지배·관리가 불가능한 불가항력적인 사유'에 해당하기 때문입니다. 단, 부득이한 사유로 사업을 계속하는 것이 불가능한 경우 휴업수당을 지급하지 않으려면 노동위원회의 승인을 받아야 합니다.[47]

노동부에서는 근로자 생계 보호를 위해 가급적 유급으로 처리하

---

47 근기법 제46조 제2항

도록 권고하고 있지만, 이를 강제할 수 없어 유급휴가를 제공한 사업주에게 유급 휴가비를 지원하고 있습니다. 이 경우에 사업주는 반드시 유급휴가를 부여하여야 합니다.

사례를 살펴보겠습니다.

수진 씨의 경우, 사용자가 어찌할 수 없는 사유로 인한 일시적 폐쇄조치를 한 것이므로 회사는 노동위원회의 승인을 받아 수진 씨에게 휴업수당을 지급하지 않을 수 있습니다.

회사에서 유급휴가를 제공하고 지원금을 받은 경우라면, 유급휴가를 요구할 수 있으며, 그렇지 않은 경우에는 생활지원비를 정부로부터 지원받을 수 있습니다.

휴업이 좀 길어진다면, 고용유지지원금을 통해 휴업수당의 일부를 정부로부터 지원받을 수 있으니 적극 활용하여 난국을 헤쳐나가는 데 도움을 받으시기를 바랍니다.

인사 노무 Tip	• 사업장에 확진환자가 발생하여 불가피하게 휴업을 실시할 경우에는 불가피한 사유로 인한 휴업에 해당하여 휴업수당을 지급할 의무가 없습니다. 단, 이 경우 노동위원회 승인을 받아야 합니다. • 휴업하는 기간 동안 회사는 연차휴가를 사용할 것을 권고하거나, 유급휴가를 부여하고 정부로부터 지원금을 받을 수 있습니다. • 회사가 무급으로 휴업을 할 경우에 근로자는 생활지원비를 받을 수 있습니다.

038 배우자 통장으로 급여를 지급해도 될까요

인사팀 최고수 차장은 안돼용 과장 때문에 고민이다.

안 과장이 이제부터 본인 월급은 배우자 명의의 계좌로 이체시켜 달라고 요청을 했기 때문이다.

"와이프 몰래 마이너스 통장에서 주식에 투자하다가 들켰어요. 가족 명의 통장으로 입금하는 건데 무슨 문제가 있겠어요? 이제 제 월급은 와이프 통장으로 넣어주세요."

한편 최고수 차장의 회사는 근로계약서에 '매월 급여는 말일까지 정산하여 매월 25일 본인 명의의 계좌로 지급한다'라고 규정하고 있다.

가능한 직원들의 요청을 들어주려 노력하는 편인 최 차장은, 안 과장 말처럼 가족인데, 배우자 명의 계좌에 급여를 이체해도 되지 않을까 싶지만, 확신은 없다.

임금은 통화로 직접 근로자에게 그 전액을 지급해야 합니다.[48]

또한 임시로 지급하는 임금이나 1개월을 초과하는 기간에 걸친 사유에 따라 산정되는 상여금 등을 제외하고 매월 1회 이상 일정한 날짜를 정해 지급해야 합니다.[49]

임금을 직접 근로자에게 지급하도록 법에서 규정하는 이유는 근로자의 생존에 기본이 되는 임금을 다른 사람이 가로채거나 착취하

---

48 근기법 제43조 제1항
49 근기법 제43조 제2항

는 것을 막아 근로자의 생활을 보호하기 위해서입니다.

따라서 근로자인 미성년자의 부모에게 지급하거나, 위임이나 대리를 통해서 근로자가 아닌 다른 사람에게 지급하는 것은 무효입니다.

임금채권의 양도에 대해 판례는 양도 그 자체를 막는 규정이 없어 양도는 가능하나, 사용자는 양수인에게 임금을 지급해서는 안 되며 근로자에게 직접 지급해야 한다고 보고 있습니다.[50]

한편, 법원의 판결이나 공증 등에 따라 임금채권을 압류하거나 전부명령 등에 의하여 채권자인 제3자에게 지급하는 것은 법 위반이 아닙니다.[51]

예를 들어, 양육비를 공제하여 양육자 명의 계좌로 이체하는 양육비 지급명령, 법원의 판결을 받아 민사집행법에 따라 임금이 압류된 경우가 이에 해당합니다.

참고로 임금채권은 1/2까지 압류가 가능하도록 제한됩니다.[52]

심지어 한 달 생계비로 185만 원까지는 압류도 할 수 없습니다.[53]

임금 직접 지급 원칙은 근로자에게 불가피한 사정이 있어 처자가 인감을 가지고 임금을 수령하는 경우와 같이 사자(使者)에게 임금을 지급하는 경우에만 예외가 인정됩니다.

사자(使者)란 심부름꾼으로 의사표시를 전달하거나 말을 전달하는 역할을 하는 것을 의미하는데, 근로자가 불가피한 사정이 있고, 배우자가 '인감'으로 근로자의 '의사표시'를 전달하였으므로, 인정된 것입니다.

---

50 대법원 1988. 12. 13. 선고 87다카2803, 전원합의체 판결
51 근기 01254-5025, 1987. 3. 31.
52 민사집행법 제246조 제1항 제4호
53 동법 제195조 제3호 및 동법 시행령 제2조 및 제3조

회사는 급여를 '직접 근로자'에게 지급해야 하므로 안 과장이 배우자 명의의 계좌로 이체해달라고 해도, 굳이 들어줄 필요는 없습니다.

임금 관련 조항은 벌칙이 무겁습니다.

임금을 직접 근로자에게 지급하지 않을 경우 3년 이하의 징역 또는 3천만 원 이하의 벌금이 부과됩니다.[54]

만약 안돼용 과장이 본인 통장으로 급여를 지급받는 게 어렵다면, 본인에게 현금을 지급하고 매월 급여 수령증을 받거나, 부득이하게 배우자 명의 계좌로 이체하면서 매월 급여 수령증을 받는 것이 좋습니다.

인사 노무 Tip	• 185만 원 이하라면, 본인 명의의 통장으로 이체하여도 압류되지 않습니다. • 본인 외 가족 명의의 통장으로 계좌이체는 하지 않는 것이 좋습니다. • 본인 명의의 계좌로 이체가 불가능한 사유가 있어 회사가 이를 고려해준다면, 현금을 지급하고 매월 급여수령증을 받아두거나 배우자 명의로 이체하면서 매월 급여수령증을 받아둡니다. • 급여수령증은 근로자의 인적 사항 및 급여명세서 주요 내용(월, 지급항목, 공제항목 등)을 포함하고, 근로자의 서명을 받습니다. • 급여수령증은 임금명세서와는 다릅니다. 사용자는 근로자에게 임금을 지급하는 때에 임금명세서를 서면 또는 전자문서로 교부해야 하며, 임금명세서에는 임금의 구성항목, 계산 방법, 공제 내역 등을 기재하여야 합니다.

54 근기법 제109조

039 임금을 못 받았습니다

수진 씨는 시간제 사무원으로 3년간 근무하던 중, 회사 사정이 많이 안 좋아지면서 그만두게 되었다. 그런데 수진 씨는 퇴사한 지석 달이 지나도록 2개월 치의 임금과 퇴직금을 받지 못하였다. 회사에 전화해서 미지급 금품을 청산해 줄 것을 요구했지만, 회사는 회사 사정만 이야기하고 늘 조금만 기다려달라는 말뿐이다. 영업은 하고 있지만 회사 사정이 좋지 않다는 것을 잘 알고 있어 너무 불안한 수진 씨는 노동부에 임금 체불로 진정도 생각했지만, 회사가 돈이 없으니 받을 길도 막막해 보였다.
수진 씨가 미지급 임금을 받을 수 있는 방법이 있을까?

회사가 운영이 잘되어서 함께 일하는 직원들도 마음 놓고 일을 할 수 있으면 좋을 텐데, 반대의 경우도 발생합니다. 어느 날 갑자기 대표님과 연락이 안 되고 종적이 묘연한 경우도 있습니다.

그렇다면 열심히 일한 대가로 받는 임금을 못 받게 되는 것일까요?

수진 씨와 같이 회사 사정이 어려운 경우에, 도저히 회사가 임금을 지급할 여건이 되지 않을 때는 체당금제도를 활용하여 임금의 전부 또는 일부를 받을 수 있습니다.

체당금제도란

회사가 임금, 퇴직금을 지급하지 못할 때 국가가 회사를 대신하여 근로자에게 임금, 퇴직금을 지급하고 이후 회사에 대해 구상을 청구하는 제도입니다.

체당금의 종류

소액체당금과 일반체당금이 있는데, 회사가 도산해야 받을 수 있는 일반체당금에 비하여 소액 체당금은 회사가 운영 중인 경우에도 지급받을 수 있습니다. 다만 금액에서 차이가 있습니다.

유 형	사 유	최대금액
일반체당금	• 회사의 도산	1,800만 원
소액체당금	• 회사의 도산 ※운영 중에도 가능	1,000만 원(항목별 상한 700만 원) ※2019. 6. 30. 이전 확정판결의 경우 최대 400만 원

그런데 이 체당금은 체불된 모든 임금에 대해 보장해 주는 것이 아니라, 임금과 휴업수당의 경우에는 퇴직 직전 3개월, 퇴직금의 경우에는 퇴직 직전 3년분만 체당금의 범위에 해당합니다.

	범 위	체당금 상한액				
		30세 미만	30세 이상~ 40세미만	40세 이상~ 50세 미만	50세 이상~ 60세 미만	60세 이상
임금	퇴직 직전 최종 3월분	220만 원	310만 원	350만 원	330만 원	230만 원
퇴직금	퇴직 직전 최종 3년분	220만 원	310만 원	350만 원	330만 원	230만 원
휴업 수당	퇴직 직전 최종 3월분	154만 원	217만 원	245만 원	231만 원	161만 원

※ 체당금 상한핵: 고용노동부고시 제2021-8호 (2021년 1월 21일)
임금, 출산전후휴가기간 중 급여, 휴업수당은 1월분, 퇴직급여 등은 1년분 기준임

또 일반체당금의 경우에는 퇴직당시의 연령, 연령대별 임금, 퇴직급여 등, 휴업수당, 출산전후휴가 기간중의 급여에 따라 상한액이 달라집니다.

경우에 따라 나이대별 상한액 없이 최대 1,000만 원까지 지급되는 소액체당금이 유리할 수 있습니다.

체당금의 절차

일반체당금의 절차

절차	체불임금 확정	재판상도산 인정 사실산도산인정	체당금 신청	체당금 지급
처리기관	노동부	노동부	노동부	근로복지공단

일반체당금의 경우, 사업주가 회생, 파산을 받았다면 근로복지공단에 일반체당금을 신청합니다. 위 경우가 아니라면, '도산등사실인정'을 받아야 하는데, 퇴직 당시 회사를 관할하는 지방노동관서에 '도산등사실인정신청서'를 작성하여 제출해야 합니다.

소액체당금의 절차

절차	체불임금 확정	확정판결을 받을 것	체당금 신청	체당금 지급
처리기관	노동부	법원	노동부	근로복지공단

소액체당금의 경우 사업장 관할 지방고용노동청으로 진정 등을 제기한 후, 체불액이 확정되면 근로감독관에게 '체불임금등사업주확인서'를 발급받아 대한법률구조공단 등을 통해 민사소송을 제기한

후 확정이 되면 근로복지공단으로 소액체당금 신청이 가능합니다.

회사 소재지 관할 지방노동관서에서 소액체당금 절차에 대해 안내를 먼저 받아보시기 바랍니다.

진정 제기 방법
① 사업장 관할 지방고용노동청에 방문하여 신고, 또는
② 인터넷을 통한 진정 제기
   (※고용노동부 홈페이지 〉 왼쪽상단의 민원마당 〉 민원신청 〉 서식민원 〉
   임금체불진정서)

사례를 살펴보겠습니다.

수진 씨도 회사의 지불력이 없다고 강하게 확신하고 있기 때문에, 체당금제도를 통해 임금을 일부라도 우선 변제를 받아야 하겠습니다.

인사 노무 Tip

- 체당금의 종류에 따라 그 절차가 다소 차이가 있으나, 반드시 노동부로부터 체불임금을 확정받아야 합니다.
- 법률구조공단에서 체불금품을 받기 위한 소송을 무료로 지원하고 있어 도움을 받을 수 있습니다. (https://www.klac.or.kr/)

040 동전으로 임금을 지급하다니

최고닭 사장은 최근 가게 운영이 어려워 아르바이트생 안돼용 씨의 임금을 지급하지 못하고 있었다. 지급하겠다는 약속을 몇 차례 지키지 못해 죄인이 된 듯 마음이 좋지 않다.

안돼용 씨는 벌써 2달 치 임금을 지급하지 않은 최고닭 사장이 새로 출시된 차를 타고 오는 것을 보고 화가 나, 노동청에 임금 체불 진정을 하였다.

화가 난 최고닭 사장은 동전으로 2달 치 임금을 마련한 후, 포대에 담아 안돼용 씨에게 가져가라고 통보했다. 안돼용 씨는 동전 포대를 보고 기가 막혔지만, 일단 포대를 들고 치킨집을 나섰다.

평소 임금을 계좌이체 해주던 사장님이 자신을 골탕 먹이려는 생각에 동전으로 바꿔서 준 것이라 생각하니 너무 기분이 나빴는데, 생각보다 무거웠던 동전 포대 때문에 손목에 찰과상을 입고 목과 허리도 삐끗하게 되었다. 몸과 마음에 깊은 상처를 입은 안돼용 씨는 최고닭 사장에게 자신이 입은 손해에 대해 법적 책임을 묻고 싶다.

임금을 지급했음에도 최고닭 사장은 안돼용 씨가 입은 손해에 대해 책임이 있을까?

통화지급의 원칙

임금은 통화(通貨)로 지급하도록 되어 있으며,[55] 그 종류에 제한은

---

55 근기법 제43조

없습니다. 다만 임금 지급 방법에 대해 서면으로 명시하도록 되어 있고,56 이를 위반할 경우 손해배상을 청구할 수 있습니다.57

근로계약을 통한 권리 의무

사용자와 근로자는 근로계약을 체결함으로써 권리와 의무가 발생하게 됩니다. 명시적으로는 사용자는 임금을 지급하고 지휘명령을 할 수 있으며, 근로자는 근로를 제공하고 근로계약에 따른 업무를 수행해야 합니다.

이러한 권리 의무를 이행함에 있어 부수적으로 양 당사자에게 신의성실의 원칙이 적용되어 성실의무와 보호 의무가 발생합니다.

이에 따라 근로자는 업무상 취득한 영업비밀을 누설하지 아니하고, 경쟁업체에 취업하지 않고, 청렴하게 업무를 수행하는 등의 의무가 발생하고 회사는 직장 내 성희롱이나 괴롭힘을 예방하고, 안전한 근무환경을 조성하여 근로자를 보호해야 할 의무를 지게 됩니다.

이런 부수적인 의무들로 말미암아 사용자는 직장 내 괴롭힘이나, 성희롱 등이 발생하지 않도록 예방해야 할 의무를 지며, 물리적으로도 안전한 환경에서 일할 수 있도록 해야 할 의무가 있고, 근로자들도 직장의 규정을 잘 준수하고 업무를 성실하게 수행해야 하는 것입니다.

사례를 살펴보겠습니다.

---

56 근기법 제17조
57 근기법 제19조

근로계약서에는 임금 지급을 본인 명의의 계좌로 이체하도록 되어 있었고, 평소 최고닭 사장은 안돼용 씨의 계좌에 급여를 이체해 왔습니다. 최고닭 사장은 근로계약서에 서면으로 명시된 임금 지급 방식을 위반하였습니다.

또한 근로계약상의 의무를 이행함에 있어 신의성실의무[58]가 있음에도 이를 위반하여 안돼용 씨에게 정신적, 신체적 피해를 입혔기 때문에 최고닭 사장은 이에 대한 손해를 배상해야 합니다.

인사 노무 Tip

- 근로계약서에 임금 지급방식을 명시하고 이에 따라 지급해야 합니다.
- 계약상의 권리의 행사와 의무의 이행은 신의에 따라 성실히 하여야 하며, 이를 위반할 경우 손해배상의 책임이 있습니다.

---

58 민법 제2조 제1항 '권리의 행사와 의무의 이행은 신의에 좇아 성실히 하여야 한다.'

041 부당해고로 인정될 경우 임금지급은

정의용 과장은 회사에서 해고를 당했고, 얼마 전 부당해고로 인정받아 5개월 만에 다시 복직하게 되었다.

월 500만 원의 임금을 받았던 정 과장은 2,500만 원을(500만 원*5개월)을 지급받을 것이라 기대했는데, 회사에서는 70%만 지급하였다. 정 과장이 따져 물으니, 정 과장의 임금에는 연장근로수당이 포함되어 있었는데, 그 기간에는 연장근로를 하지 않았으니 그 수당은 제외하고 지급했다고 한다.

정 과장은 왠지 억울해서 100% 지급해 줄 것을 요구했다. 누구의 말이 맞을까?

해고를 당하게 되는 경우, 노동위원회에 부당해고 구제를 신청하거나 소송을 통해 해고무효 확인을 다투기도 하는데요.

이런 법적 구제 절차를 통해 해고처분이 무효가 되거나 취소된 경우 근로자의 임금 지급범위가 또 다른 다툼의 소지가 되곤 합니다.

근로자가 해고 기간 동안 근로를 하지 않았지만, 그것은 사용자의 귀책 사유에 의한 것이므로 근로자로서 지위는 계속되고, 계속 근로하였을 경우 받을 수 있는 임금 전부의 지급을 청구할 수 있습니다.[59]

여기에서 근로자가 지급을 청구할 수 있는 임금은 사용자가 근로

---

59 민법 제538조 제1항

의 대가로 근로자에게 지급하는 일체의 금원으로써 계속적·정기적으로 지급되고 이에 관하여 단체협약, 취업규칙, 급여규정, 근로계약, 노동관행 등에 의하여 사용자에게 지급 의무가 지워져 있다면 명칭 여하를 불문하고 모두 이에 포함되며, 반드시 통상임금으로 국한되는 것은 아닙니다.[60]

최근 판례에 따르면, 고정연장근무수당 등이 포함되어 있는 포괄임금의 경우, 그 고정연장근무수당 또한 근로자에게 지급하여야 하는 임금에 해당한다고 판시하였습니다.

따라서 실제 연장근로시간에 따라 연장근로수당을 산정한 경우가 아니라, 연장근로 여부와 상관없이 고정적으로 연장근로수당을 지급한 경우에는 특별한 사정이 없는 한, 부당해고 기간에 대한 임금산정 시 포함하여야 합니다.

그 외에도 경영성과급이나 상여금에 대한 문의가 많은데, 이 경우에도 원칙에 따라, 부당해고로 근무하지 못한 근로자가 계속 근로를 하였다면, 응당 받을 수 있는 자격이 있는지를 기초로 판단하여야 할 것입니다.

애초에 경영성과급을 받을 수 있는 대상이 아니었다면, 부당해고 기간에 근로를 계속하였다고 하더라도. 받을 수 있는 임금이라 할 수 없으니, 그 대상이 되지 않습니다.

정산급여(임금 상당액)를 지급 시 지연이자를 포함해야 하는지에 대해서 판례는 지연손해금을 지급받기 위하여 특별한 규정이 있어야 하는 것이 아니므로, 지급해야 한다고 보고 있지만,[61] 노동위원회의

---

60 대법원 2012. 2. 9. 선고 2011다20034
61 대법원 2006. 6. 16. 선고 2005다28990

경우, 이자에 대해 별다른 언급이 없다면, 임금상당액을 지급합니다.

사례를 살펴보겠습니다.

정의용 과장의 임금은 고정연장근로수당을 포함하여 월 500만 원이었고, 늘 그 동일한 금액을 정기적으로 받아왔습니다. 따라서 회사는 고정연장근로수당을 추가로 지급해야 합니다.

---

i

인사 노무 Tip

- 해고 기간 중 임금 상당액 지급은 근로자가 계속 근무를 하였을 경우 받을 수 있는 임금 전부를 의미합니다. 따라서 정기 상여 등이 해당 기간에 지급되었다면, 포함하여 지급해야 합니다.

- 부당해고로 인해 근무하지 못한 기간에 대한 임금산정 시 고정적으로 지급되는 연장근로수당을 포함하여 지급하여야 합니다.

인사관리 쉽게 하기

042 상시근로자 수 산정방법

 최고닭 사장은 5인 미만 사업장은 연차휴가를 주지 않아도 된다는 이야기를 들었다. 매달 같지는 않아도 보통 손님이 없는 화요일, 목요일은 4명의 아르바이트생이, 손님이 많은 월요일, 수요일, 금요일, 토요일은 5명이 일하고 있다. 최고닭 사장의 가게의 상시근로자 수는 몇 명일까?

근로기준법, 산업재해보상보험법 등 노동관계법은 상시근로자 수에 따라 그 적용이 달라지기도 하므로, 우리 사업장의 상시근로자 수 산정방식을 아는 것은 중요합니다.

상시근로자 수 산정 방법[1]

산정사유 발생일 전 1개월 동안 사용한 근로자의 연인원

÷

같은 기간 중의 가동일 수

---

1 근기법 시행령 제7조의 2

상시근로자 수 산정에 포함되는 근로자는 정규직, 기간제 근로자뿐 아니라, 단시간 근로자, 아르바이트, 일용직, 외국인 등 모든 근로자를 말합니다.

(※제외되는 근로자 : 파견근로자, 동거하는 친족만을 고용하고 있는 경우 그 친족 근로자 (동거하는 친족 이외 다른 근로자를 고용하고 있는 경우에는 그 친족 근로자로 상시근로자 수 산정 시 근로자에 포함))

단, 산업안전보건법 적용에 있어서는 파견근로자도 당해 사업장 상시근로자 수에 포함됩니다.[2]

상시근로자 수 산정의 특례

다음의 경우에는 5인 이상의 근로자를 사용하는 것으로 봅니다.

☑ 상시근로자 수 산정 결과 5인 미만에 해당하는 경우에도, 산정 기간에 속하는 일별로 근로자 수를 파악하였을 때 법 적용 기준에 미달한 일수가 2분의 1 미만인 경우

다음의 경우에는 5인 이상의 근로자를 사용하는 것으로 보지 않습니다.

☑ 상시근로자 수 산정 결과 5인 이상에 해당하는 경우에도, 산정 기간에 속하는 일별로 근로자 수를 파악하였을 때 법 적용 기준에 미달한 일수가 2분의 1 이상인 경우

---

2 파견법 제35조

사례를 살펴보겠습니다.

5인 미만 사업장인지 여부

법 적용 사유 발생일을 2022. 1. 1. 로 가정하였을 때,

산정 기간 2021.12.1.~2021.12.31. 동안 가동 일수별 사용 인원은 다음과 같습니다.

일(휴무)	월	화	수	목	금	토
		1 4명	2 5명	3 5명	4 4명	5 6명
6	7 5명	8 4명	9 5명	10 4명	11 4명	12 4명
13	14 3명	15 4명	16 6명	17 6명	18 4명	19 6명
20	21 4명	22 4명	23 4명	24 6명	25 4명	26 6명
27	28 5명	29 4명	30 4명	31 6명		

- 가동 일수 : 27일
- 사용연인원 : 126명
- 상시근로자 수 : 126명 ÷ 27일 = 4.6명
- 특례에 해당하는지 확인 : 5인 이상인 날 12일, 5인 미만인 날 15일로 특례규정이 적용되지 않음 ▶ 5인 미만 사업장에 해당

연차유급휴가의 적용

연차유급휴가의 적용여부(상시 5명 이상)를 위한 판단은 법적용 사

유 발생일 전 1년 동안 매월 계속해서 5인 이상에 해당되어야 하고, 1개월이라도 법 적용 기준을 충족하지 못하면 연차휴가는 발생하지 않습니다. 즉, 1년 동안 요건에 해당하는 월과 해당하지 않는 월이 함께 있는 경우에는 연차유급휴가는 발생하지 않습니다.

회계연도에 따라 연차유급휴가를 산정할 경우에는 1월부터 12월까지 각각의 월에 대해 요건이 충족되어야 연차휴가가 발생합니다.

한편, 계속근로년수 1년 미만일 때 1개월 개근 시 1일씩 주어지는 연차유급휴가는 그 1개월의 근로를 마친 '다음날' 발생합니다.

위 사례에서 최초 입사일이 2021. 12. 1.인 근로자는 1개월의 근로를 마친 다음날인 2022. 1. 1. 에 연차유급휴가 1일이 발생합니다.

그러나 위 사업장은 사유발생일 전 1개월간 근로자 수가 5인 미만이므로 해당 근로자는 2022. 1. 1. 연차유급휴가가 발생되지 않습니다.

인사 노무 Tip

- 법 적용 사유발생 전 1년 동안 계속하여 매월 5인 이상 요건에 해당하는경우에만 연차유급휴가가 발생하게 됩니다.

- 다만, 최초 입사일로부터 계속근로시간이 1년 미만인 근로자의 경우에는 1개월 개근 시 1일씩 연차유급휴가가 발생하기 때문에 1개월씩 상시근로자 수를 산정하여 5인 이상인 달은 연차유급휴가가 발생하게 됩니다.

043 대기발령은 징계일까

한고집 과장이 거래처에서 10%의 리베이트를 받았던 것이 들통났다.

회사는 사실을 알자마자 직위해제 및 대기발령을 내렸고 곧 징계위원회가 열릴 예정이다.

한고집 과장의 대기발령 장소는 인사부이며, 대기발령 시에는 기본급만 지급된다.

'리베이트를 들킨 것도 창피한데, 인사부장이 보는 데서 온종일 앉아 있으라고?!'

벌써 마음이 불편하다. 차라리 징계가 빨리 결정되든가, 그만두는 게 낫겠다 싶다.

　직위해제는 국가공무원법에서 유래되었습니다. 국가공무원법 제73조의3 제1항 각호에 사유가 기재되어 있는데, 직무수행 능력이 부족하거나 근무성적이 극히 나쁜 자, 파면·해임·강등 또는 정직에 해당하는 징계 의결이 요구 중인 자, 형사 사건으로 기소된 자(약식명령 제외) 등입니다. 같은 조 제3항에서는 직무수행능력이 부족하거나 근무성적이 극히 나빠 직위 해제된 자에게 3개월의 범위에서 대기를 명하도록 하고 있습니다.

직위해제

직위해제는 근로자에게 그 직위를 계속해서 유지할 수 없는 사유가 발생하여 일시적으로 직위를 부여하지 않음으로써 직무에 종사하지 못하도록 하는 잠정적인 조치로 보직의 해제를 의미합니다.

대기발령

대기발령은 회사의 경영상 사정을 이유로 하거나 또는 근로자의 일신상·행태상의 사유 등을 이유로 근로계약 관계는 존속시키면서 근로자의 근로 제공을 일정 기간 정지·금지 또는 면제시키는 인사처분을 말합니다.

이 둘은 의미를 구분하지 않고 사용하는 경우가 많습니다. 직무에 종사하지 못하는 건 마찬가지이기 때문입니다.

의미상으로는 직위해제는 말 그대로 직위해제, 대기발령은 직무에 손을 떼고 특정 장소에 대기한다는 의미가 강합니다. 인사부서 옆에서 교육하는 경우를 예로 들 수 있습니다.

한고집 과장처럼 징계하기 이전에 잠정적인 상태로 직위해제(대기발령)를 하는 경우가 가장 흔하지만, 조직개편 등으로 다른 부서에 배정받기 전에 임시로 대기발령을 내리거나 교육 등의 목적으로 대기발령을 내리기도 합니다.

직위해제(대기발령) VS 징계

직위해제(대기발령) 인사명령으로 그 목적과 성질이 다릅니다.

직위해제(대기발령)란 일정한 사정하에 해당 근로자가 장래에 계속 직무를 담당하게 될 경우 예상되는 업무상의 장애를 예방하는 목적으로 행해지는 조치이기 때문입니다.

반면 징계는 과거의 비위행위에 대해 기업 질서 유지 목적으로 행해지는 것으로 사규에 징계 절차가 규정되어 있다면, 징계 절차를 거칩니다.

직위해제(대기발령)는 인사명령이므로 징계 절차가 필요 없습니다. 다만 회사의 단체협약이나 취업규칙에 징계의 하나로 규정된 경우에는 징계 절차를 밟아야 합니다.

징계로 규정되어 있지 않더라도 단체협약이나 취업규칙에서 직위해제(대기발령) 사유를 정하고 그 이외의 사유로는 직위해제(대기발령)를 하지 못하도록 한 경우에는 해당 사유가 아닌 다른 사유로 직위해제(대기발령)를 할 수 없습니다.

구분	직위해제(대기발령)	징계
의의	• 현재의 직위나 직무를 계속 담당하게 되면, 업무상 장애 등이 예상되는 경우에 • 일시적으로 근로자에게 직위를 부여하지 아니하여 직무에 종사하지 못하게 하는 잠정적인 조치	• 근로자의 과거의 비위행위에 대하여 기업 질서 유지를 목적으로 행해지는 징벌적 제재
목적	• 인사상의 필요	• 기업 질서 유지
성질	• 일시적·잠정적 조치	• 확정적·종국적 조치
불이익 처분의 본질	• 불이익은 부수적인 효과로 발생	• 불이익 부과가 본질적 목적
절차	• 원칙적으로 인사명령, 징계의 일종으로 규정된 경우 관련 징계 절차에 따름	• 징계 절차 규정이 있으면 그에 따름

〈박수근, "직위해제의 노동법상 쟁점과 해석", 노동법학 26호(2008.6), p.230.,
최영우, "개별노동법실무"(중앙경제)(2019), p.1175. 재인용〉

판례는 직위해제(대기발령)는 인사명령이므로 정당성을 넓게 인정합니다.

정당성은 업무상 필요성, 근로자의 생활상의 불이익과 비교, 절차의 준수 등의 기준으로 판단합니다.

그러나 대기발령의 정당한 사유가 인정되고, 인사권자의 재량권 범위 내에서 행해진 조치라도 지나치게 긴 대기발령은 정당성이 부인될 수 있습니다. 근로자의 생활상의 불이익이 과도하게 커지기 때문입니다.

회사는 취업규칙에서 대기발령 기간을 대게 2개월에서 3개월 정도로 규정하고 있습니다.

직위해제(대기발령)는 대기 장소에 따라 '자택 대기', '회사 대기'로 구분되는데 대부분은 '회사 대기'이므로 출근 의무가 있습니다.

대기발령 중에는 직무에 종사하지 못하므로, 직무수당 등의 직무 관련 수당이 제한될 수 있고, 자택 대기라면, 출근하지 않음으로 교통비, 식대 보조비 등이 제한될 수 있습니다.

판례는 사용자가 자신의 귀책 사유에 해당하는 경영상의 필요에 따라 개별 근로자들에 대하여 대기발령을 하였다면 이는 근로기준법 제46조 제1항에서 정한 '휴업'을 실시한 경우에 해당하므로 사용자는 그 근로자들에게 **휴업수당을 지급할 의무**가 있다고 보았습니다.[3]

휴업수당은 평균임금의 70%(또는 통상임금)입니다.

---

3 대법원 2013. 10. 11. 선고 2012다12870

직위해제(대기발령) 이후 퇴직을 할 경우 **퇴직금 산정을 위한 평균임금의 기준**을 언제로 할 것인지가 문제가 되는데, 평균임금은 근로자의 통상의 생활을 보호하는 것에 그 목적이 있으므로 평균임금 산정 기간인 3개월 이내 직위해제 기간이 포함되어 있다면, 그 기간을 **제외**하여 산정하고, 직위해제 기간이 3개월이 넘는다면, 직위해제를 받은 날 이전 3개월을 기준으로 평균임금을 산정합니다.

익년도 **연차휴가**를 산정할 때도 '사용자 귀책 사유로 인한 휴업'에 준하여 처리합니다.

소정근로일에서 대기발령 기간을 제외한 출근율이 80% 이상이라면 연차휴가를 부여하되, 연차휴가는 대기발령 기간을 제외한 소정근로일과 연간 총소정근로일의 비율에 따라 부여합니다.

그러나 '출근 대기'를 하여 특정 장소에서 소정의 교육을 받았다면 연차는 동일하게 지급합니다.

인사 노무 Tip

- 직위해제(대기발령)는 인사명령으로 정당성을 넓게 인정받으나, 회사 취업규칙, 단체협약에 사유를 특정한다면 그 사유 외에는 직위해제(대기발령)를 할 수 없습니다.

- 직위해제(대기발령)가 취업규칙, 단체협약에서 '징계'로 규정되어 있다면, 징계 절차에 따라야 합니다.

- 직위해제(대기발령)의 정당성이 인정된다고 하더라도 지나치게 긴 대기발령 기간은 정당성이 부인될 수 있습니다.

044 사이가 안 좋다고 다른 부서로 발령을

안돼용 과장은 부장이 '지시한 대로'가 아닌 '나만의 스타일'로 업무를 처리한다.

중간보고를 하면 잔소리만 들으니 보고는 결과만, 마감 일정이 지나 아무도 손을 쓸 수 없을 때 알려준다.

일과 생활의 균형을 중시하는 안돼용 과장은, 부서 공동 업무에서도 '나 몰라라' 하는 바람에 부서원들과 사이가 좋지 않다.

속이 썩을 대로 썩은 부장은, 안돼용 과장과 면담을 시도한다.

"안 과장, 아무래도 이 일이 적성이 잘 안 맞는 것 같은데, 다른 부서에서 일해 보는 건 어떨까?"

안돼용 과장은 다른 부서에 가면 새로 일을 배워야 하니, "글쎄요."라고 대답했는데, 금번 정기 인사발령에 안돼용 과장은 총무부에서 영업관리팀으로 이동하게 되었다.

때마침 그 부서는 오랫동안 자리가 하나 비어있었다.

고양이 손이라도 필요하다며, 영업관리팀에서는 안돼용 과장을 받겠다고 한다.

안돼용 과장의 동의가 없는 인사발령, 부당 전보일까?

인사발령으로 '전보'는 사용자의 권한에 속합니다.

그러나 간혹 징계의 하나로 악용이 되기 때문에, 근로기준법에서는 '정당한 이유'가 없는 전직 등을 하지 못하도록 규정하고 있습니다. [4]

---

4 근기법 제23조 제1항

엄밀하게 말하자면, 전보는 동일한 직렬에서, 동일한 직급으로의 이동이며, 전직은 다른 직렬, 동일한 직급으로의 이동입니다. 근로자 입장에서는 다른 직렬로 발령을 하는 전직이 좀 더 부담스러운 조치입니다.

전보이건 전직이건, '정당한 인사권 범위'에 속하는지는 다음의 3가지 기준으로 판단합니다.

1. (회사) 업무상의 필요성
2. (근로자) 그로 인한 근로자의 생활상의 불이익
3. (절차) 근로자 본인과의 협의 등 전보 명령 등을 하는 과정에서 신의칙상 요구되는 절차를 거쳤는지 여부 등 제반 사정

즉, 대법원은 "전보처분 등을 함에 있어서 근로자 본인과 성실한 협의절차를 거치지 아니하였다는 사정만으로 전보처분 등이 권리남용에 해당하여 당연히 무효가 된다고는 볼 수 없다"고 판시하였습니다.[5]

그런데 근로자와 성실한 협의 절차를 거쳤는지 여부는 정당한 인사권의 행사인지를 판단하는 하나의 요소이나, 그러한 절차를 거치지 않았다는 사정만으로 전보 처분이 권리남용에 해당하여 당연히 무효가 되는 것은 아닙니다.

회사의 사정, 근로자의 사정을 양쪽에 두고 저울질할 때, '성실한 협의'는 한쪽에 추 하나 얹는 정도라고 할 수 있습니다.

---

5 대판 1997. 7. 22. 선고 97다18165, 97다18172

사례를 살펴보겠습니다.

안돼용 과장 회사는 영업관리팀에 자리가 하나 비었습니다.
총무부보다는 영업관리팀의 충원이 더 시급한 문제겠죠? 총무부장은
안돼용 과장의 일을 다른 부서원들에게 나누고, 업무 부담이 적은 업
무들을 모아, 비정규직 사원으로 충원할 수도 있을 것입니다.
▶ 1. (회사) 업무상의 필요성이 있습니다.

안돼용 과장은 부장과 사이가 안 좋아 보복성으로 전보가 되었다고 주
장합니다.
그런데 '근로자 사이의 인화' 문제도 '업무상의 필요성'이 있다고 봅
니다.[6]
물론 여러 가지 사안을 종합적으로 고려할 때, 구체적인 사실관계에
따라서 판단은 다를 수 있습니다.
전보가 안돼용 과장에 대한 제재의 의미가 어느 정도 있다고 볼 수는
있겠지만, '전보'가 단체협약이나 취업규칙 등에서 징계로 규정되어
있지 않았다면, 징계 절차를 거치지 않아도 됩니다.
안돼용 과장에게는 어떠한 생활상의 불이익이 있었을까요?
본점 근무에서 연고지 없는 지방으로 전보 명령이라면, 생활상의 불이
익이 크다고 볼 수 있습니다.
회사가 이에 상응하는 지원(기숙사 제공, 거주비 지원 등)을 하였는지가
생활상의 불이익을 경감하는 주요 판단지표로 활용될 수 있겠죠.
그런데 안돼용 과장은 근무 장소의 변경이 없었습니다.

---

6 대법원 2013. 2. 28. 선고 2010다52041

새로운 업무를 배워야 한다는 부담은 있지만, 사무직 내에서의 변경입니다.

▶ 2. (근로자) 그로 인한 근로자의 생활상의 불이익은 거의 없어 보입니다.

'근로자 본인과의 협의'는 원만하게 이루어졌으면 좋겠지만, 그렇지는 않았죠.

그러나 근로자 본인과의 협의는 부차적인 요소입니다.

'정당성'을 판단하는 지표 중에서는 비중이 작습니다.

안돼용 과장 입장에서는 '억울하다'고 호소할 수는 있겠으나, 안돼용 과장의 전보 명령은 문제가 없어 보입니다.

인사 노무 Tip

• 전보, 전직의 정당성을 판단하는 기준은 ▲업무상의 필요성 ▲근로자의 생활상의 불이익 ▲근로자 본인과의 협의 등 신의칙상 요구되는 절차 3가지입니다. 이 중 협의 절차 등은 부차적인 요소로 봅니다.

045 사직서를 내고 다음 날부터 안 나가도 될까

이루리 씨에게 좋은 조건으로 이직 제의가 들어왔다. 루리 씨는 사직서를 제출하는데, 루리 씨 부장은 "루리 씨 혼자 다 커버하고 있는데, 갑자기 나가면 회사는 어떻게 합니까? 후임자에게 업무 인수인계까지 해주세요."라고 한다.

일 욕심 많은 루리 씨는 마무리도 완벽하게 하고 싶다. 3주면 되겠지 싶었는데, 이 회사 후임자를 열심히 뽑지 않는 것 같다. 루리 씨만큼 마음에 드는 사람이 없다고 면접 일정도 잡지 않고 있다. 루리 씨는 이직할 회사에 3~4주 정도 걸릴 것 같다고 이야기한 상황인데, 아무래도 더 걸릴 것 같다. 어떻게 해야 할까?

사직서를 내면서 사직서에 기재한 '퇴사 일자'를 회사가 승인한다면 그 날짜가 퇴사 일자가 됩니다.

그런데 사직서가 수리가 안 되고 있다면, 회사의 단체협약, 취업규칙, 근로계약서 등에 관련 조항이 있는지 찾아봐야 합니다.

예를 들어, '사직서는 퇴직 한 달 전에 제출한다.' 또는 '사직서는 퇴직 3주 전에 제출하며, 성실하게 인수인계한다.' 등의 문구가 있는지 확인합니다.

그러한 규정이 없다면, 근로기준법에서는 따로 퇴사 통보 기간에 대해 정한 것이 없음으로 민법을 살펴봅니다.

> **제660조(기간의 약정이 없는 고용의 해지 통고)**
>
> ① 고용 기간의 약정이 없는 때에는 당사자는 언제든지 계약해지의 통고를 할 수 있다.
> ② 전항의 경우에는 상대방이 해지의 통고를 받은 날로부터 1월이 경과하면 해지의 효력이 생긴다.
> ③ 기간으로 보수를 정한 때에는 상대방이 해지의 통고를 받은 당기 후의 일기를 경과함으로써 해지의 효력이 생긴다.

루리 씨처럼 월급제 근로자라면 제660조 제3항에 해당합니다. '월'을 기간으로 보수를 정했으니까요.

그렇다면 '당기 후의 일기'가 지나면 해지 효력이 생깁니다.

'일기'란 급여계산 기간을 의미합니다. 1일부터 말일까지 한 달을 급여계산 기간으로 정했다면, 당기 후 일기는 사직서를 제출한 달이 아닌 그 다음 달 말일까지입니다.

세 가지 경우를 비교해봅시다.

1. 4월 1일에 사직서를 제출한 경우
2. 4월 16일에 사직서를 제출한 경우
3. 4월 30일에 사직서를 제출한 경우

▶ 모두 당기는 4월, 당기 후 1기는 5월, 사직의 효력은 6월 1일에 발생합니다.

〈월급제 근로자 퇴직효력발생일〉

사직한 달 pass, 그 다음 달(급여계산 기간)도 pass입니다.

이걸 알고 루리 씨 부장님이 능장을 부리는지도 모르겠습니다.

고용노동부 예규(제2012-51호 2012. 9. 25.)에서는 퇴직의 효력 발생 시기에 대하여 민법 제660조에 따라 처리하도록 하고 있습니다. 퇴사 통보 기간이 지나치게 길면 근로기준법상 강제 근로에 해당할 수도 있음으로, 월급제 근로자의 경우에는 '당기 후 1 임금지급기'가 경과한 시점으로 조정될 수 있습니다.

만약 루리 씨가 이직할 회사에 출근해야 해서 무단결근을 한다면 어떻게 될까요?

근무를 안 했으니, 급여가 지급되지 않습니다.

게다가 퇴직금을 산정할 때 최종 3개월분 임금이 들어가므로, 루리 씨는 마지막 달 결근으로 퇴직금이 낮아집니다.

회사가 무단결근과 업무 인수인계가 안 돼서 손해를 입었다고 손해배상청구를 할 수도 있겠으나, 현실적으로는 이런 일은 거의 없습니다. 어떤 손해를 봤고 손해액은 얼마인지를 입증하기도 어렵습니다.

그러나 사용자의 계약위반, 신의칙 기타 계약을 즉시 해지할 수 있는 사유가 있는 경우에는 사용자의 수리 절차 없이 사직서 제출로 바로 퇴직의 효력이 발생할 수 있습니다.

이루씨의 경우는 타 회사 이직을 목적으로 사직서를 제출하였으므로 사용자의 계약위반 등 즉시 해지할 수 있는 사유에 해당하지 않으므로 사용자의 사직서 수리 절차가 필요합니다.

위의 내용을 요약하면 아래와 같습니다

사례	퇴직의 효력발생일
사직서를 제출하여 회사가 승인한 경우	사직일자로 기재한 날
단체협약, 취업규칙, 근로계약서에 근로계약 종료시기를 정하고 있는 경우 (그 내용이 법률에 저촉되어서는 안 됨)	규정에서 정한 시기
사직서를 제출하였음에도 불구하고 사용자가 수리하지 않거나 근로계약 종료시기에 관한 특약이 없을 경우	민법 제660조 적용 (월급제) 당기후 일기를 경과한 날 (월급제x) 해지 통고를 받을 날로부터 1월이 경과한 날

인사 노무 Tip

• 사직서가 근로자가 정한 날짜로 수리가 되지 않는다면
1. 회사에 관련 규정이 있다면 그에 따릅니다.
2. 근로계약서, 취업규칙 등 퇴직 시기 관련 규정이 없고 월급제라면 사직서를 제출한 달의 그 다음 달이 지나야 퇴직의 효력이 발생합니다.

046

해외연수 후 바로 퇴사하면 연수경비를 반환해야 할까요

지혜 씨는 그간 회사에서 열심히 일한 공로를 인정받아 해외연수 대상자로 선정되었다.

1년간 원하는 대학에서 해외연수를 하고 경비는 회사에서 지급한다.

경비에는 등록금, 수업료, 체재비, 왕복항공권이 포함된다.

그뿐만이 아니다. 1년간 각종 수당을 제외한 기본급도 지급한다.

그런데 출국 전 인사발령을 앞두고, 인사부에서 '해외연수 서약서'를 작성하라고 연락이 왔다. 서약서에는 '본인은 해외연수 후 3년간 의무 재직을 할 것이며, 위반 시 해외연수에 소요되었던 경비와 급여 일체를 반환하겠습니다.'라고 되어 있다.

위 서약서에 법적인 문제는 없을까?

문제가 되는 것도 있고 안 되는 것도 있습니다.

근로기준법 제20조는 사용자는 근로계약 불이행에 대한 위약금 또는 손해배상액을 예정하는 계약을 체결하지 못한다고 규정합니다.

위약금 또는 손해배상액 때문에 근로자가 원치 않는 강제근로를 하는 것을 막기 위함입니다.

위 조항을 지혜 씨의 상황에 대입해 봅시다.

회사는 의무 재직 위반(근로계약의 불이행)에 대해 경비와 급여를 반환(위약금 또는 손해배상액을 예정)하는 계약을 체결하지 못합니다.

이렇게 풀이가 되겠죠.

그런데 경비반환은 가능하나, 급여반환은 안 됩니다

경비반환은 왜 가능할까요?

반환할 경비를 위약금이나 손해배상액이 아니고, 금전소비대차계약의 '대여금'으로 보아 그렇습니다.

사용자가 '대여금'을 빌려줘서 근로자는 갚을 의무가 있는데, 일정기간 의무 재직으로 대여금반환채무가 면제된 것이죠.

그렇다면 급여반환은 왜 안 될까요?

해외연수 시 근로 제공을 했다면 모를까, '근로 제공'도 없었는데 말이죠.

회사가 해외연수 중에도 급여를 지급하기로 정했고, 그에 따라 급여를 지급했다면, 회사는 급여 지급 의무를 이행한 것이지, 근로자에게 '대여금'을 지급한 것이 아닙니다.

따라서 근로자에게 지급 의무가 있는 급여를 의무재직기간을 못 채웠다고 반환을 요구한다면, 위약금 또는 손해배상을 약정하는 것이 됩니다.[7] (※회사의 내규상 '해외연수 기간 중 정상 급여(또는 기본급)를 지급한다.'라고 되어 있는 경우를 의미함. 휴직하고 연수를 한 경우 '급여'는 다르게 해석될 수도 있음)

판례를 살펴봅시다.

---

[7] 대법원 1996. 12. 20. 선고 95다52222

누구나 쉽게 배우는
인사 노무 사례 100개면 되겠니

근로자가 일정 기간 근무하기로 하면서 이를 위반할 경우 소정 금원을 사용자에게 지급하기로 약정하는 경우, 그 약정의 취지가 약정한 근무기간 이전에 퇴직하면 그로 인하여

① **사용자에게 어떤 손해가 어느 정도 발생하였는지 묻지 않고 바로 소정 금액을 사용자에게 지급하기로 하는 것이라면** 이는 명백히 구 근로기준법 제27조에 반하는 것이어서 효력을 인정할 수 없다.

또, 그 약정이 ② 미리 정한

근무 기간 이전에 퇴직하였다는 이유로 마땅히 근로자에게 **지급되어야 할 임금을 반환하기로 하는 취지일 때에도**, 결과적으로 위 조항의 입법 목적에 반하는 것이어서 역시 그 효력을 인정할 수 없다.

다만 그 약정이 ③ 사용자가

근로자의 교육훈련 또는 연수를 위한 비용을 우선 지출하고 근로자는 실제 지출된 비용의 전부 또는 일부를 상환하는 의무를 부담하기로 하되 장차 **일정 기간 근무하는 경우에는 그 상환의무를 면제해 주기로 하는 취지**인 경우에는, 그러한 약정의 필요성이 인정된다.

이때 주로 사용자의 업무상 필요와 이익을 위하여 원래 사용자가 부담하여야 할 성질의 비용을 지출한 것에 불과한 정도가 아니라

④ **근로자의 자발적 희망과 이익까지 고려하여 근로자가 전적으로 또는 공동으로 부담하여야 할 비용을 사용자가 대신 지출한 것으로 평가되며,**

⑤ **약정 근무 기간 및 상환해야 할 비용이 합리적이고 타당한 범위** 내에서 정해져 있는 등 위와 같은 약정으로 인하여 근로자의 의사에 반하는 계속 근로를 부당하게 강제하는 것으로 평가되지 않는다면, 그러한 약정까지 구 근로기준법 제27조에 반하는 것은 아니다.[136]

판례 내용을 하나씩 살펴봅시다.

1. 위법한 경우

① 손해 발생 정도를 따지지 않고 위약금, 손해배상금을 지급하는
경우

② 임금을 반환하는 경우(①에 해당)

2. 적법한 경우

③ 금전소비대차계약인 경우

사용자 대여금 지급 ↔ 근로자 상환의무 (※일정 기간 근무 후 상환의
무 면제 시, 해당 기간은 경비반환채무의 면제 기간을 설정한 것임)

3. 금전소비대차계약으로 볼 수 있으려면

④ (근로자의 의사) 근로자의 희망과 이익에 부합하여 자부담 또는
공동부담을 했을 것이라 판단되는 비용

⑤ (사회 통념상 합리성) 약정 근무 기간 및 상환해야 할 비용이 합리
적이고 타당한 범위 내일 것 (※근로자의 의사에 반하는 계속 근로를
부당하게 강제하는 것으로 평가되지 않아야 함)

다음의 경우는 어떨까요? 해외 근무도 의무재직기간을 채워야 할
까요?

회사에서 해외로 소속 근로자를 파견 보낼 때, 하우징 경비 등을 부

---

8 대법원 2008. 10. 23. 선고 2006다37274

담하는 경우가 많습니다.

회사 입장에서는 다른 직원에 비해 특혜를 주는 것이라, 귀국 후 파견근무기간의 2배를 근무하지 않으면 파견 시 지급한 경비 등을 반환하라고 하는 경우가 있는데요. 이러한 경우에도 의무 재직기간을 채워야 할까요?

아닙니다. 회사의 명령에 의해 근무장소만 변경해서 근로한 것입니다. 게다가 해외근무기간 동안 임금 이외의 지급 또는 지출한 금품은 해외근무라는 특수한 근로에 대한 대가이거나 또는 업무수행에서 필요불가결하게 지출이 예정된 경비입니다.[9]

회사가 사업을 위해 필요한 경비를 지출한 것이므로 근로자가 반환할 의무가 없습니다.

해외로 파견연수를 보낸 경우에는 어떨까요?

해외에 있는 본사에서 새로운 기술 등을 배우는 경우입니다.

해외파견연수가 실제 근무를 통한 지식·정보습득의 목적을 갖는다면, 파견연수기간 중 지급된 임금, 기타 집세 등은 원래 근로자가 부담하여야 할 비용을 회사가 우선 부담함으로써 근로자에 대하여 반환청구권을 같은 금품이라 보기 어렵습니다.[10]

---

9 대법원 2003. 10. 23. 선고 2003다7388
10 근기 68207-3229, 2000. 10. 18.

인사 노무 Tip

- 해외연수 시 의무재직기간을 충족하지 못할 경우 연수 비용을 반환하도록 하는 것은 가능합니다. 단, 급여반환 은 불가능합니다.

- 해외파견 근무는 '근무 장소'를 변경하여 근무한 것이므 로, 회사가 의무재직기간을 강제할 수 없습니다.

- 해외파견 연수가 실제 근무를 통한 지식·정보습득의 목 적이라면, '근로'를 한 것이므로 마찬가지로 회사가 의무 재직기간을 강제할 수 없습니다.

047 월급 더 많이 주는 경쟁회사로 이직하려면

국내뿐 아니라 해외에서도 기술력으로 인정받고 전 세계에 특허권을 보유하고 있는 ABC 반도체 회사의 핵심 연구팀의 팀장으로 근무하던 한고집 씨는 최근 퇴직위로금 36개월 치와 기타 지원금품을 수령하는 조건으로 희망 퇴사하면서, 경업금지약정서를 작성하였다. 경업금지약정서에는 영업비밀 누설금지와 함께 퇴직후 1년간 동종업계로의 전직과 경쟁업체를 설립, 운영하는 행위를 금지하고 있었으며, 이를 위반할 경우 손해배상액 5억 원을 지급할 것을 예정하고 있었다. 하지만 한고집 씨는 한 달도 채 되지 않아 ABC 반도체의 경쟁사인 도레미반도체에 입사하였다.

그로부터 2주 후, 한고집 씨는 ABC 회사로부터 내용증명 한 통을 받았다. 한고집 씨가 회사와 합의하여 체결한 경업금지약정을 위반하였기 때문에 당장 도레미반도체를 사임할 것과 손해배상액 5억을 지급하고 이를 이행하지 않을 경우 소송을 제기하겠다는 것이다.

한고집 씨는 간부급 임원들과의 조찬모임에서 경업금지약정은 헌법상 보장된 근로 선택의 자유를 제한하는 것이라 효력이 없다고 들은 적이 있어, 경업금지약정서에 당당히 사인한 것인데, 깊은 한숨이 터져 나왔다.

한고집 씨와 ABC 반도체가 체결한 경업금지약정서는 유효한 것일까? 정말 한고집 씨는 5억을 배상해야 하는 것일까?

재직 중이나 퇴직하면서 경업금지약정서를 작성한 경험이 있는지요? 내용상에 다소 차이가 있을 뿐 많은 회사에서 직원에게 영업비밀 누설금지 및 경업금지약정서를 체결할 것을 요구하고, 직원들은 이에 서명을 합니다.

　그러나 직원들이 동의하고 서명하였다고 하더라도, 한고집 씨가 조찬모임에서 이야기를 들은 것처럼 모든 경업금지약정서가 효력이 있는 것은 아닙니다. 경업금지약정은 헌법상 보장된 직업선택의 자유와 근로권을 침해할 우려가 있고, 기업 간 경쟁의 자유를 해칠 수 있기 때문입니다.

경업금지약정이 유효하기 위해서

　대법원[11]은 경업금지약정이 유효한 것으로 인정되기 위해서는 다음의 요건이 충족되어야 하고 회사가 이를 입증하여야 한다고 판시하였습니다.

　☑ 보호할 가치 있는 사용자의 이익

> 부정경쟁방지법상의 영업비밀뿐만 아니라 당해 사용자만이 가지고 있는 지식 또는 정보로서 근로자와 이를 제3자에게 누설하지 않기로 약정한 것이거나 고객 관계나 영업상 신용 유지도 보호할 가치 있는 사용자의 이익에 해당한다.

---

11 대법원 2010. 3. 11., 선고, 2009다82244

☑ 근로자의 퇴직 전 지위
☑ 경업 제한의 기간, 지역 및 대상 직종
☑ 근로자에 대한 대가의 제공 유무
☑ 근로자의 퇴직 경위
☑ 공의 이익

사례를 살펴보겠습니다.

첫 번째로 ABC 회사에게 '보호할 가치 있는 사용자의 이익'이 있는지가 가장 중요한데, ABC 회사는 반도체 회사로서 국내와 해외에서 관련 특허를 보유하고 독자적인 기술력이 있어 별다른 사정이 없는 한, 보호할 가치 있는 사용자의 이익이 있다고 볼 수 있습니다.
두 번째, 한고집 씨의 퇴직 전 지위는 핵심 연구팀의 팀장으로 ABC 반도체의 기술력에 상당한 역할을 담당하며, 일반직원들이 접근하기 어려운 정보에 대한 권한을 가지고 있었으며, 그에 대한 대가로 고액연봉을 받았고
세 번째, 한고집 씨가 작성한 경업금지약정서의 기간은 퇴직 후 1년이고, 경업금지 대상이 경쟁업체로 제한적이며
네 번째, 희망퇴직을 하면서 36개월의 위로금과 기타 지원금을 수령을 조건으로 희망퇴직을 신청하고 경업금지약정서를 작성하였기에 직업선택의 자유를 과도하게 침해한다고 보기 어렵다고 보여집니다.

따라서 한고집 씨가 작성한 경업금지약정서의 효력은 유효하며, 이의 위반에 대한 위약금을 지급해야 할 의무가 발생하게 될 것입니다.

다만 법원은 손해예정액이 과다하다고 인정될 경우 일부를 감액할 수 있으므로 ABC 회사가 제시한 5억보다는 위약금이 낮아질 가능성이 있습니다.

경업금지약정의 유효성 판단에 있어, 판례의 기준이 일반적이고 다소 추상적이고 여러 가지 사안을 종합적으로 고려해야 하는 만큼 구체적인 사실관계에 따라서 판단의 결과가 달라질 수밖에 없습니다. 심지어 같은 학원을 퇴직한 강사 3명에 대한 경업금지약정 관련 분쟁의 법적 판단 결과가 달랐던 사례도 있었습니다.

하지만 경업금지약정이 유효성에 대한 입증 책임이 회사에 있으니 판례에 따른 6가지 판단 요소를 감안하여 제도를 운영해야 할 것입니다.

인사 노무 Tip

- 경업금지 기간이 퇴직자에 대한 금전적 보상에 비하여 과도하게 장기간인 경우에는 유효한 것으로 인정되지 않습니다.
- 퇴직자가 전문성을 요하지 않는 업무를 수행한 경우에 경업금지 약정은 인정되지 않을 수 있습니다.

048 N잡러의 시대, 투잡 가능할까요

 마흔에 퇴사를 꿈꾸는 파이어족 이루리 씨는 퇴근 후에 아메리카 TV의 BJ로 활동하고 있다. 이루리 씨는 간혹 자신의 채널에서 상사의 흉을 보기도 하고, 회사에서 있었던 이야기들, 진행 중인 프로젝트 이야기를 하기도 했다. 이를 알게 된 회사에서는 취업규칙의 겸업금지와 직장 질서 위반 등의 규정을 위반했다며 이루리 씨를 징계위원회에 회부했다.

이루리 씨는 겸업을 할 수 없는 것일까?

겸업 금지란

사업장에 소속되어 근로를 제공하고 있으면서 다른 사업장에 근로를 제공하거나 별도로 사업을 영위하는 것을 금지하는 것을 말합니다. 근로기준법에는 겸업금지에 대하여 별도의 규정이 없으며 겸업금지 해당여부에 대하여는 회사의 취업규칙 등 관련내용을 살펴봐야 합니다. 따라서 근로자의 겸업에 대한 징계가 정당하기 위해서는 근기법 제23제 제1항의 정당한 사유가 존재해야 합니다.[12]

회사에서는 근로계약서나 취업규칙에 근로자의 겸업을 금지하고, 이를 위반할 경우 징계를 받을 수 있음을 명시하는 경우가 많습니다.

---

12 제23조(해고 등의 제한) ① 사용자는 근로자에게 정당한 이유 없이 해고, 휴직, 정직, 전직, 감봉, 그 밖의 징벌(懲罰) (이하 "부당해고등"이라 한다)을 하지 못한다.

그러나 헌법에서 개인의 직업선택의 자유와 사생활의 자유가 보장되고 있으므로, 겸업금지 규정에도 불구하고 무조건 겸업이 징계사유가 된다고 할 수는 없습니다. 법원은 '근로자가 근로시간 외의 시간을 활용하여 개인적인 능력에 따라 다른 사업장에서 겸업하는 것을 전면적이고 포괄적으로 금지하는 것은 부당하다'고 판시하고 있습니다.[13]

즉 근로자의 겸업이 기업 질서나 노무 제공에 지장이 없는 개인의 사생활의 범주에 속하는 경우까지 전면적, 포괄적으로 금지할 수 없는 것입니다.

회사에 다니며 다방을 운영한 근로자에 대해 겸업금지 위반을 이유로 징계를 준 사건에서 법원은 이로 인해 기업 질서나 노무 제공에 지장을 초래했다고 볼 수 없어 겸업 자체를 이유로 징계하는 것은 부당하다고 판시한 바 있습니다.[14] 또한, 회사의 겸업 금지 규정에 대해 행정해석[15]에 따르면 겸업을 하게 됨으로써 그로 인해 근로계약을 불성실하게 이행하거나 경영질서를 해치는 경우, 기업의 대외적 이미지를 손상하는 경우 등을 예상한 취업규칙상의 '2중 취업금지규정'은 그 효력이 인정된다고 합니다

위의 내용을 종합하면, 겸업을 이유로 징계를 하기 위해서는 다음의 요건을 주의해야 합니다.

---

13 서울고등법원 2002. 7. 4, 2001누13098
14 서울행정법원 2001. 7. 24., 2001구7465 : 항소기각으로 확정
15 근로기준팀-5759, 2007. 8. 3.

겸업을 이유로 한 징계 시 주의 사항

1. 회사에 겸업금지 규정을 마련해 둡니다.
2. 겸업으로 인하여 노무 제공에 지장을 초래했는지 살펴봅니다 (지각, 조퇴 등 근태 불성실).
3. 겸업으로 인하여 회사의 질서가 문란해지거나 회사 이익의 침해가 발생했는지를 확인합니다.
   예) 업무 수행 중 취득한 지식과 정보를 활용하여 아내 명의로 개인사업을 추진, 회사 기밀을 누설하는 경우 등

사례를 살펴보겠습니다.

이루리 씨는 분명 퇴근 시간 이후에 BJ 활동을 하긴 하였지만, 유명 회사에 다니고 있어, 회사 관계자가 이루리 씨의 방송을 보았을 때, 누구인지 알 수 있는 인물의 이름, 사건을 공공연하게 언급하였습니다. 또한, 비밀리에 진행 중인 프로젝트를 언급하는 등 회사의 영업비밀을 누설하였고, 회사의 이미지가 훼손되었습니다. 이에 회사의 피해를 인정할 수 있으므로 회사의 취업규칙상 겸직금지 의무와 직장질서 유지 규정을 위반하여 이루리 씨의 겸업은 징계사유가 될 수 있습니다.

공무원의 경우

공무원의 경우는 어떨까요? 공무원은 사기업보다 엄격하게 겸업을 금지하고 있습니다.

인사혁신처의 복무규정에 따르면 ① 공무원의 직무 능률을 떨어

뜨릴 우려가 있는 경우 ② 공무에 대해 부당한 영향을 끼칠 우려가 있는 경우 ③ 국가의 이익과 상반되는 이익을 취득할 우려가 있는 경우 ④ 정부에 불명예스러운 영향을 끼칠 우려가 있는 경우에 한해 겸업을 금지하고 있습니다.

인사 노무 Tip	• 원칙적으로 직무와 관련 없는 사생활 영역의 이익 추구 활동은 원칙적으로 규제대상은 아닙니다. • 겸업을 규제하기 위해서는 취업규칙, 근로계약서 등에 근거 규정을 둡니다. 겸업으로 노무 제공에 지장을 초래할 경우 징계사유가 될 수 있습니다.

누구나 쉽게 배우는
인사 노무 사례 100개면 되겠니

049

원직복직 명령 시
다른 부서에 배치할 수 없나요

최고수 차장은 해고로 지방노동위원회 구제신청을 하여 원직 복직 명령을 받은 한고집 과장 때문에 머리가 아프다.

한고집 과장이 근무했던 부서에서 "도저히 한고집 과장과 일할 수가 없습니다. 우리 부서는 안 돼요."라고 강경한 입장을 표명하고 있기 때문이다.

'차라리 다른 부서에 가면 새롭게 시작할 수 있지 않을까?' 싶은데, 다른 부서에서 일해도 원직 복직 명령을 이행한 것인지 궁금하다.

노동위원회는 부당해고 등이 성립한다고 판정하면 회사에 구제명령을 내립니다.

구제명령의 내용은 근로자의 신청에 따라 원직 복직, 임금 상당액 지급 또는 금전 보상 명령입니다.

원직 복직의 의미를 살펴봅시다.

1. 원직 복직은 반드시 해고 전 동일한 업무에 복직시키는 것을 말하는 걸까요?

2. 만약 징계해고 전에 대기발령을 받았다면, 원직 복직은 대기발령(직위해제) 상태로 돌아가는 것을 의미할까요?

1. 원직 복직은 반드시 해고 전과 동일한 업무일 필요는 없습니다.

　인사 질서, 사용주의 경영상 필요, 작업환경의 변화 등을 고려해 근로자에게 그에 합당한 일을 시킨다면 그 일이 비록 종전 일과 다소 다르더라도 원직에 복직시켰다고 봅니다.16

　해고 등을 할 당시와 같은 직급, 같은 종류의 직무를 부여했거나 대상 근로자의 동의를 얻어 다른 직무를 부여했다면 원직 복직 명령을 이행한 것으로 봅니다.

　같은 직급이나 직무가 없는 등 불가피한 사유가 발생한 경우에는 유사한 직급이나 직무를 부여할 수 있습니다.

2. 해고 전에 대기발령(직위해제) 중이었더라도, 원직 복직 시 '대기발령' 상태로 돌아가는 것은 아닙니다.

　노동위원회 원직 복직 명령에 대하여 처벌을 회피할 목적으로 복직 후 대기발령을 명령하였다면 이는 사실상 원직 복직 명령을 이행한 것으로 볼 수 없습니다.

　인사 질서나 경영상의 필요 등을 고려했을 때 한고집 과장이 원래 부서로 돌아가는 것이 적절하지 않다면, 다른 부서로 배치를 고려해볼 수 있습니다.

　그러나 한고집 과장으로서는 이러한 조치가 부당해 보일 수 있습니다.

　한고집 과장도 새로운 부서에서 일하고 싶다고 한다면 '동의(동의

---

16 대법원 1997. 5. 16. 선고 96다47074

서 작성)'를 받습니다.

한고집 과장이 다른 부서에서 일하는 것을 원하는 게 아니라면, 원 부서에 배치합니다.

굳이 분쟁의 여지를 남길 필요는 없으니까요.

인사 노무 Tip

- 원직 복직 시 '원직'은 반드시 원 부서일 필요는 없습니다. 원직이 아닌 유사한 직무, 직급을 부여한다면, 직원의 '동의'를 받도록 합니다.

050 나는 노조원이 아닌데 왜 단체협약이 적용될까

안돼용 과장의 회사에는 근로자의 반수 이상으로 조직된 노동조합이 있다.

단체협약도 위 노동조합과 체결한다.

노조와 임금협상을 통해 임금인상률을 결정하거나, 새로운 수당을 신설하면, 해당 내용은 회사 전체에 적용된다.

노조원들은 조합원 회비로 1.1%를 납입하는데, 조합비도 안내는 영업팀 안돼용 과장은 왜 노조가 협상을 통해 쟁취한 단체협약이 적용되는 걸까?

노사 협상의 결과로 합의 체결한 단체협약은 소속 조합원에게 적용되는 것이 원칙입니다.

회사는 취업규칙과 근로계약으로 비조합원의 근로조건을 결정합니다.

그러나 노조법에서는 노동조합의 단결을 강화하고, 근로자 간 형평성을 고려하여, 비조합원에게도 단체협약의 규범적인 효력이 미치도록 예외를 규정하고 있습니다.

사업장 단위의 일반적 구속력

하나의 사업 또는 사업장에 상시 사용되는 동종의 근로자 반수 이상이 하나의 단체협약의 적용을 받게 된 때에는 당해 사업 또는 사업

장에 사용되는 다른 동종의 근로자에 대하여도 당해 단체협약이 적용됩니다.[17]

사업장 단위의 효력확장은 노조법에 의해 **요건 충족 시 자동 확장** 적용됩니다. 한편 지역 단위의 일반적 구속력은 신청이나 직권에 의해 효력이 확장 적용됩니다.

확장 적용의 요건

하나의 사업 또는 사업장

하나의 사업 또는 사업장이라 함은 단체협약의 적용을 받는 반수 이상의 근로자를 선출하는 단위를 의미하며, 하나의 사업에 조직된 노조가 여러 개의 사업장을 포괄하는 경우에는 여러 개의 사업장 전체 근로자의 반수 이상이 하나의 단체협약을 적용받는지 여부에 따라 판단합니다.[18]

상시 사용되는 동종의 근로자

'상시 사용되는 근로자'란 상용 여부와 관계없이 사실상 계속적으로 사용되고 있는 근로자를 의미하므로, 근로자의 명칭과 지위와 관계없으며,[19] 동종근로자의 판단에서 사업(장) 단위로 체결되는 단체협약의 직종별 적용 범위가 특정되어 있거나, 그 단체협약의 내용에 비추어 보아 근로자의 고용계약 및 작업내용·형태가 상이하여 '단체협약의 적용이 예상되지 않는 근로자'의 경우에는 동종의 근로자로

---

17 노조법 제35조
18 노조 68107-612, 2001. 5. 28.
19 대법원 1992. 12. 22. 선고 92누13189

보기 어렵습니다.[20]

한편, 사업(장) 단위로 체결되는 단체협약의 적용 범위가 특정되지 않거나, 협약조항이 모든 직종에 걸쳐서 공통적으로 적용되는 경우에는 직종의 구분 없이 사업 또는 사업장 내의 모든 근로자가 동종의 근로자에 해당합니다.

동종의 근로자는 조합의 조직 범위 내 직무의 어느 하나와 동일성 또는 유사성이 있으면 전체 근로자를 동종이라고 보는 넓은 의미의 개념입니다.[21]

상시 사용 근로자의 '반수 이상' 적용

'반수'의 산출기준은 하나의 단체협약의 적용을 받는 동종의 근로자입니다.

이는 단체협약의 본래적 적용대상자를 말하므로 적용 범위를 한정하지 않았다면 조합원 전체, 일부 근로자로 한정하였다면 그 한정된 범위의 조합원만을 의미합니다.[22]

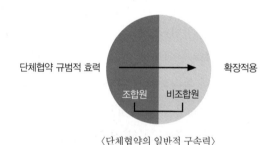

〈단체협약의 일반적 구속력〉

---

20 노조 68107-373, 2001. 3. 30.
21 노조 01254-787, 1993. 7. 5.
22 노동조합과-536, 2005. 2. 23.

사례를 살펴보겠습니다.

안돼용 과장은 조합비를 내지 않는 비조합원이지만, 하나의 사업 또는
사업장에 상시 사용되는 동종의 근로자 반수 이상이 하나의 단체협약
의 적용을 받으므로, 다른 동종의 근로자인 안돼용 과장에게도 단체협
약의 규범적 효력이 확장 적용됩니다.
만약 단체협약에서 비조합원에게 적용되지 않는다는 특약을 두더라
도 노조법 35조는 강행규정이므로 해당 요건을 갖추었다면, 단체협약
의 효력이 확장 적용됩니다.

인사 노무 Tip

- 조합원이 아니라도, 하나의 사업 또는 사업장에 상시 사
  용되는 동종의 근로자 반수 이상이 하나의 단체협약의
  적용을 받게 된 때에는 다른 동종의 근로자에 대하여도
  단체협약의 규범적 효력이 미치게 됩니다.

- 취업규칙은 법령이나 해당 사업 또는 사업장에 대하여 적
  용되는 단체협약과 어긋나서는 안 되고, 이 경우 고용노동
  부장관이 변경을 명할 수 있습니다. 따라서 단체협약의 일
  반적 구속력이 미치는 사업 또는 사업장이라면 단체협약
  과 취업규칙의 근로조건을 통일하는 것이 좋습니다.[23]

---

23 노동조합과-536, 2005. 2. 23.

051 직원의 PC를 확인할 수 있을까

 뛰어난 웹디자이너인 이루리씨는 회사 몰래 경쟁업체에서 외주를 받아 일하고 있다. 하는 일이 비슷하다 보니 루리 씨는 이 회사에서 활용한 소스를 경쟁업체에서 외주받은 일을 할 때 사용하기도 했고, 최근에는 TF 팀에서 극비로 추진하고 있던 사업의 내용을 경쟁업체에 그대로 넘겨 버렸다.

회사는 심증은 있지만, 물증은 없는 상황이다.

이 경우 회사는 이루리 씨의 PC를 뒤져 물증을 확보할 수 있을까?

개인정보보호에 대한 인식이 높아지는 요즈음, 비위행위의 정황이 포착되더라도 무턱대고 직원의 PC를 검열하는 것은 상식선에서도 무리가 있어 보입니다.

PC를 확인하더라도 직원의 동의가 필요합니다.

관련 판례를 하나 소개합니다.

이 판례에서는 직원의 PC를 조사하였으나, 형법상 정당방위가 인정되었습니다.[24]

---

24 대법원 2009. 12. 24. 선고 2007도6243

'회사의 직원이 회사의 이익을 빼돌린다'는 소문을 확인할 목적으로, 비밀번호를 설정함으로써 비밀장치를 한 전자기록인 피해자가 사용하던 '개인용 컴퓨터의 하드디스크'를 떼어내어 다른 컴퓨터에 연결한 다음 의심이 드는 단어로 파일을 검색하여 메신저 대화 내용, 이메일 등을 출력한 사안에서,

▲피해자(근로자)의 범죄 혐의를 구체적이고 합리적으로 의심할 수 있는 상황에서 ▲피고인(회사 대표자)이 긴급히 확인하고 대처할 필요가 있었고, ▲그 열람의 범위를 범죄 혐의와 관련된 범위로 제한[25]하였으며, ▲피해자가 입사 시 회사 소유의 컴퓨터를 무단 사용하지 않고 업무 관련 결과물을 모두 회사에 귀속시키겠다고 약정하였고, ▲검색 결과 범죄행위를 확인할 수 있는 여러 자료가 발견된 사정 등에 비추어, 피고인의 그러한 행위는 사회통념상 허용될 수 있는 상당성이 있는 행위로써 형법 제20조의 '정당행위'로 보았습니다.

사전에 업무 관련 결과물을 모두 회사에 귀속시키겠다는 약정이 있었고, 범죄행위가 상당히 의심되는 상황에서 한정된 범위에서 조사를 수행한 결과, 실제 범죄사실이 드러났던 점이 고려되었습니다.

그러나 일반적인 상황에서는 '정당방위'로 판단받기 쉽지 않습니다. 비위행위가 상당히 의심되는 상황에서 PC를 조사할 테지만, PC 열람에 대한 사전 동의나 업무 결과물을 귀속하겠다는 약정 등이 없

---

25 회사명을 검색어로 입력하여 관련 문서만 열람

는 경우가 대부분일 것이기 때문입니다. 더구나 한정된 범위 내에서 직원의 동의를 받아 조사해야 하는데, 증거인멸의 우려로 절차를 생략하고 PC를 압류해 디지털 포렌식을 했다가는 형법26, 개인정보보호법27 및 정보통신망법28에 저촉될 수 있습니다.

입사 시 업무 관련 결과물을 회사에 귀속시킨다는 약정을 하더라도, 해당 약정은 추상적, 포괄적인 약정이므로, 정당방위를 인정하는 하나의 근거는 될 수 있겠으나, 해당 약정만으로 구체적인 사실관계에서 직원이 통신비밀 보호를 포기한 것으로 보기는 어렵습니다.29

다른 판례에서 대법원은, 직원이 회사의 방만한 예산운영 등에 관한 사항을 대외로 유출한 혐의를 밝히기 위해 이메일을 열람한 것에 대해 "통신보호법의 규정 취지는 감청의 목적이 어떤 것이든지 통신비밀은 보호되어야 하는 점을 기초로 하는 것이므로 위법성이 조각

---

26 제316조(비밀침해) ①봉함 기타 비밀장치한 사람의 편지, 문서 또는 도화를 개봉한 자는 3년 이하의 징역이나 금고 또는 500만 원 이하의 벌금에 처한다.
   ② 봉함 기타 비밀장치한 사람의 편지, 문서, 도화 또는 전자기록등 특수매체기록을 기술적 수단을 이용하여 그 내용을 알아낸 자도 제1항의 형과 같다
27 제16조(개인정보의 수집 제한) ① 개인정보처리자는 제15조제1항 각 호의 어느 하나에 해당하여 개인정보를 수집하는 경우에는 그 목적에 필요한 최소한의 개인정보를 수집하여야 한다. 이 경우 최소한의 개인정보 수집이라는 입증책임은 개인정보처리자가 부담한다.
28 제49조(비밀 등의 보호) 누구든지 정보통신망에 의하여 처리·보관 또는 전송되는 타인의 정보를 훼손하거나 타인의 비밀을 침해·도용 또는 누설하여서는 아니 된다.
29 서울지방법원 2002. 9. 10. 선고 2002고단3514
   1. 이메일 열람이 통신비밀의 침해에 해당하지 않는다고 볼 수 있으려면 당사자가 명시적으로 동의하였거나 동의하였다고 강하게 추단할 수 있는 경우이어야 할 것이다.
   2. 비밀번호를 알려주면서도 컴퓨터에 있는 사생활에 관련된 파일이나 이메일을 열람하지 말 것을 요구한 사실을 인정할 수 있는바, 그렇다면 박○○이 비밀번호를 알려주었다는 것만으로 자신의 이메일에 대한 통신비밀의 보호를 포기한 것이라고 볼 수 없다.

되지 않는다."고 판단하였습니다.[30]

만약 직원이 회사의 기밀 자료를 외부로 유출한 정황이 포착된다면, 해당 사실에 대해, 직원의 동의를 받아 필요한 범위 내에서 자료를 수집하고, 제3자의 입회 하에 처리하는 것이 바람직할 것입니다.

직원의 동의를 받을 때, 주의해야 할 점은 이용목적, 조사항목, 조사기간 및 방법을 특정하고, 필요한 최소한의 정보 외의 개인정보 수집에는 동의하지 않을 수 있다는 사실을 구체적으로 알려야 한다는 것입니다.[31]

인사 노무 Tip

• 직원의 PC 등을 열람할 때에는, 이용목적, 조사항목, 조사기간 및 방법 등을 명시하여 '동의'를 받아야 합니다.

• 입사 시 '보안약정서' 등을 작성하더라도, 포괄적인 사전 동의에 해당하므로, 구체적인 사실관계에 있어서는 별도의 동의를 받아야 합니다.

30 대법원 2003. 8. 22. 선고 2003도3344
31 개인정보보호법 제16조 제2항

052 회사가 합병이 되었습니다

최고수 차장 회사가 인수합병 되었다. 문제는 양쪽의 근로조건이
다르다는 점이다.

인수하는 회사는 딱 법에 정해진 만큼만 주는 회사라, 최고수 차장
의 회사처럼 병가 규정도 없고 학자금도 지급하지 않는다.

최고수 차장 회사에는 노조도 없는데 현재의 근로조건이 저하될
까 걱정이 된다.

회사가 합병되면, 근로관계도 인수되는 것일까? 근로관계가 유
지된다면 근로조건은 무조건 인수회사의 기준을 따라야하는 것
일까?

상법 제235조에서는 인수합병 이후 인수되는 회사 소속 근로자들
의 근로관계는 반대의 특약이 없는 이상 포괄적으로 합병회사에 승
계[32]된다고 규정하고 있으므로, 소멸회사 소속 근로자의 근로관계
는 신설회사(합병회사) 또는 존속회사(흡수합병)에 포괄적으로 승계
됩니다.[33] 따라서 인수합병을 이유로 근로자를 해고할 수도 없으며,
인수 이후 합병하는 회사의 근로조건을 그대로 따라야 하는 것도 아
닙니다.

---

32 상법 제235조(합병의 효과) 합병후 존속한 회사 또는 합병으로 인하여 설립된 회사는 합병
으로 인하여 소멸된 회사의 권리의무를 승계한다.
33 대법원 2001. 4. 24, 선고 99다9370

인수합병 이후에는 회사를 별도로 운영하지 않는 한 취업규칙 개정 절차를 통해 근로조건, 복무규율을 단일화합니다.

만약 개정되는 취업규칙의 내용이 합병 후 전체 근로자에게 불이익하지 않을 경우, 전체 근로자 과반수(노조가 통합되어 전체근로자 과반수로 조직된 노동조합이 있는 경우에는 그 노동조합)의 의견을 들으면 됩니다.

그러나 통합된 취업규칙이 합병 전 기존 두 회사의 취업규칙에 비하여 불이익하다면 기존 두 회사 전체 근로자 과반수의 동의를 각각 얻어야 하고, 기존 어느 한 회사 소속 근로자에게만 불이익하다면 불이익한 회사 소속 근로자 과반수의 동의를 얻어야 하며, 동시에 불이익하지 않은 회사 소속 근로자 과반수의 의견을 들으면 됩니다.[34] 위 기준에 따라 **취업규칙 변경에 동의를 얻지 못한 경우에는 합병 전 각 사 근로자에게 적용되던 기존의 취업규칙이 적용됩니다.**

사례를 살펴보겠습니다.

최고수 차장 회사가 인수합병이 되면서, 개정되는 취업규칙이 종전 취업규칙보다 불리하다면 최고수 차장 회사 소속 근로자 과반수의 동의를 받고, 인수하는 회사의 근로자들에게는 의견을 들어야 할 것입니다. 만약 최고수 차장 회사 근로자 과반수의 동의를 받지 못한다면, 종전 취업규칙이 적용됩니다.

참고로 취업규칙의 개정을 위한 근로자 과반수의 동의는 '근로자의 집단적인 의사결정 방법에 의한 동의'를 말합니다.

---

34 근기 68207-390, 1990. 10. 20.

집단적인 의사결정은 사측의 개입이나 간섭이 없는 상태를 말하나, 변경된 취업규칙의 내용을 근로자에게 설명하고 홍보하는 것은 개입이나 간섭이라 보지 않습니다.[35]

회의가 없이 SNS, 온라인 게시판 등을 통해 의견을 교환하여 찬반 의견을 집약한 후 이를 전체적으로 취합하는 것도 허용되며, 직원들에게 개정 내용을 충분히 설명하고 근로자 상호간에 의견교환과정이나 충분한 시간이 있었다면, 회람하는 문서에 서명하는 방식도 회의 방식에 의한 동의로 봅니다.[36]

인사 노무 Tip	• 사업이 양도되는 경우 근로관계에 대하여 반대의 특약이 없는 이상 양수인에게 양도 회사의 근로관계는 포괄적으로 승계됩니다. • 인수 합병 시 동일한 근로조건을 적용하기 위해 취업규칙을 불이익하게 개정할 때, 근로자의 과반수로 조직된 노동조합이 없다면 근로자 과반수의 동의를 받아야 합니다. • 근로자 과반수의 동의는 사용자의 개입이나 간섭이 배제된 상태에서 근로자의 회의방식에 의한 집단적인 의사결정에 의해야 합니다.

---

35 대법원 2004. 5. 14. 선고 2002다23185
36 대법원 2003. 11. 14. 선고 2001다18322

누구나 쉽게 배우는
인사 노무 사례 100개면 되겠니

053 사업장에 꼭 필요한 법정의무교육은

이루자 대표는 상공회의소의 인사노무 설명회에 참여했다가 법정 의무교육에 대해 알게 되었다. 성희롱예방교육만 받으면 되는 줄 알았는데, 산업안전보건교육과 개인정보보호교육 등 법정의무교육을 받지 않으면 과태료 대상이 된다고 한다. 회사가 반드시 이수해야 하는 법정의무교육은 어떤 것이 있고, 받지 않을 경우 불이익은 무엇일까?

법정의무교육의 종류는 직장내성희롱예방교육, 장애인인식개선교육, 개인정보보호교육, 산업안전보건교육, 퇴직연금교육 등이 있으며, 실시 대상 및 방법은 관계 법령에 따라 차이가 있습니다.

직장 내 성희롱 예방 교육

근거 법령	남녀고용평등법 제13조, 시행령 제3조
교육대상	사업주 + 모든 근로자
교육횟수	연 1회 이상
위반 시 제재	500만 원 이하 과태료

교육내용

(1) 직장 내 성희롱에 관한 법령

(2) 해당 사업장의 직장내 성희롱 발생 시의 처리절차와 조치기준

(3) 해당 사업장의 직장 내 성희롱 피해근로자의 고충상담 및 구제 절차

(4) 그 밖에 직장 내 성희롱 예방에 필요한 사항

교육방법

(1) 대면교육

(2) 고용노동부장관이 지정하는 성희롱 예방교육기관을 통해 위탁 교육이 가능

(3) 정보통신망을 이용한 사이버교육

※ 단순히 교육자료 등을 배포, 게시하거나 전자우편을 보내거나 게시판에 공지하는데 그치는 등 근로자에게 교육내용이 제대로 전달되었는지 확인하기 곤란한 경우에는 교육을 한 것으로 보지 아니함.

교육자료 또는 홍보물 게시, 배포만으로 교육이 인정되는 경우

(1) 10인 미만 사업장

(2) 사업주 및 근로자 모두가 어느 한 성으로 구성된 사업장

교육자료의 게시

성희롱예방교육의 내용을 근로자가 자유롭게 열람할 수 있는 장소에 항상 게시하거나 갖추어 두어야 함

산업안전보건교육[37]

근거 법령	산안법 제29조, 제31조(건설일용근로자), 시행규칙 제26조
교육대상	해당 사업의 근로자 ※교육대상 사업장인지 여부 확인 필수
교육 횟수	정기적(교육대상별 상이, 아래 표 참조)
위반 시 제재	500만 원 이하 과태료

교육 방법

자체교육을 실시할 경우에는 관련 법령에 정한 요건을 충족하는 교재, 장비 등을 갖추고 교육을 실시해야 하며, 법정 교육으로 인정되는 방식은 다음과 같습니다.

(1) 집체교육 : 교육전용시설, 그 밖에 교육을 하기에 적합한 시설에서 실시

---

37 그 외 안전보건관리책임자 및 특수형태근로종사자에 대한 안전보건 교육

안전보건관리책임자 등에 대한 교육	교육 시간	
	신규교육	보수교육
가. 안전보건관리책임자	6시간 이상	6시간 이상
나. 안전관리자, 안전관리 전문기관의 종사자	34시간 이상	24시간 이상
다. 보건관리자, 보건관리 전문기관의 종사자	34시간 이상	24시간 이상
라. 건설 재해예방 전문지도기관의 종사자	34시간 이상	24시간 이상
마. 석면 조사기관의 종사자	34시간 이상	24시간 이상
바. 안전보건 관리담당자	–	8시간 이상
사. 안전 검사기관, 자율안전 검사기관의 종사자	34시간 이상	24시간 이상

특수형태근로종사자 교육	교육 시간
최초 노무 제공 시 교육	2시간 이상(단기간 작업 또는 간헐적 작업에 노무를 제공하는 경우에는 1시간 이상 실시하고, 특별교육을 실시한 경우는 면제)
특별교육	16시간 이상(최초 작업에 종사하기 전 4시간 이상 실시하고 12시간은 3개월 이내에서 분할하여 실시 가능)
	단기간 작업 또는 간헐적 작업인 경우에는 2시간 이상

(2) 현장교육 : 산업체의 생산시설 또는 근무 장소에서 실시
(3) 인터넷 원격교육 : 전산망을 이용해 교육실시자가 격지 간에 있는 근로자에게 실시

※ 자체 교육이 어려운 경우 안전보건교육 위탁전문기관에 위탁해 실시

교육과정	교육대상	교육 시간
정기교육	사무직 종사 근로자	매 분기 3시간 이상
	사무직 종사 근로자 외의 근로자	매 분기 3시간 이상(판매업무)/ 매 분기 6시간 이상(판매 외)
	관리감독자의 지위에 있는 사람	연간 16시간 이상
채용 시 교육	일용근로자	1시간
	일용근로자를 제외한 근로자	8시간 이상
작업내용변경 시 교육	일용근로자	1시간
	일용근로자를 제외한 근로자	2시간 이상
특별교육	산업안전보건법 시행규칙별표 5 제1호 라목 각 호(제40호는 제외한다)의 어느 하나에 해당하는 작업에 종사하는 일용근로자	2시간 이상
	산업안전보건법 시행규칙별표 5 제1호라목제40호의 타워크레인 신호 작업에 종사하는 일용근로자	8시간 이상
	산업안전보건법 시행규칙별표 5 제1호 라목 각 호의 어느 하나에 해당하는 작업에 종사하는 일용근로자를 제외한 근로자	16시간이상(최초 4시간, 12시간은 3개월 내 분할가능, 단기간, 간헐적 직업은 2시간 이상)
건설업 기초안전, 보건교육	건설 일용근로자	4시간

개인정보보호교육

근거 법령	개인정보 보호법 제28조
교육대상	개인정보 취급자 (임직원, 파견근로자, 시간제근로자 등 개인정보처리자의 지휘, 감독을 받아 개인정보를 처리하는 자)
교육 횟수	명문의 규정은 없으나, 연 1회 이상 권장
위반 시 제재	교육 미실시에 대한 과태료 규정은 없음 단, 내부 관리계획 수립 등 개인정보 안정성 확보에 필요한 조치를 하지 않은 경우 3천만 원 이하의 과태료

교육내용

개인정보의 안전한 처리에 관한 내용

교육방법

(1) 사내교육, 온라인교육, 위탁교육, 외부강사 초빙 등 기업의 상황에 따라 가능

(1) 개인정보보호종합포털(www.privacy.go.kr) 무료온라인강의 수강 가능

장애인인식개선교육

근거 법령	장애인고용법 제5조의2, 시행령 제5조의 2
교육대상	사업주 및 근로자
교육 횟수	연 1회, 1시간 이상
위반 시 제재	300만 원 이하 과태료

교육내용

(1) 장애의 정의 및 장애 유형에 대한 이해

(2) 직장 내 장애인의 인권, 장애인에 대한 차별금지 및 정당한 편의 제공

(3) 장애인고용촉진및직업재활과 관련된 법과 제도

(4) 그 밖에 직장 내 장애인 인식개선에 필요한 사항

교육방법

(1) 집합교육

(2) 원격교육, 체험교육

(3) 고용노동부장관이 지정하는 장애인 인식개선 교육기관을 통해 위탁교육 가능.

(4) 상시 50명 미만의 근로자를 고용하는 사업주는 고용노동부장관이 보급한 교육자료를 배포·게시하거나 전자우편을 보내는 등의 방법으로 가능

퇴직연금교육

근거 법령	퇴직급여법 제32조, 시행령 제32조
교육대상	퇴직연금제도 설정 사업장의 퇴직연금제도에 가입한 근로자
교육 횟수	연 1회 이상
위반 시 제재	1천만 원 이하 과태료

교육내용

(1) 제도 일반에 관한 내용

(2) 확정급여형퇴직연금제도를 설정하는 경우

- 최근 3년간의 부담금 납입 현황
- 급여종류별 표준적인 급여액 수준
- 직전 사업연도 말 기준 최소적립금 대비 적립금 현황
- 재정안정화계획서를 작성하는 경우 그 계획서 및 이행 상황
- 그 밖에 적립금 운용현황, 운용목표 등에 관한 사항

(3) 확정기여형퇴직연금제도를 설정하는 경우에는 다음 각 목의 사항

- 사용자의 부담금 수준, 납입시기 및 납입 현황
- 분산투자 등 적립금의 안정적 운용을 위하여 행하는 투자원칙에 관한 사항
- 퇴직연금사업자가 제시하는 적립금 운용방법별 투자 위험 등에 관한 사항 등

교육방법

퇴직연금사업자에게 위탁가능

직장내괴롭힘 예방교육

아직 법정의무교육은 아니지만, 직장 내 괴롭힘의 예방조치로 취업규칙에 직장내괴롭힘 예방교육을 의무화하고 있다면 반드시 실시하여야 함.

인사 노무 Tip	• 각각의 교육 형태에 따른 교육 미이행 1명당 과태료가 부과되므로 교육의 형태별로 실시 대상 및 주기, 시간을 정확히 파악해 누락되지 않도록 주의해야 합니다.
	• 온라인교육 인정요건
	① 전 직원에게 법정 교육 실시여부를 공지하여 교육이수 시기를 지정하고 이수를 의무화하며 교육내용을 제공할 것
	② 온라인으로 제공하는 교육 내용에 각 법령에서 정한 교육내용을 포함할 것
	③ 근로자의 교육이수 여부를 개인별로 체크하여 전체 이수현황을 확인할 수 있을 것

054 우리 회사 산업안전보건교육 받아야 할까

이루자 대표는 한 통의 전화를 받았다. 한국산업안전보건공단의 산하기관인 AAA 안전보건 협회인데, 이루자 대표의 회사가 아직 안전보건교육을 받지 않고 있어, 과태료나 지도점검을 곧 받게 된다는 것이었다. 이루자 대표는 근로자도 별로 없고, 안전교육을 받아야 하는지 몰랐다고 하자, AAA 협회는 강사를 파견할 테니 무료로 교육을 받으라고 했다. 이루자 대표는 고맙다는 인사와 함께 교육일정을 잡았다.

약속한 날에 AAA 협회의 강사는 안전교육을 30분 진행하더니, 상조보험 상품에 대해서 설명하기 시작했다. 교육을 받은 회사직원들과 이루자 대표는 교육의 목적이 보험상품 판매인지 알지도 못했거니와 교육을 열심히 진행해 주었는데 상조보험 상품을 들지 않겠다고 하는 것이 무안하기도 해서 어쩔 줄을 몰랐다. 알고 보니, AAA 협회는 공신력 있는 안전보건 교육기관이 아니었고 무엇보다 이루자 대표의 회사는 안전보건교육 대상 사업장도 아니었다. 이런 피해를 예방하기 위해서는 어떻게 해야 할까?

이루자 대표님과 같은 일을 당해 피해를 호소하는 회사의 사례가 많이 접수되어 노동부에서는 고용노동부 사칭 교육기관 피해사례와 이에 대한 예방방법을 배포하기도 했는데요, 근무 중에 위와 유사한 내용으로 전화를 받았다면 다음의 사항을 확인합니다.

☑ 근로자 안전보건교육은 사업주가 자체적으로 실시할 수 있습니다.[38]

- 무조건 산업안전교육을 외부업체를 통해 진행해야 하는 것은 아닙니다.

☑ 위탁교육을 원할 경우, 고용노동부에 등록된 교육기관인지 확인합니다.

- 고용노동부 홈페이지 〉 정보공개 〉 사전정보공표목록 〉 산재예방/보상
- ◆ 근로자안전보건교육 위탁기관 등록현황 ("교육"으로 검색)

그리고 무엇보다 사업장에서 가장 먼저 해야할 것은 우리 사업장이 근로자 안전보건교육 대상 사업장인지 여부를 확인하는 것입니다.

산업안전보건교육 대상 사업장인지 여부 확인하기

① 고용보험 가입 업종명 및 업종코드 확인하기

근로복지공단 고객상담센터(1588-0075)에 전화하여 확인 가능

② 통계청 자료를 통한 한국표준산업분류에 따른 업종 확인

통계청 홈페이지 통계분류포털 〉 한국표준산업분류-검색-분류내용보기 〉 사업장의 고용보험 가입업종명 및 업종코드와 한국표준산업분류 코드의 일치 여부 확인

③ 한국표준산업분류상 업종과 산업안전보건법 비교

---

38 산안법 제29조

②에서 확인한 사업장의 한국표준산업분류상 업종과 산안법 시행령 별표1을 비교하여 해당 사업장의 안전보건교육 대상 여부 확인

산업안전보건교육대상제외 사업 또는 사업장[39] [40]

대상 사업 또는 사업장

1. 다음 각 목의 어느 하나에 해당하는 사업
   가. 「광산안전법」 적용 사업(광업 중 광물의 채광·채굴·선광 또는 제련 등의 공정으로 한정하며, 제조공정은 제외한다)
   나. 「원자력안전법」 적용 사업(발전업 중 원자력 발전설비를 이용하여 전기를 생산하는 사업장으로 한정한다)
   다. 「항공안전법」 적용 사업(항공기, 우주선 및 부품 제조업과 창고 및 운송관련 서비스업, 여행사 및 기타 여행보조 서비스업 중 항공 관련 사업은 각각 제외한다)
   라. 「선박안전법」 적용 사업(선박 및 보트 건조업은 제외한다)

2. 다음 각 목의 어느 하나에 해당하는 사업
   가. 소프트웨어 개발 및 공급업
   나. 컴퓨터 프로그래밍, 시스템 통합 및 관리업
   다. 정보서비스업
   라. 금융 및 보험업
   마. 기타 전문서비스업
   바. 건축기술, 엔지니어링 및 기타 과학기술 서비스업
   사. 기타 전문, 과학 및 기술 서비스업(사진 처리업은 제외한다)
   아. 사업지원 서비스업
   자. 사회복지 서비스업

---

39 하. 기타 개인 서비스업(세탁업은 제외한다)
40 적용제외 법규정은 산안법 시행령 제2조제1항의 별표1 참조

3. 다음 각 목의 어느 하나에 해당하는 사업으로서 상시근로자 50명 미만을 사용하는 사업장
   가. 농업
   나. 어업
   다. 환경 정화 및 복원업
   라. 소매업; 자동차 제외
   마. 영화, 비디오물, 방송프로그램 제작 및 배급업
   바. 녹음시설 운영업
   사. 방송업
   아. 부동산업(부동산 관리업은 제외한다)
   자. 임대업; 부동산 제외
   차. 연구개발업
   카. 보건업(병원은 제외한다)
   타. 예술, 스포츠 및 여가 관련 서비스업
   파. 협회 및 단체
   하. 기타 개인 서비스업(세탁업은 제외한다)

4. 다음 각 목의 어느 하나에 해당하는 사업
   가. 공공행정(청소, 시설관리, 조리 등 현업업무에 종사하는 사람으로서 고용노동부장관이 정하여 고시하는 사람은 제외한다), 국방 및 사회보장 행정
   나. 교육 서비스업 중 초등·중등·고등 교육기관, 특수학교·외국인학교 및 대안학교(청소, 시설관리, 조리 등 현업업무에 종사하는 사람으로서 고용노동부장관이 정하여 고시하는 사람은 제외한다)

5. 다음 각 목의 어느 하나에 해당하는 사업
   가. 초등·중등·고등 교육기관, 특수학교·외국인학교 및 대안학교 외의 교육서비스업(청소년수련시설 운영업은 제외한다)
   나. 국제 및 외국기관
   다. 사무직에 종사하는 근로자만을 사용하는 사업장(사업장이 분리된 경우로서 사무직에 종사하는 근로자만을 사용하는 사업장을 포함한다)

6. 상시근로자 5명 미만을 사용하는 사업장

주의1) 상시근로자 50명 미만의 도매업과 숙박 및 음식점업은 실시해야 함.

주의2) "사무직 근로자"는 일반적으로 사무실 등에서 주된 업무가

주로 정신적인 근로를 하는 자이며, 그 외 현장에 종사하는 근로자 및 사무실에서 단순 반복 업무를 하면서 업무 중에 자유롭게 움직이기 곤란한 업무(교대하지 않는 한 자리를 비울 수 없는 업무) 등을 하는 근로자는 "비사무직 근로자"로 분류됨

인사 노무 Tip	• 우리 회사가 산업안전보건교육을 받아야 하는지 먼저 확인합니다. • 교육일지나 교육실시를 입증할 수 있는 서류는 5년간 보관하여야 합니다. • 산업안전보건공단에서 안전보건관리자 선임 의무가 없는 사업장 및 소규모 사업장 중심으로 무료 교육을 지원하고 있는데 사업장별 규모, 지원횟수, 공단 자체 일정 등에 따라 지원이 불가할 수 있습니다. • 산업안전보건공단 홈페이지 자료실에서 분야별로 업종별, 직종별, 유해·위험기계기구별 등과 형태별로 각종 자료들을 수록하고 있으니, 사업장 내 안전보건교육 시 활용하시기 바랍니다. ▶ 공단 홈페이지(http://www.kosha.or.kr) 〉 자료마당 〉 통합자료실 〉 안전보건자료실

055 장애인 의무고용인원과 고용부담금

최고수 차장은 회사의 전년도 장애인 의무고용인원에 미달한 인원에 대해 고용부담금을 자진 납부하였는데, 이에 대해 장애인고용공단으로부터 장애인 의무고용인원에 미달한 인원이 더 많다는 이유로 고용부담금 약 8천만 원과 가산금 10%를 포함하여 총 8천 8백만 원을 추징한다는 내용의 처분 안내장을 받았다. 최고수 차장은 상용직 근로자를 기준으로 장애인고용인원을 산정하였고, 일용직 사원들은 모두 제외했었다.

최고수 차장 회사의 2021년 사업장 현황은 다음과 같다.

15일 미만 일용근로자 매월 60명. 중증장애인의 소정근로시간은 60시간 이상이다.

월별	상용 근로자 수	일용 근로자 수	장애인 근로자 수	
			경증	중증
1월	300	100	5	1
2월	300	100	5	1
3월	300	100	5	1
4월	300	100	5	0
5월	300	100	5	1
6월	300	100	5	1
7월	300	100	5	1
8월	300	100	4	0
9월	300	100	4	0
10월	300	100	5	1
11월	300	100	5	1
12월	300	100	5	1

장애인의무고용인원 산정하는 방법은 무엇이고, 의무고용인원에 미달한 경우 고용부담금은 어떻게 계산되는 것일까?

장애인 고용의무제도란

장애인이 그 능력에 맞는 직업생활을 통해 인간다운 생활을 할 수 있도록 국가·지방자치단체 및 기업에서 장애인을 일정비율 이상 고용하도록 의무를 부과하고, 미준수 시 부담금을 부과하는 제도를 말합니다.[41]

장애인 고용의무가 있는 대상은 국가·지방자치단체와 상시 50명 이상 공공기관·민간기업 사업주이며, 건설업에서 근로자 수를 확인하기 곤란한 경우에는 공사실적액이 86억 8,100만 원 이상인 사업주(공사실적액=총공사실적액-적법하게 하도급된 공사실적액)입니다.[42]

장애인 의무고용률

기준연도		2018년	2019년	2020년	2021년	2022년
국가 및 지자체	공무원	3.20%	3.40%	3.40%	3.40%	3.60%
	비공무원	2.90%	3.40%	3.40%	3.40%	3.60%
공공기관		3.20%	3.40%	3.40%	3.40%	3.60%
민간기업		2.90%	3.10%	3.10%	3.10%	3.10%

※ 공기업, 준정부기관, 기타공공기관 및 지방공기업

장애인 의무고용인원 산정

상시 고용하는 근로자의 수×의무고용률

---

41 장애인고용촉진 및 직업재활법 제28조, 제33조
42 고용노동부고시 제2018-87호(고용노동부고시가 변경되면 그에 따름)

상시 고용하는 근로자의 수[43]

① 국가·지방자치단체와 상시 50명 이상 공공기관·민간기업
    해당연도의 매월 16일 이상 고용한 근로자 수의 합계 / 해당 연
    도의 조업 개월수
    ※조업한 날이 16일 미만인 달은 조업개월수에서 제외
    ● 공동주택을 관리하는 사업에는 각 사업장별로 상시근로자 수
      를 산정
② 근로자 수를 확인하기 곤란한 건설업
    공사실적액(공사실적액=총공사실적액-적법하게 하도급된 공사실적
    액)/86억 8100만 x 50명

장애인고용부담금

  장애인고용부담금은 위와 같이 산정한 각 사업장의 의무고용률에
못 미치는 장애인을 고용한 경우 납부해야 하는 공과입니다. 단, 상시
100인 미만의 근로자를 사용하는 사업주는 부담금 납부의무에서 제
외됩니다. 민간기업의 경우, 상시근로자 수가 50인 이상이면 일정비
율의 장애인을 고용해야할 의무는 있지만, 100인 미만 근로자를 고
용하는 회사라면 부담금은 납부하지 않아도 됩니다.

  장애인 고용부담금 산정기준

  월 부담금= 해당 월 고용 의무 미달 인원×장애인 고용률에 따른

---

43 동법 시행령 제24조

부담기초액

※ 매월 부담금을 산정하여 연간 합산하여 납부합니다.
※ 1개월 동안 60시간 이상 근로하는 중증장애인을 고용할 경우 그 인원의 2배에 해당하는 장애인의 고용으로 봅니다.[44]

부담기초액

구분	장애인고용의무 인원 대비 고용하고 있는 장애인 근로자 비율				
	3/4 이상	1/2 이상 3/4 미만	1/4 이상 1/2 미만	1/4 미만	장애인을 한 명도 고용하지 않은 경우
2021년 적용 (2022년 신고)	1,094,000원	1,159,640원	1,312,800원	1,531,600원	1,822,480원

사례를 살펴보겠습니다.

최고수 차장의 사업장 고용현황에 따라 부담금 기초액을 산정해 보면 다음과 같습니다.

월	전체 근로자 수 (1)	적용 제외 근로자 수 (2)	상시 근로자 수 (1)-(2)= (3)	의무 고용인원 (3)x3.1%	장애인 근로자 수			미달 고용인원 (5)	장애인 고용 부담금 (6)
					전체 (4)	경증 장애인	중증 장애인		
1월	400	60	340	10	7	5	1	3	3,478,920
2월	400	60	340	10	7	5	1	3	3,478,920

---

44 동법 제28조의 3

월	전체 근로자 수	적용 제외 근로자 수	상시 근로자 수	의무 고용인원	장애인 근로자 수			미달 고용인원	장애인 고용 부담금
	−1	−2	(1)−2)= (3)	(3)x3.1%	전체 −4	경증 장애인	중증 장애인	−5	−6
3월	400	60	340	10	7	5	1	3	3,478,920
4월	400	60	340	10	5	5	0	5	5,798,200
5월	400	60	340	10	7	5	1	3	3,478,920
6월	400	60	340	10	7	5	1	3	3,478,920
7월	400	60	340	10	7	5	1	3	3,478,920
8월	400	60	340	10	4	4	0	6	7,876,800
9월	400	60	340	10	4	4	0	6	7,876,800
10월	400	60	340	10	7	5	1	3	3,478,920
11월	400	60	340	10	7	5	1	3	3,478,920
12월	400	60	340	10	7	5	1	3	3,478,920
합계	4,800	720	4,080	120	76	58	9	44	52,862,080

장애인고용의무인원대비 고용하고 있는 장애인 근로자비율을 매월 산출하고, 그에 따른 부담기초액과 미달 고용인원을 곱하여 부담기초액을 산정합니다.

월별	장애인고용의무 인원 대비 고용하고 있는 장애인 근로자 비율	1인당 부담기초액
1월~7월	1/2 이상 3/4 미만	1,159,640원
8월~9월	1/4 이상 1/2 미만	1,312,800원
10월~12월	1/2 이상 3/4 미만	1,159,640원

※ 2021년 신고기준

최고수 차장 회사의 장애인고용부담금 산출결과는 52,862,080원입니다. 장애인고용공단에서 처분한 8천만 원보다 낮은 금액이기 때문에 공단에 소명자료와 이유서 작성하여 이의신청을 한다면 회사에서 산정한 적정 금액으로 납부할 수 있습니다.

인사 노무 Tip	• 월 평균 상시 50인 이상의 근로자를 고용하는 국가 및 지방자치단체, 공공기관, 민간기업은 하반기(1월), 상반기(7월) 내 장애인 고용계획 및 실시상황 보고서 제출해야 합니다. ※ e신고 포털(http://www.esingo.or.kr)을 통해 전자 신고하며, 첨부서류는 다음과 같습니다.) ① 장애인근로자명부 1부 ② 장애인 근로자가 장애인의 기준에 해당함을 인정할 수 있는 서류 1부(최초 보고 시) ③ 직장 내 장애인 인식개선 교육 결과보고서 • 의무고용률에 미달할 경우 그에 따른 부담금을 납부하여야 합니다. • 의무고용률(민간: 3.1%, 공공: 3.4%)을 초과하여 장애인을 고용하는 사업주에게 일정액의 지원금을 지급합니다.

고용장려금 지급단가

구분	경증장애인		중증장애인		비고
	남성	여성	남성	여성	
2019년 발생분까지	30만 원	40만 원	50만 원	60만 원	지급단가와 월 임금액의 60%를 비교하여 낮은 단가 적용
2020년 발생분까지	30만 원	45만 원	60만 원	80만 원	

- 고용장려금 지급 제한 대상

  「고용보험법」, 「산업재해보상보험법」, 「사회적기업 육성법」의 규정에 의한 지원금 및 장려금을 지급받는 장애인 근로자에 대하여 그 지급 기간에는 고용장려금을 지급하지 않습니다.

- 최저임금이상자 또는 최저임금적용제외 인가를 받은 장애인에 한해 지원하며, 「고용보험법」에 따른 고용보험 가입대상으로 고용보험에 가입하지 않은 장애인근로자는 고용장려금 지급기준이 되는 대상인원에서 제외됩니다.

056 특수형태근로종사자의 고용산재

택배기사를 하고 있는 강하람 씨는 일이 많을 때는 많지만, 일이 없을 때도 있어 실업급여를 받을 수 있는 직장인이 부럽기도 하다. 강하람 씨가 실업급여를 받을 수 있는 길은 없을까?

특수형태 근로종사자도 고용·산재보험에 가입할 수 있도록 법적 제도가 마련되어, 강하람 씨도 실업급여를 받을 수 있습니다.

특수형태 근로종사자란

근로자가 아니면서 자신이 아닌 다른 사람의 사업을 위하여 자신이 직접 노무를 제공하고 해당 사업주 또는 노무수령자로부터 일정한 대가를 지급받기로 하는 계약을 체결한 사람 중 적용대상 직종에 종사하는 사람을 말합니다.

특수형태 근로종사자의 고용보험

적용직종

직종	적용 범위
보험설계사 21. 7. 1. 적용	보험을 모집하는 사람으로서 아래의 어느 하나에 해당하는 사람 가. 『보험업법』 제83조 제1항 제1호에 따른 보험설계사 나. 『우체국예금보험에 관한 법률』에 따른 우체국 보험의 모집을 전업으로 하는 사람 • 교차모집 설계사는 적용대상이 아님
신용카드 모집인 21. 7. 1. 적용	『여신금융업법』 제14조의2에 1항 제2호에 따른 신용카드 회원 모집인
대출모집인 21. 7. 1. 적용	『대부업법』 제3조 제1항 단서에 따른 대출모집인
방문 강사 21. 7. 1. 적용	한국표준직업분류표의 세세분류에 따른 학습지 방문 강사, 교육 교구 방문 강사 등 회원의 가정 등을 직접 방문하여 아동이나 학생 등을 가르치는 사람 • 가정방문에 한함
택배기사 21. 7. 1. 적용	한국표준직업분류표의 세분류에 따른 택배원 중 소화물을 집화·수송과정을 거쳐 배송하는 택배 사업에서 집화 또는 배송 업무를 하는 사람
대여제품 방문점검원 21. 7. 1. 적용	한국표준직업분류표의 세세분류에 따른 대여제품 방문점검원
가전제품 설치원 21. 7. 1. 적용	가전제품 설치 및 수리원으로서 가전제품을 배송, 설치 및 시운전하여 작동상태를 확인하는 사람
방문판매원 21. 7. 1. 적용	『방문판매법』 제2조 제2호에 따른 방문판매원 또는 같은 조 제8호에 따른 후원방문판매원으로서 방문판매 업무를 하는 사람. • 다단계 방문판매원, 자기 소비형 방문판매원은 적용대상이 아님

직종	적용 범위
화물차주 21. 7. 1. 적용	『화물자동차 운수사업법』 제2조 제11호에 따른 화물차주로서 다음 각 목의 어느 하나에 해당하는 사람 　가. 수출입 컨테이너 또는 시멘트를 운송하는 사람 　나. 철강재를 운송하는 사람 　다. 위험물질을 운송하는 사람 • 일회적 계약의 경우 적용대상이 아님
건설기계 자차기사	『건설기계관리법』 제3조 제1항에 따라 등록된 건설기계를 직접 운전하는 사람
방과후학교 강사 (초중등) 21. 7. 1. 적용	초·중등교육법 제2조에 따른 학교에서 운영하는 방과후학교의 과정을 담당하는 강사
전속 대리운전기사 21. 7. 1. 적용	고용노동부장관이 정하는 기준에 따라 주로 하나의 대리운전업자로부터 업무를 의뢰받아 대리운전 업무를 하는 사람
플랫폼 노무 제공자 (퀵서비스 기사, 대리운전기사) 22. 1. 1. 적용	퀵서비스기사: 한국표준직업분류포의 세분류에 따른 택배원으로서 퀵서비스업자(소화물의 집화,수송과정을 거치지 않고 배송하는 사업을 말한다)로부터 업무를 의뢰받아 배송업무를 하는 사람. 다만, 택배기사와 화물자동차로 배송업무를 하는 사람은 제외. 대리운전기사 : 대리운전업자(자동차 이용자의 요청에 따라 목적지까지 유상으로 그 자동차를 운전하도록 하는 사업의 사업주를 말한다)로부터 업무를 의뢰받아 대리운전 업무를 하는 사람.

적용 제외

① 월평균 소득 80만 원 미만, ② 만 65세 이상

보험료 산정

월별보험료= 노무 제공자 개인별 월 보수액×1.4%

※사업주와 노무제공자 1/2씩 균등 부담 | 보수액 =(사업소득, 기타소득)-비과세소득-필요경비 | 직종별 공제율(국세청 기준경비율과 동일)

직종	공제율(%)
보험설계사	23.9
학습지(방문) 강사	24.4
택배기사	20.2
대출모집인	23.5
신용카드 모집인	23.5
방문판매원, 대여제품점검원	24.4
가전제품 배송, 설치 기사	26.8
방과후학교 강사	18.4

직종별 기준보수

① 노무제공 특성에 따라 소득확인이 어려운 직종(건설기계종사자, 화물차주)에 대해 직종별 기준보수 적용
  • 건설기계종사자 : 월보수액 2,479,444원, 일보수액 82,648원
  • 화물차주 : 월보수액 4,310,000원
② 신고보수가 기준보수보다 적은 경우에는 기준보수(133만 원)로 보험료 부과

구직급여 및 출산전후급여

1. 구직급여

• 수급요건 : 기준기간 24개월 중 피보험단위기간 12개월 이상 충족 피보험자의 자발적 이직 등 수급제한 사유에 해당하지 않을 것
• 소득감소로 인한 이직 사유 인정
① 직전 3개월의 보수가 전년 동일기간보다 30%이상 감소한 경우
② 이직한 날이 속하는 달의 직전 12개월 동안에 전년도 월평균보

누구나 쉽게 배우는
인사 노무 사례 100개면 되겠니

수보다 30%이상 감소한 달이 5개월 이상인 경우

- 지급수준 및 지급기간 : 기초일액의 60%를 해당 피보험기간 동안 지급

구분	피보험기간				
	1년 미만	1년 이상 3년 미만	3년 이상 5년 미만	5년 이상 10년 미만	10년 이상
50세 미만	120일	150일	180일	210일	240일
50세 이상, 장애인	120일	180일	210일	240일	270일

(상한액 : 1일 66,000원)

2. 출산전후급여

- 수급요건 : 출산(유·사산)일 전 피보험단위기간 3개월 이상, 출산(유·사산)일 후 12개월 이내 신청, 출산(유·사산)일 전후로 노무제공을 하지 않을 것
- 지급기간 : 출산 전후를 통틀어 90일(다태아 120일) 중 소득활동을 하지 않은 기간
- 지급수준 : 출산(유·사산)일 직전 1년간 월평균보수액의 100%
  (상한 월 200만 원, 하한 월 80만 원)

특수형태근로종사자의 산재보험

특수형태근로종사자로 주로 하나의 사업에 그 운영에 필요한 노무를 상시적으로 제공하고 보수를 받아 생활하며, 노무를 제공함에 있어서 타인을 사용하지 아니하여야 가입 가능

적용직종

2008. 7. 1.
보험설계사, 콘크리트믹서트럭 기사, 학습지 교사, 골프장 캐디

2012. 5 .1.
택배기사, 전속 퀵서비스 기사

2016. 7. 1.
대출모집인, 신용카드 모집인, 전속 대리운전기사

2019. 1. 1.
건설기계 조종사

2020. 7. 1.
방문 강사, 방문판매원, 대여제품 방문점검원, 가전제품 배송, 설치 기사, 화물차주

2021. 7. 1.
소프트웨어 프리랜서

보험료 산정기준

월별보험료= 월 보수액 x 직종별 산재보험료율

※ (월 보수액) 실제 소득에 관계없이 고용노동부장관이 고시한 직종별 보수액을 적용
   (산재보험료율) 종사자가 소속(적용)된 사업장의 산재보험요율을 적용

산재보험료 및 보험급여 산정의 기초가 되는 보수액 및 평균임금[45]

특수형태근로종사자 직종	보수액(월)	평균임금(일)
「보험업법」제83조 제1항 제1호에 따른 보험설계사로서 생명보험회사가 주된 사업장인 보험설계사	2,582,500원	86,083원
「보험업법」제83조 제1항 제1호에 따른 보험설계사로서 손해보험회사가 주된 사업장인 보험설계사 「보험업법」제83조 제1항 제1호에 따른 보험설계사로서 보험대리점 또는 보험중개사가 주된 사업장인 보험설계사 「우체국 예금·보험에 관한 법률」에 따른 우체국 보험의 모집을 전업으로 하는 사람	2,401,300원	80,043원
「건설기계관리법」제3조 제1항에 따라 등록된 건설기계를 직접 운전하는 사람	2,479,444원	82,648원
한국표준직업분류표의 세세분류에 따른 학습지 방문 강사, 교육 교구 방문 강사 등 회원의 가정 등을 직접 방문하여 아동이나 학생 등을 가르치는 사람	1,016,300원	33,877원
「체육시설의 설치·이용에 관한 법률」제7조에 따라 직장체육시설로 설치된 골프장 또는 같은 법 제19조에 따라 체육시설업의 등록을 한 골프장에서 골프 경기를 보조하는 골프장 캐디	2,699,994원	90,000원
한국표준직업분류표의 세분류에 따른 택배원 중 소화물을 집화·수송과정을 거쳐 배송하는 택배 사업에서 집화 또는 배송 업무를 하는 사람	2,420,000원	80,667원
한국표준직업분류표의 세분류에 따른 택배원 중 소화물을 집화·수송과정을 거치지 않고 배송하는 퀵서비스 사업에서 주로 하나의 퀵서비스 업자로부터 업무를 의뢰받아 배송 업무를 하는 사람	1,599,400원	53,313원

---

45 고용노동부 고시 제2021-59호

특수형태근로종사자 직종	보수액(월)	평균임금(일)
「대부업법」 제3조 제1항 단서에 따른 대출모집인으로서 여신금융기관과 위탁계약을 맺은 사람	2,083,300원	69,443원
「대부업법」 제3조 제1항 단서에 따른 대출모집인으로서 대부중개업을 하는 법인과 직접 위탁계약을 맺은 사람	2,400,000원	80,000원
「여신금융법」 제14조의2에 1항 제2호에 따른 신용카드 회원 모집인	1,931,600원	64,387원
고용노동부장관이 정하는 기준에 따라 주로 하나의 대리운전업자로부터 업무를 의뢰받아 대리운전 업무를 하는 사람	1,537,500원	51,250원
「방문판매법」 제2조 제2호에 따른 방문판매원 또는 같은 조 제8호에 따른 후원 방문판매원으로서 고용노동부장관이 정하는 기준에 따라 상시적으로 방문판매 업무를 하는 사람. 다만 제3호 및 제11호에 해당하는 사람은 제외한다.	1,597,500원	53,250원
대여제품 방문점검원	1,392,000원	46,400원
한국표준직업분류표의 세분류에 따른 가전제품 설치 및 수리원으로서 가전제품을 배송, 설치 및 시운전하여 작동상태를 확인하는 사람	2,932,000원	97,733원
한국표준직업분류표의 세분류에 따른 가전제품 설치 및 수리원으로서 가전제품을 배송, 설치 및 시운전하여 작동상태를 확인하는 사람	2,932,000원	97,733원

누구나 쉽게 배우는
인사 노무 사례 100개면 되겠니

특수형태근로종사자 직종	보수액(월)	평균임금(일)
「화물자동차 운수사업법」 제2조 제11호에 따른 화물차주로서 다음 각 목의 어느 하나에 해당하는 사람		
가. 「자동차관리법」 제3조에 따른 특수자동차로 「화물자동차 운수사업법」 제5조의4 제2항에 따른 안전 운임이 적용되는 수출입 컨테이너를 운송하는 사람		
나. 「자동차관리법」 제3조에 따른 특수자동차로 「화물자동차 운수사업법」 제5조의4 제2항에 따른 안전 운임이 적용되는 시멘트를 운송하는 사람	4,310,000원	143,667원
다. 「자동차관리법」 제2조 제1호 본문에 따른 피견인자동차 또는 「자동차관리법」 제3조에 따른 일반형 화물자동차로 「화물자동차 운수사업법 시행령」 제4조의7 제1항에 따른 안전 운송원가가 적용되는 철강재를 운송하는 사람		
라. 「자동차관리법」 제3조에 따른 일반형 화물자동차 또는 특수용도형 화물자동차로 「물류정책기본법」 제29조 제1항에 따른 위험물질을 운송하는 사람		
「소프트웨어 진흥법」 제2조 제3호의 소프트웨어사업에서 노무를 제공하는 같은 조 제10호에 따른 소프트웨어기술자	3,937,500원	131,250원

인사 노무 Tip

- 특수형태근로종사자(특고)의 경우 고용보험은 이중 취득이 가능하지만, 그러한 직종에 종사하지 않는 근로자는 이중 취득이 불가합니다.
  예시) 보험설계사 특고 vs 방판원 특고 vs 예술인 : 모두 취득

057 예술인 고용보험이란

이루리 씨는 프리랜서 계약을 하여 3D CG 작업을 하고 있다. 일이 있을 때는 정신없이 바쁘다가도, 10개월 동안 일이 없어 경제적으로 힘든 적도 있다. 루리 씨 같은 프리랜서도 고용보험에 가입할 수 있고 실업급여를 받을 수 있다고 해서, 회사에 얘기했더니 루리 씨는 문화예술용역 계약을 작성하지 않아서 고용보험 가입을 할 수 없다고 한다. 예술인 고용보험에 가입하려면 어떻게 해야 하고, 어떤 혜택을 받을 수 있을까?

2020년 12월에 예술인 고용보험 제도가 시행되어 사회보장의 사각지대에 놓여있었던 많은 문화예술인들이 실업에 대비하고 보다 안정적으로 문화예술활동에 전념할 수 있는 기반이 마련되었습니다.

예술인 고용보험 개요

		예술인 고용보험
적용 범위	가입	문화예술용역 관련 계약을 체결한 프리랜서 예술인
	제외	1. 월평균 소득 50만 원 미만 2. 65세 이후 신규 계약 체결
피보험자 관리	취득 신고	사업주(소득을 합산하여 가입할 경우 예술인)
	가입 기간	문화예술용역 관련 계약기간

예술인 고용보험		
보험료 납부	보수	계약금액에 기준경비율 20%를 제외한 금액
	보험료율	실업급여 1.6%
	보험료 납부자	사업주
구직급여	수급 요건	이직 전 24개월 중 피보험 단위기간 9개월 이상
	이직 사유	비자발적 이직 (소득감소에 따른 이직 인정)
	지급 수준	1. 기초일액 : 이직 전 12개월 보수총액 / 해당기간의 총일수 2. 구직급여일액 : 기초일액의 60%
	지급 기간	120~270일
	수급 기간 중 소득 활동 인정 여부	수급 기간 중 소득 발생 시, 일부 감액 혹은 전부 지급
출산 전후(휴가) 급여	지급내용	출산 전후 급여

예술인 고용보험 적용

예술인 고용보험은 「예술인 복지법」에 따른 예술인 및 문화예술분야에서 창작·실연·기술지원 등의 활동을 하고 있거나 하려는 예술인 중에서 「예술인 복지법」상 문화예술용역 관련 계약을 하고 자신이 직접 노무를 제공하는 사람에게 적용됩니다.

※ 근로자인 예술인(x), 제3자를 고용한 예술인(x)

고용보험 적용대상 예술인	
적용	**미적용**
1. 문화예술용역 관련 계약을 체결하고 자신이 직접 노무를 제공하는 경우	1. 근로계약을 맺은 근로자 2. 다른 사람을 사용하는 경우

고용보험 적용대상 예술인	
적용	미적용
2. 문화예술용역 관련 계약의 월평균 소득이 50만 원 이상인 경우	3. 65세 이후에 신규 문화예술용역 관련 계약을 체결한 경우
3. 계약기간이 1개월 미만의 '단기예술인'은 소득과 관계없이 모든 일자리에서 적용	3. 하나의 사업주와의 계약 건별 월평균 소득이 50만 원 미만인 경우
	4. 공무원연금 적용자, 사학연금 적용자, 별정우체국법에 따른 별정우체국 직원

※ 개별 계약의 월평균소득이 50만 원 미만이어도 여러 계약을 합하여 월평균소득이 50만 원 이상인 경우, 예술인이 직접 고용보험 가입 신청

문화예술용역 관련 계약이 아닌 경우

① 근로계약 ② 기간을 확정할 수 없는 구작의 소유권 양도계약 ③ 구작의 저작재산권 양도, 저작물 이용허락, 출판권설정, 배타적발행권설정 등에 관한 계약이나 현상광고

예술인

연극 및 뮤지컬 분야	가. 대본 집필, 각색, 번역 나. 음악감독, 작곡, 작사, 편곡, 연주, 가창 다. 안무의 구성 및 연습 감독·지원, 무용 라. 제작, 기획 및 프로듀싱 관련 업무 마. 감독 및 연출·드라마터그 관련 업무 바. 연기 사. 무대·소품·특수장비·기술 관련 감독, 디자인, 제작, 세팅, 운영 등 아. 조명 관련 감독, 디자인, 세팅, 운영 등 자. 음향 관련 감독, 디자인, 세팅, 운영, 녹음, 편집, 믹싱 등 차. 의상 및 분장(특수분장 포함) 관련 감독, 디자인, 제작, 세팅, 운영 등 카. 영상 관련 감독, 디자인, 제작, 세팅, 운영 등 타. 자막 관련 감독, 제작 및 운영 등 파. 기타 가호 내지 타호에 정하는 바에 준하는 문화예술용역에 해당하는 행위

음악 및 음악 공연 분야	가. 음악의 작곡, 편곡, 작사, 개사 나. 대본 집필, 각색, 번역
음악 및 음악 공연 분야	다. 지휘, 연주, 가창, 연기, 반주, 보컬 트레이닝 관련 업무 라. 안무의 구성 및 연습 감독·지원, 무용 실연 마. 음악감독, 예술감독, 연출·드라마터그 관련 업무 바. 제작, 기획 관련 업무 사. 무대·소품·미술 관련 감독, 디자인, 제작, 세팅, 운영 등 아. 기계·특수장비·기술 관련 감독, 디자인, 제작, 세팅, 운영 등 자. 조명 관련 감독, 디자인, 세팅, 운영 등 차. 음향 관련 감독, 디자인, 세팅, 운영, 녹음(라이브, 레코딩 등), 편집, 믹싱 등 카. 의상 및 분장(특수분장 포함) 관련 감독, 디자인, 제작, 세팅, 운영 등 타. 영상 및 자막 관련 감독, 디자인, 제작, 세팅, 운영 등 파. 악기 조율 하. 기타 가호 ㉮~㉱에 정하는 바에 준하는 문화예술용역에 해당하는 행위
무용 분야	가. 안무의 구성 및 연습 감독·지원 나. 대본 집필, 각색, 번역 다. 음악감독, 작곡, 작사, 편곡, 연주, 가창 라. 무용, 연기, 지휘, 연주, 가창, 반주 마. 예술감독, 연출, 드라마터그 관련 업무 바. 제작, 기획 관련 업무 사. 무대·소품·미술 관련 감독, 디자인, 제작, 세팅, 운영 등 마. 기계·특수장비·기술 관련 감독, 디자인, 제작, 세팅, 운영 등 자 조명 관련 감독, 디자인, 세팅, 운영 등 차. 음향 관련 감독, 디자인, 세팅, 운영, 녹음, 편집, 믹싱 등 카. 의상 및 분장(특수분장 포함) 관련 감독, 디자인, 제작, 세팅, 운영 등 타. 영상 및 자막 관련 감독, 디자인, 제작, 세팅, 운영 등 파. 기타 ㉮~㉣에 정하는 바에 준하는 문화예술용역에 해당하는 행위
국악 분야	가. 음악의 작곡, 편곡, 작사, 채보, 작창 나. 대본 집필, 각색 다. 지휘, 연주, 가창, 연기, 반주, 무용, 연희 라. 음악감독, 예술감독, 안무, 연출, 드라마터그 관련 업무 마. 제작, 기획 관련 업무 바. 무대·소품·미술 관련 감독, 디자인, 제작, 세팅, 운영 등 사. 기계·특수장비·기술 관련 감독, 디자인, 제작, 세팅, 운영 등 아. 조명 관련 감독, 디자인, 세팅, 운영 등 자. 음향 관련 감독, 디자인, 세팅, 운영, 녹음, 편집, 믹싱 등 차. 의상 및 분장(특수분장 포함) 관련 감독, 디자인, 제작, 세팅, 운영 등 카. 영상 관련 감독, 디자인, 제작, 세팅, 운영 등 타. 기타 ㉮~㉰에 정하는 바에 준하는 문화예술용역에 해당하는 행위

영화 분야 (애니메이션 포함)	가. 시나리오 집필, 각색, 번역
	나. 영화음악 관련 감독, 작곡, 작사, 편곡, 연주, 가창
	다. 영화에 포함되는 안무의 구성 및 연습 감독·지원, 무용
	라. 제작 및 프로듀싱 관련 업무
	마. 감독, 연출, 기획 관련 업무
	바. 연기, 무술, 스턴트 등
	사. 촬영 관련 감독, 디자인, 세팅, 운영, 편집 등
	아. 미술·세트·소품·특수장비 관련 감독, 디자인, 제작, 세팅, 운영 등
	자. 애니메틱스, 스토리보드, 레이아웃, 배경 디자인 및 제작 등
	차. 캐릭터 디자인 및 제작, 원화 제작, 동화 제작, 컬러링 등
	카. 모델링, 맵핑, 리깅, 비주얼이펙트/합성, 라이팅, 3D CG/FX, 합성 등
	타. 조명 관련 감독, 디자인, 세팅, 운영 등
	파. 음향 관련 감독, 디자인, 세팅, 운영, 녹음, 성우녹음, 편집, 믹싱 등
	하. 특수효과·편집·DI(Digital Intermediate)·자막 등 영화 후반작업 관련 업무
	갸. 기타 가호 ㉮~㉲에 정하는 바에 준하는 문화예술용역에 해당하는 행위
방송 분야 (드라마 분야)	가. 드라마 구상 및 대본 집필, 자료조사 등
	나. 드라마에 포함되는 음악 관련 작곡, 작사, 선곡, 편곡, 제작 등
	다. 연출 관련 업무
	라. 연기, 무술, 보조출연 등
	마. 제작 및 프로듀싱, PPL 관련 업무
	사. 촬영 관련 감독 및 보조, 장비 운영, 데이터 매니저 등
	아. 조명 관련 감독 및 보조, 발전기사 등
	자. 음향 및 동시녹음 관련 업무
	차. 미술 관련 감독 및 보조, 세트, 인테리어 소품 등
	카. 의상 디자인, 스타일리스트, 분장미용 및 특수분장 등
	타. 현장 특수효과 연출 및 VFX, DI 등 후반작업 특수효과 관련 업무
	파. 편집 관련 감독 및 보조, 자막, PI 등
	하. 기타 ㉮~㉲에 정하는 바에 준하는 문화예술용역에 해당하는 행위
방송 분야	가. 프로그램 기획, 구성, 대본 집필, 자막 등
	나. 연출, 카메라, 동시녹음, 조명, 분장, 무대감독, 진행 보조, 특수촬영 등 촬영 현장 진행 관련 업무
	다. 출연자, 연기자, 진행자, 성우
	라 스튜디오 세트 디자인, 조립 및 제작 등
	마. CG, 음악감독, 녹음 기사, 편집 관련 감독 및 보조 등 종합편집 관련 업무
	바. 프리뷰어, 싱크 등 가편집 관련 업무
	사. 기타 ㉮~㉲에 정하는 바에 준하는 문화예술용역에 해당하는 행위

누구나 쉽게 배우는
인사 노무 사례 100개면 되겠니

미술 분야	가. 신작 제작, 구작 개변 나. 전시 및 프로그램 기획 다. 평론, 비평, 번역 라. 도록 및 전시 관련 상품의 디자인 및 제작 관련 업무 마. 안무, 실연 바. 전시공간 디자인, 미술품 설치 사. 미술품 창작 및 전시 관련 기계·특수장비·기술·음향 아. 촬영, 녹음, 편집 자. 전시 해설, 전시 연계 교육, 전시 및 프로그램 운영 관련 업무 차. 기타 ㉮~㉳에 정하는 바에 준하는 문화예술용역에 해당하는 행위
문학 분야	가. 시, 소설, 희곡, 수필, 평론, 아동문학의 신작 창작, 구작 개변 나. 비평, 번역 다. 기타 ㉮~㉯에 정하는 바에 준하는 문화예술용역에 해당하는 행위
만화·웹툰 분야	가. 작가(글, 그림, 채색 등) 나. 교정기사 다. 일러스트레이션 관련 업무 라. 후가공 업무 마. 기타 ㉮~㉱에 정하는 바에 준하는 문화예술용역에 해당하는 행위

월평균 보수와 보험료 산정

고용보험료는 계약금액에 기준경비율 20%를 제외하여 산정한 월평균보수에 예술인 고용보험료율을 곱하여 월별보험료를 산정하고 예술인과 사업주가 각각 1/2씩 부담합니다.

$$월평균 보수(계약금액 \times 80\% \div 계약 월) \times 1.4\%$$

또는

$$월평균 보수(계약금액 \times 80\% \div 계약 일수 \times 30) \times 1.4\%$$

예시) 계약금액이 300만 원일 경우 보험료 산정

300만 원 x 20% = 60만 원을 공제한 240만 원이 고용보험료 산정 기준 보수가 됩니다.

예술인의 소득 산정·확인이 어렵거나 보수가 월 단위 기준보수보다 낮을 시, 기준보수[46] 80만 원을 적용합니다.

계약기간 동안 월평균보수로 계산한 월별보험료를 매월 납부했다가, 계약종료시 상실신고를 통해 최종 지급받은 보수를 기준으로 고용보험료를 산정하여 이미 납부한 보험료의 합계와 비교하여 정산합니다.

예술인 고용보험의 신고

예술인 고용보험은 계약기간에 따라 신고합니다.

1) **일반예술인** : 계약기간이 1개월 이상인 예술인으로 취득, 상실신고는 해당사유가 발생한 날 다음날 15일까지입니다.
2) **단기예술인** : 계약기간 1개월 미만인 예술인으로 노무제공 내용 확인신고서를 매월 작성해야 합니다.

---

46 월평균보수 하한액

예술인 고용보험의 혜택

1. 120~270일 동안 구직급여

1) 이직일 전 24개월 중 9개월 이상 고용보험에 가입해야 합니다.
   (피보험단위기간) 단기예술인의 피보험 단위기간은 월 11일 이상
   이면 1개월로, 11일 미만인 월의 모든 노무제공일을 합하여 22
   일로 나눈 것을 1개월로 간주합니다.

산정 예)

	1월	2월	3월	4월	5월	6월
노무 제공일 수	11일	15일	12일	10일	10일	5일
피보험기간	1개월	1개월	1개월	(10+10+5)/22=1.1개월		
	3개월			1개월		

2) 자발적 이직이 아니어야 합니다. (단, 소득감소로 이직한 경우는 지급)
   ① 이직일이 속한 달의 직전 3개월 보수가 전년도 동일기간보다
      20% 이상 감소한 경우
   ② 이직한 날이 속한 달의 직전 12개월 동안 전년도 월평균 보
      수보다 20% 이상 감소한 달이 5개월 이상인 경우

3) 지급금액
   구직급여일액 산정의 기준이 되는 보수일액은 이직일 전 1년간
   의 보수총액을 해당기간의 일수로 나눈 금액으로, 구직급여일
   액은 기초일액의 60%이며 상한액은 66,000원입니다.

2. 출산전·후급여

예술인이 임신·출산을 이유로 소득 활동이 중단되는 경우 일정한 요건을 충족한 예술인은 출산전후급여를 지급받을 수 있습니다.

1) 출산(유산·사산)일 전 피보험단위기간이 3개월 이상이면 됩니다.
2) 지급 금액은 출산일 직전 1년간 월평균보수의 100%이며, 지급 기간은 출산 전과 출산·후를 통하여 90일(다태아는 120일) 중 소득활동을 하지 않은 기간입니다.

사례를 살펴보겠습니다.

이루리 씨는 3D CG 업무를 하므로 고용보험이 적용되는 예술인에 해당하고, 회사와 특정 문화예술 결과물의 완성을 위하여 대가를 받고 일정한 기간 동안 제공하는 창작·실연·기술지원 등의 노무를 제공하기로 하는 프리랜서 계약을 체결하였으므로 문화예술용역계약을 체결한 것으로 인정됩니다.

따라서, 회사의 주장과는 다르게 루리 씨는 예술인 고용보험 가입대상이 됩니다. 회사는 아마 이 사실을 모르고 있었던 것일 테니 하루라도 빨리 고용보험에 가입해 주어야 하겠습니다.

Q 이미 다른 회사에서 고용보험 자격을 취득하고 있는데, 예술인 고용보험에 가입할 수 있나요?

예술인의 경우 피보험자격 이중취득을 허용하고 있으므로, 이미 다른 회사에서 고용보험 자격을 취득하였다고 하더라도 다른 회사에서도 예술인 고용보험의 가입요건을 갖추었다면 당연가입해야 합니다.

Q 계약서에 계약기간은 공연을 하는 며칠만 기재되어 있는데 이런 경우에도 예술인 고용보험 가입이 가능한가요? 연습기간은 포함시킬 수 없는 것인가요?

계약기간이 1개월 미만인 경우 단기예술인으로 신고하며, 예술인 고용보험이 적용됩니다.

Q 계약기간이 정해지지 않은 경우에는 취득일을 언제로 해야 하나요?

(ex.드라마 작가와 같이 계약금-중도금-잔금을 지급하는 것으로 계약)

상호합의하여 계약의 시작일을 계약서에 명시하고 계약서의 날짜에 따라 피보험자격 취득신고를 할 수 있습니다.

Q 문화예술용역 관련 계약을 체결하고 노래연습장, 단란주점에서 연주자로 일하는 경우 예술인 고용보험 적용이 되나요?

해당 업장이 일반음식점으로 분류된 경우는 적용 가능하나, 유흥업소로 분류되는 경우에는 적용되지 않습니다.

Q 외국인도 예술인 고용보험 적용이 될 수 있나요?

체류자격에 따라 예술인 고용보험이 적용될 수 있습니다. 다음에 해당하는 경우 대상이 됩니다.

① 대한민국 국민과 혼인 중인 사람
② 대한민국 국민인 배우자와 이혼하거나 그 배우자가 사망한 사람으로서 대한민국 국적을 가진 직계존비속을 돌보고 있는 사람
③ 난민법 제2조제2호에 따른 난민으로 인정된 사람
④ 재외동포의 출입국과 법적 지위에 관한 법류 제5조에 따른 재외동포체류자격을 부여받은 외국국적동포
⑤ 출입국관리법 제10조의 3에 따른 영주자격을 가지고 있는 사람

인사 노무 Tip	• 예술인고용보험 사이트에서 1:1 상담 및 각종 서식을 다운로드 받을 수 있습니다. ◆ http://artinsure.kawf.kr • 보험료 금액 및 부과, 피보험자격 취득 및 상실 시스템(근로복지공단 토탈시스템) 등 관련 문의는 근로복지공단(T. 1588-0075)에서 하실 수 있습니다.

058 파견근무 2년 후 같은 회사에 근무할 수 있을까

최고수 차장은 파견근로자 지혜 씨가 소속되어 있는 팀의 부장으로부터 지혜 씨가 2년 근무 후에도 계속 근무할 방법이 없는지 문의를 받았다. 지혜 씨는 회사 홍보 채널 유튜브 영상 편집을 담당하고 있는데, 지혜 씨가 맡은 이후 채널 영상 조회 수가 확연히 늘었다. 지혜 씨는 2년의 파견계약 완료 이후에도 계속 같은 회사에서 근무할 수 있을까?

가능합니다.

고용노동부의 행정해석에 의하면 파견근로자가 파견근로 2년 이후 사용사업주의 사업장에서 계속 근로를 제공할 경우에 직접고용의무가 발생하는데 계약직, 무기계약직으로도 근무가 가능하다고 보고 있습니다.[47]

그런데, 2022. 1. 27. 대법원은 "파견법상 직접고용의무 규정'의 입법 취지 및 목적에 비추어 볼 때 특별한 사정이 없는 한 사용사업주는 직접고용의무 규정에 따라 근로계약을 체결할 때 기간을 정하지 않은 근로계약을 체결하여야 함이 원칙이다. 다만 예외적으로 직접고

---

47 비정규직대책팀-1504, 2007. 5. 3.

용의무 규정의 입법취지 및 목적을 잠탈한다고 보기 어려운 특별한 사정이 존재하는 경우에는 사용사업주가 파견근로자와 기간제 근로계약을 체결할 수 있다."라고 판시하였습니다.[48]

이러한 법원의 판단은 파견법상 사용자의 직접고용간주 규정이 사용자의 직접 의무고용 규정으로 변경된 이후에 처음으로 판시한 것인데, 직접의무고용으로 변경되었다고 하더라도 당초의 고용안정이라는 입법 취지의 목적에 변함이 없으므로, 특별한 사정이 없는 한 기간의 정함이 없는 근로계약을 체결해야 한다고 명확하게 판시한 것입니다.

따라서, 그간 고용노동부는 직접고용의무가 발생하여 파견근로자를 직접 고용하는 경우에 기간제 형태의 근로계약을 체결하는 것도 무방하다고 보았으나 위의 대법원의 판례로 인해 수정이 불가피해 보입니다.

한편, 파견법은 파견근로자의 권익을 보호하기 위해 파견대상 업무를 엄격히 제한하고 있습니다.

지혜 씨처럼 유튜브 영상 편집을 담당한다면, '광학 및 전자장비 기술 종사자'(235)에 해당하며 이는 파견대상 업무입니다.[49]

위 대상업무에 해당하지 않더라도 출산·질병·부상 등으로 결원이 생긴 경우 또는 일시적·간헐적으로 인력을 확보할 필요가 있는 경우에는 파견이 허용합니다.

그러나 위 허용사유의 유무와 상관없이 위험성이 높아 근로자의

---

48 대법원 2022. 1. 27. 선고 2018다207847
49 파견법 제5조 제1항, 동법 시행령 및 별표 1

보호가 필요한 업무들은 파견사업이 금지[50]됩니다.

파견대상 업무 및 사유를 위반할 시에는 파견사업주에게는 형사처벌 및 행정처분(영업정지 등), 사용 사업주에게는 형사처벌 및 직접 고용 의무가 발생합니다.

직접고용은 즉시고용이므로 파견계약기간이 남아있다 하더라도 기존 계약은 해지되고, 새로이 직접 근로계약을 맺어야 합니다.

실무에서 제일 많이 문제가 되는 업무는 '사무지원종사자'의 업무입니다.

'사무지원종사자'는 표준직업분류에 따라 '일반 사무직원을 보조해 문서정리 및 수발, 워드입력, 자료 집계, 자료 복사 등의 일'을 수행[51]합니다.

그런데, 직원 영수증 처리 등을 위해 ERP 시스템에 입력 및 출력, 지출결의 등을 작성, 결재하거나, 직원의 임금 계산, 세금계산서, 법인카드 사용 비용 및 직원 출장비 내역 처리 등의 업무를 한다면, 사무지원종사자가 아니라 **회계사무종사자**로 분류됩니다. 따라서 파견대상 업무가 아니므로 직접고용의무가 발생합니다.

시정지시에 따라 직접고용 시, 대부분의 회사는 '정규직'으로 고용하는 것이 아니라 '기간제근로자'로 직접 고용을 하게 되는데, 이 경우, 파견근로 계약기간이 1년이 안 된 근로자가 고용형태를 바꾸어 기간제 근로자로 직접 채용되면, 퇴직금이 발생되지 않으며, 실제 근

---

50 〈파견이 금지되는 업무〉
　건설공사현장 업무, 선원의 업무, 도금작업이나 수은, 납 또는 카드뮴을 제련·주입·가공 및 가열하는 작업과 같이 유해하거나 위험한 업무, 분진작업, 의료인 업무 및 간호조무사의 업무, 의료기사의 업무, 여객자동차운송사업, 화물자동차운송사업의 운전업
51 비정규직대책팀-2066, 2007. 6. 5.

로가능한 기간이 근로자가 예상했던 기간(파견 2년 + 기간제 2년)보다 단축되는 상황이 발생할 수 있습니다.

　사무지원업무를 파견근로자로 충원하고자 할 경우에는 회계사무 종사자와의 차별성을이 점을 두는 점을 유념하고 단순 문서 수발 업무로 제한하는 것이 좋습니다.

인사 노무 Tip	• 파견근로 2년 후 사용사업주 소속 기간제근로자로 2년 근무가 가능합니다. 다만, 최근의 대법원 판례에 의하면 '기간의 정함이 없는 근로계약' 즉 정규직 근로계약이 원칙이고 특별한 사정이 존재하는 경우에는 기간제 근로계약을 체결할 수 있다고 합니다. • 회사의 파견직원의 업무가 파견지원 대상 업무인지 확인합니다. 사무 지원 종사자의 경우에는 단순 문서 정리 및 수발 정도만 가능하므로 주의합니다.

📋 근로자파견대상업무

한국표준 직업분류 (통계청고시 제2000-2호)	대상업무	비고
120	컴퓨터관련 전문가의 업무	
16	행정, 경영 및 재정 전문가의 업무	행정 전문가(161)의 업무는 제외한다.
17131	특허 전문가의 업무	
181	기록 보관원, 사서 및 관련 전문가의 업무	사서(18120)의 업무는 제외한다.
1822	번역가 및 통역가의 업무	
183	창작 및 공연예술가의 업무	
184	영화, 연극 및 방송관련 전문가의 업무	
220	컴퓨터관련 준전문가의 업무	
23219	기타 전기공학 기술공의 업무	
23221	통신 기술공의 업무	
234	제도 기술 종사자, 캐드 포함의 업무	
235	광학 및 전자장비 기술 종사자의 업무	보조업무에 한정한다. 임상병리사(23531), 방사선사(23532), 기타 의료장비 기사(23539)의 업무는 제외한다.
252	정규교육이외 교육 준전문가의 업무	
253	기타 교육 준전문가의 업무	
28	예술, 연예 및 경기 준전문가의 업무	
291	관리 준전문가의 업무	
317	사무 지원 종사자의 업무	
318	도서, 우편 및 관련 사무 종사자의 업무	
3213	수금 및 관련 사무 종사자의 업무	
3222	전화교환 및 번호안내 사무 종사자의 업무	전화교환 및 번호안내 사무 종사자의 업무가 해당 사업의 핵심 업무인 경우는 제외한다.

한국표준 직업분류 (통계청 고시 제2000-2호)	대상업무	비고
323	고객 관련 사무 종사자의 업무	
411	개인보호 및 관련 종사자의 업무	
421	음식 조리 종사자의 업무	「관광진흥법」 제3조에 따른 관광 숙박업에서의 조리사 업무는 제외한다.
432	여행안내 종사자의 업무	
51206	주유원의 업무	
51209	기타 소매업체 판매원의 업무	
521	전화통신 판매 종사자의 업무	
842	자동차 운전 종사자의 업무	
9112	건물 청소 종사자의 업무	
91221	수위 및 경비원의 업무	「경비업법」 제2조제1호에 따른 경비업무는 제외한다.
91225	주차장 관리원의 업무	
913	배달, 운반 및 검침 관련 종사자의 업무	

059 기간제 근로계약 기간 중 만 55세가 되었을 때 계속 근무

민자 씨는 파견사원으로 2년을 근무 후에 같은 회사에 기간제근로자로 채용이 되어 2년을 더 근무했다. 워낙 꼼꼼하게 일도 잘하고 동료들과 사이도 좋았던 지라, 회사는 민자 씨와 계약을 더 하고 싶다. 그런데 회사는 민자 씨가 담당하고 있는 업무에는 정규직이 아닌 기간제 근로자를 채용하고자 한다. 살펴 보니, 민자 씨는 올해 근로계약 기간 중 만 55세가 되었다. 민자 씨가 기간제법 사용기간 제한의 예외에 해당되어 기간제근로자로 계속 근무할 수 있을까?

사용자가 2년을 초과하여 기간제근로자를 사용하는 경우, 2년을 초과한 시점부터는 기간의 정함이 없는 근로계약을 체결한 근로자로 봅니다.

다만, '고령자고용촉진법' 제2조 제1호의 고령자(만 55세 이상)와 근로계약을 체결하는 경우에는 사용기간 제한의 예외가 됩니다.

판례에 따르면, 기간제 근로계약을 최초로 체결할 당시 ▲근로자가 만 55세 이상인 경우 또는 ▲기간제 근로계약을 갱신할 당시 근로자가 만 55세 이상이고 기존 근로기간이 2년 이하인 경우에 비로소 기간제법 제4조 제1항 제4호 단서에 해당되어 기간제법 제4조 제2항에 따른 무기근로자로의 전환이 배제됩니다.[52]

---

52 대법원 2013. 5. 23. 선고 2012두18967

종전 행정해석은 최초 근로계약 당시에는 55세 미만이었으나, 2년
을 사용한 후 무기계약근로자로의 전환시점에는 55세 이상인 경우,
기간제근로자 사용기간 제한의 예외에 해당하여 2년을 초과하여 사
용하더라도 기간의 정함이 없는 근로계약을 체결한 근로자로 간주되
지 않는다고 보았습니다.[53]

즉, 고령자에 대한 기간제 사용기간 제한의 예외 해당 여부의 판단
시점이 무기계약근로자로의 전환 시점이었습니다.

대상 판례 이후 변경된 행정해석은, 최초 근로계약을 체결하거나
갱신하는 시점에서는 고령자에 해당하지 아니하였으나 근로계약기
간 중에 비로소 만 55세가 된 근로자의 경우, 계속 근로한 기간이 2년
을 초과하는 시점에서는 고령자에 해당된다 하더라도 사용기간 제한
의 예외라고 볼 수 없으며, 이에 따라 해당 근로자는 무기계약 근로자
로 간주되어야 한다[54]고 보았습니다.

즉, 기간제 사용제한 예외 해당 여부 판단시점이 입사 시점이 됩니다.

입사 시 만 55세 이상이거나 또는 입사 시 나이가 갱신 시 만 55세
이상이고, 계속 근로기간이 2년 이하인 조건을 충족해야 합니다.

사례를 살펴보겠습니다.

민자 씨는 근로계약 중 만 55세가 되었고, 기존 근로계약기간은 만 2
년입니다.

종전 행정해석에 의하면 무기계약근로자로의 전환시점에 만 55세이

---

53 고용차별개선정책과-904, 2009. 7. 28.
54 고용차별개선과-1482, 2013. 7. 25.

누구나 쉽게 배우는
인사 노무 사례 100개면 되겠니

므로 기간제근로자로 근무가 가능했으나, 변경된 행정해석에 의하면, 갱신 시 만 55세의 조건은 충족하지만, 계속 근로기간이 2년을 초과하게 되므로, 기간제근로자로 계속 고용이 불가능합니다.

만약 민자 씨가 만 54세 입사를 하여, 첫 번째 갱신 시 만 55세가 넘었다면, 기간제근로자로 근무가 가능했을 것입니다. (갱신 시 만 55세 이상, 계속 근로기간 2년 이하)

고령근로자를 고용 시 주의해야 할 점이 있습니다.

만 55세 이상 연령이 기간제 사용제한의 예외사유에 해당하지만, 이와는 별개로 '갱신기대권'이 적용될 수 있습니다.

즉, 고령근로자는 근로기간이 2년을 초과해도 무기계약직으로 간주되지 않을 뿐, 갱신기대권까지 당연히 배제되는 것은 아니기 때문에 촉탁계약의 기간만료에 따른 계약해지 시, 갱신기대권 존재여부에 따라 부당해고에 해당할 수 있습니다.

기간제법의 입법 취지가 기간제근로자 및 단시간근로자에 대한 불합리한 차별을 시정하고 근로조건 보호를 강화하기 위한 것임을 고려하면, 기간제법 제4조 제1항 단서의 예외 사유에 해당한다는 이유만으로 갱신기대권에 관한 위 법리의 적용이 배제된다고 볼 수는 없기 때문입니다.[55]

인사 노무 Tip

• 근로계약 기간 중 만 55세가 된 근로자의 경우, 계속 근로기간이 2년을 초과하는 시점에는 무기계약 근로자로 전환됩니다.

---

55 대법원 2017. 7. 23. 선고 2016두50563

060 예상보다 낮은 고과, 직장 내 괴롭힘일까

입사 10년 차 김창수 차장은 입사 동기 중 유일하게 아직 부장으로 승진하지 못해 매우 속이 쓰리다. 이번 인사평가에서 A등급 이상을 받아야 내년 승진을 기대할 수 있기에 김차장은 한 해 동안 평정자인 박두말 상무와 최고기 본부장에게 최선을 다해왔다. 드디어, 인사평가 결과를 받는 날! 김창수 차장은 B등급을 받았다. 이번에 실적이 안 좋았던 것은 경기가 좋지 않았던 것도 있는데, 승진을 앞둔 자신에 대한 상사의 배려를 기대하였던 김창수 차장은 억장이 무너진다. 박두말 상무와 최고기 본부장이 자신을 미워해서 고의적으로 B등급을 주고 승진을 할 수 없게 한 것 같아, 괴롭다.

김창수 차장은 박두말 상무와 최고기 본부장을 직장 내 괴롭힘으로 신고하려고 한다.

직장 내 괴롭힘으로 인사평가의 결과를 되돌릴 수 있을까?

2019. 7. 직장내괴롭힘 금지 규정이 법률에 신설되어 시행되었습니다.[56] 직장 내 괴롭힘은 근로자의 이직을 부추기고 업무능력을 저하시키는 주요 원인이 될 뿐만 아니라 기업에도 큰 손실을 가져오는데, 한 연구에서는 직장 내 괴롭힘 1건에 대해서 발생하는 비용이

---

56 근기법 제76조의 2

1,550만 원에 달한다고 밝히기도 했습니다.

관련 법시행 이후 매년 직장 내 괴롭힘에 대한 진정사례가 늘고 있는데요. 정작 직장 내 괴롭힘으로 인정된 사례는 30%가 넘지 않는다고 합니다.

그렇다면, 어떤 것이 직장 내 괴롭힘으로 인정될까요?

직장 내 괴롭힘이란

직장 내 괴롭힘이란 사용자 또는 근로자가 직장에서의 지위 또는 관계 등의 우위를 이용하여 업무상 적정범위를 넘어 다른 근로자에게 신체적·정신적 고통을 주거나 근무환경을 악화시키는 행위를 말합니다.

직장 내 괴롭힘으로 인정되기 위해서는 다음의 요건이 충족되어야 합니다.

행위자	괴롭힘 행위자가 사용자, 근로자이어야 합니다. 파견근로자의 경우에 사용사업주도 행위자로 인정될 수 있습니다.
행위장소	반드시 사업장 내일 필요는 없고 업무수행이 이루어지는 곳이어야 하며(출장, 회식 등), SNS와 같은 온라인 상의 공간도 행위장소로 인정됩니다.
행위요건 *세 가지 모두 충족	첫째, 직장에서의 지위 또는 관계 등의 우위를 이용할 것 둘째, 업무상 적정범위를 넘을 것 (※업무 관련성이 있는 상황에서 발생) 셋째, 신체적, 정신적 고통을 주거나 근무환경을 악화시키는 행위일 것

행위요건

1. 직장에서의 지위 또는 관계 등의 우위를 이용할 것

우위성은 피해자가 괴롭힘 행위에 대해 저항 또는 거절이 어려울 가능성이 높은 관계를 의미하며, 지휘명령관계에서 상위에 있지 않다고 하더라도 우위가 있다고 판단되는 모든 관계가 인정됩니다.

2. 업무상 적정범위를 넘는 행위일 것

직장 내 구성원끼리 사적인 볼일을 보던 중 발생한 갈등은 '업무수행의 편승이나 빙자'라는 사정이 없다면, 직장내 괴롭힘에 해당한다고 보기 어렵습니다.

업무상 적정범위를 넘는 행위란,
① 행위가 사회통념에 비추어 볼 때 업무상 필요성이 인정되지 않거나,
② 업무상 필요성은 인정되더라도 그 행위의 양태가 사회통념상 적절하지 않은 행위이어야 합니다.

따라서, 업무상 지시나 주의·명령이 기분 나빴더라도 업무상 필요에 의한 것이었다면 그것만으로는 직장 내 괴롭힘이 될 수 없고, 폭행·폭언을 수반하는 등 사회통념상 업무상 적정 범위를 넘은 경우에 직장 내 괴롭힘으로 인정될 수 있습니다.

직장 내 괴롭힘으로 인정될 수 있는 행위 양태는 행위자나 업무의 특성 등에 따라 다양하겠지만, 대표적으로 금지되는 행위는 다음과 같습니다.

3. 신체적, 정신적 고통을 주거나 근무환경을 악화시키는 행위일 것

의도적으로 자리 배치를 화장실 앞으로 옮긴다거나, 근로자가 제대로 된 업무를 수행할 수 없는 환경을 조성하였다면, 근무환경을 악화시켰다고 볼 수 있습니다.

행위자의 의도가 없더라도 그 행위로 인해 신체적·정신적 고통을 느꼈다거나 근무환경이 예전보다 나빠졌다면 인정될 수 있습니다.

직장내 괴롭힘이 인정되는 행위들[57]

1. 폭행 및 협박 행위 : 신체에 직접 폭력을 가하거나 물건에 폭력을 가하는 등 직·간접의 물리적 힘을 행사하는 폭행이나 협박행위는 사실관계만 확인되면 인정 가능

2. 폭언, 욕설, 험담 등 언어적 행위 : 공개된 장소에서 이루어지는 등 제3자에게 전파되어 피해자의 명예를 훼손할 정도인 것으로 판단되거나, 지속·반복적인 폭설·욕설은 피해자의 인격권을 심각하게 해치고 정신적인 고통을 유발할 수 있으므로 인정 가능

3. 개인적인 심부름 : 인간관계에서 용인될 수 있는 부탁의 수준을 넘어 행해지는 것은 업무상 필요성이 없는 행위이므로 인정 가능

4. 집단 따돌림, 업무수행 과정에서의 의도적 무시·배제 : 사회통념을 벗어난 행위로서 업무상 적정 범위를 넘어선 행위로 인정 가능

5. 업무와 무관한 일을 반복 지시 : 근로계약 체결 시 명시했던 업무와 무관한 일을 근로자의 의사에 반하여 지시하는 행위가 반

---

57 고용노동부의 직장 내 괴롭힘 판단 및 예방대응 매뉴얼 참조

복되고 그 지시에 정당한 이유가 인정되지 않는다면 업무상 적
정범위를 넘어선 행위로 인정 가능

6. **과도한 업무 부여** : 업무상 불가피한 사정이 없음에도 불구하고
해당 업무에 대해 물리적으로 필요한 최소한의 시간마저도 허
락하지 않는 등 그 행위가 타당하지 않은 것으로 판단되면 업무
상 적정 범위를 넘어선 행위로 인정 가능

7. **원활한 업무수행을 방해하는 행위** : 업무에 필요한 주요 비품을
제공하지 않거나, 인터넷·사내 인트라넷 접속을 차단하는 등 원
활한 업무수행을 방해하는 행위는 사회통념을 벗어난 행위로서
업무상 적정 범위를 넘어선 행위로 인정 가능

직장 내 괴롭힘의 판단

직장 내 괴롭힘의 판단은 당사자와의 관계, 행위장소 및 상황, 행위
에 대한 피해자의 반응, 행위 내용 및 정도, 행위가 일회적인지, 지속
적인지 등 구체적인 사정을 참작하여 종합적으로 판단하게 됩니다.

직장 내 괴롭힘으로 인정된 경우에는 피해자에게 이에 대한 신고,
주장을 이유로 한 해고 등의 불이익 조치를 할 수 없습니다.[58]

사례를 살펴보겠습니다.

김창수 차장이 인사고과에서 B등급을 받은 사안에서 평가자인 박두
말 상무와 최고기 본부장은 김창수 차장의 상사로 행위자 요건을 충족
하고, 행위장소도 회사 내로 요건에 해당됩니다.

---

58 위반 시 3년 이하의 징역 또는 3천만 원 이하의 벌금

그런데 행위요건을 충족 여부 판단에는 신중해야 합니다.

별다른 사정이 없는 한, 인사평가는 정당한 인사권자의 업무 범위에 속하는 사항이기 때문입니다.

인사고과에서 박 상무와 최 본부장이 **김창수 차장에 대해서만 인사평가 기준을 추가했다거나 다른 기준을 적용하여 고성과자임에도 불구하고 평정점수를 낮게 조작하였다는 등 의도적인 괴롭힘으로 볼 수 있는 사실관계가 있는지 살펴보아야 합니다.**

하지만, 해당 사안에서는 그러한 사실관계가 보이지 않습니다.

결론적으로 김창수 차장이 인사고과에서 B등급을 받았다는 것만으로는 직장 내 괴롭힘의 판단요건 중 행위요건이 충족되지 않아 직장 내 괴롭힘으로 인정받지 못하게 될 것입니다.

인사 노무 Tip	• 직장 내 괴롭힘으로 인정되기 위해서는 행위자, 행위장소, 행위요건이 모두 그 판단요건에 충족되어야 합니다. • 업무와 관련이 없거나, 업무상 필요한 범위 내에서 적정한 방법에 의한 지휘·명령이라면 직장 내 괴롭힘으로 인정되지 않습니다. • 회사는 취업규칙에 반드시 직장 내 괴롭힘의 예방 및 발생 시 조치 등에 관한 사항을 명시하여야 합니다.

061 직장 내 괴롭힘 신고와 승진탈락

 한고집 과장은 이번에 직위승진 심사 대상자이다.

회사는 연차대로 승진하는 분위기다. 그런데 한고집 과장, 회사를 외부에 '직장 내 괴롭힘'으로 신고하질 않나? 업무상 법령위반으로 회사가 과태료가 날아오지 않나를 납부하게 하질 않나? 고과는 수년 동안 죄다 C, 아니면 D다. 인사위원회는 도저히 한고집 과장은 차장으로 승진시킬 수 없다는 입장이다.

게다가, 직장 내 괴롭힘 조사 및 심의 결과는 '직장 내 괴롭힘'에 해당하지 않는 것으로 결론이 났다.

승진[59]은 인사위원회의 심의를 거쳐 결정되지만, 직장 내 괴롭힘 신고자에 대한 불이익 처분이 금지되었기 때문에 한고집 과장을 승진에서 탈락 시킬 수 있을지 회사측은 고민이 된다.

직장 내 괴롭힘 금지규정이 시행된 이후로 매년 신고 건수는 증가하고 있습니다. 이를 의식하여 회사에서도 직장 내 괴롭힘 금지교육을 실시하고 그 예방에 힘쓰고 있습니다.

그런데, 직장 내 괴롭힘 발생사실을 신고한 근로자 및 피해근로자에게 불리한 처우를 하지 못한다는 규정을 악용하는 사례 역시 증가하고 있습니다. 계약기간 만료 전에 정규직 전환을 요구하기 위해서

---

59 근기법 제76조의3 제6항, 동법 제109조 벌칙 3년 이하의 징역 또는 3천만 원 이하의 벌금

나, 징계를 앞둔 근로자가 자신에게 불리한 처분을 회피하기 위해서 직장 내 괴롭힘 신고를 하는 경우가 그렇습니다.

그러나 법상의 '불리한 처우'는 직장 내 괴롭힘과의 관련성이 인정되어야 하며, 정당한 사유에 의한 징계나, 계약기간만료에 의한 근로관계 종료에까지 적용되는 것은 아닙니다.

즉, 인사상의 조치가 직장 내 괴롭힘과 별도의 정당한 사유가 있는 경우에는 위 조항을 위반한 것으로 볼 수 없습니다.

불리한 처우와 직장 내 괴롭힘의 관련성 인정요건

인사상의 조치가 '불리한 처우'로서 위법한 것인지 여부를 판단하기 위해서는 다음의 사항을 종합적으로 고려해 판단해야 하고, 불리한 처우가 직장 내 괴롭힘과 관련성이 없거나 정당한 사유가 있다는 점에 대해 사업주가 증명해야 합니다.[60]

① 불리한 처우가 직장 내 괴롭힘에 대한 문제 제기 등과 근접한 시기에 있었는지
② 불리한 처우를 한 경위와 과정
③ 불리한 처우를 하면서 사업주가 내세운 사유가 피해근로자 등의 문제 제기 이전부터 존재했던 것인지
④ 불리한 처우로 피해근로자 등이 입은 불이익 정도
⑤ 불리한 처우가 종전 관행이나 동종 사안과 비교해 이례적이거

---

60 대법원 2017. 12. 22. 선고 2016다202947 (직장 내 성희롱 관련 판결 참조)

나 차별적인 취급인지 여부

⑥ 불리한 처우에 대해 피해근로자 등이 구제신청 등을 한 경우에
   는 그 경과 등

사례를 살펴보겠습니다.

한고집 과장의 직장 내 괴롭힘 신고와 하필이면 승진 인사시기가 가까
이 있어, 해당 승진 탈락이 직장 내 괴롭힘 신고로 인한 것이라고 생각
할 수 있는 상황입니다.

그러나, 한고집 과장이 승진에서 탈락된 것은 현저히 낮은 고과에, 중
징계를 받은 전력, 낮은 업무기여도 등이 반영된 결과라면 승진탈락이
전적으로 직장 내 괴롭힘을 신고했다는 사실에 기인한 것이라고 보기
도 어렵습니다.

법원은 "승진탈락이 재량권을 일탈 · 남용하였는지에 관하여 보건대,
근로자에 대한 승진 등 인사는 원칙적으로 인사권자인 사용자의 권한
에 속하므로 업무상 필요한 범위 내에서는 사용자는 상당한 재량을 가
지며, 그것이 근로기준법에 위반되거나 권리남용에 해당되는 등의 특
별한 사정이 없는 한 유효하다고 할 것이다."라고 보고 있으며,[61] "승
진임용이 정당한 인사권의 범위 내에 속하는지 여부는 당해 조치의 필
요성과 그러한 조치를 하는 과정에서 신의칙상 요구되는 절차를 거쳤
는지에 따라 결정된다."[62]고 판시하고 있습니다.

---

61 서울행법 2006. 11. 21. 선고 2006구합25278
62 서울고법 1997. 6. 13. 선고 96구4420

한고집 과장의 승진 탈락이 현저히 낮은 인사고과, 징계 전력, 낮은 업무 기여도 등이 종합적으로 반영되었다면 '직장 내 괴롭힘 발생 사실'을 신고했다는 사실만을 이유로 승진에서 탈락시켰다고 보기도 어렵고, 사용자의 승진인사의 재량권을 일탈 · 남용하였다고 보기도 어려울 것으로 보여집니다.

인사 노무 Tip

- 직장 내 괴롭힘 발생 사실을 신고한 근로자에게 불이익한 처분은 금지됩니다.
  그러나, 직장 내 괴롭힘 발생 사실 신고만을 이유로 하지 않은, 객관적인 근거에 의한 승진 탈락은 가능합니다.

062

일용근로자에 대한
올바른 인사노무관리

최고닭 사장님은 가게를 시작한지 얼마되지 않아 정규직이 아닌 일용직으로 고래서 씨를 고용했다. 고래서 씨는 일용직이지만 일용근로계약서를 작성하지 않았고, 한 달에 4일을 제외하고 거의 매일 근무를 이어갔다. 두 달째 되던 어느 날, 고래서 씨는 최고닭 사장님께 왜 주휴수당이 지급되지 않았는지, 4대보험 가입은 언제 해주는지 물었다.
최고닭 사장님은 일용직은 주휴수당, 연차휴가, 퇴직금, 4대보험 적용대상이 아니라고 들었는데, 일용직 관리는 어떻게 해야 할까?

일용근로자에 대한 올바른 인사노무관리를 위해서는 '일용근로자'에 대한 정확한 이해가 필요합니다.

일용근로자란?

일당으로 임금을 책정하여 지급받는 근로자를 흔히 일용근로자라 말하지만, 일용근로자는 근로계약을 1일 단위로 체결하고 그 날의 근로가 끝나면 사용종속관계도 끝나 계속 고용이 보장되지 않는 자[63]를 말합니다.

---

[63] 근기 1451-12200, 1983. 5. 12.

일용근로자의 임금

일용근로자는 매일매일 근로관계가 단절되므로, 임금은 시간급 또는 일급단위로 산정해 근로계약서의 근무시간 종료 직후에 지급하는 것이 원칙입니다. 다만, 일용근로자라 하더라도 일정 업무 수행기간에 상시적으로 출근하거나 출근이 예정돼 1개월 이상의 계속근로가 예정된 경우에는 매일 계산된 임금을 월급 형태로 매월 1회 지급하는 것도 가능합니다. 또한, 시간외수당을 미리 산정하여 임금구성항목으로 명시한 근로계약을 체결할 수 있습니다.

일용근로자의 휴일 및 휴가

근로계약이 1일 단위로 체결되어 1주간의 소정근로일수를 산정할 수가 없는 일용근로자에게는 원칙적으로 주휴일을 부여할 수 없으나, 주휴일의 부여 목적이 1주간의 근로로 인하여 축적된 근로자의 피로를 풀어주고 여가를 이용하여 사회적·문화적 생활을 할 수 있도록 하는데 있으므로 일용근로자가 계속적으로 근로를 한다면 소정근로일수 대신 실근로일수를 기준으로 하여 주휴일을 부여하여야 합니다. 이 경우 주휴수당을 포함하여 임금을 받기로 미리 약정을 하지 않은 경우에는 임금과는 별도로 주휴수당을 지급해야 합니다.

대법원도 연속된 근로관계가 예정되지 않은 순수 일용근로자에게는 근로자의 날을 유급휴일로 부여하지 않아도 되고 주휴일도 부여하지 않아도 된다고 봅니다. 다만, 일용근로자가 계속적으로 1일 단위 근로계약을 반복 체결해 실제 1주간 6일을 개근했다면 주휴일을 부여해야 한다고[64] 판시하고 있습니다

---

64 대법원 2009. 12. 24. 선고 2007다73277 판결

근로기준법상의 휴일제도는 연속된 근로에서의 근로자의 피로회복과 건강회복 및 여가의 활용을 통한 인간으로서의 사회적·문화적 생활의 향유를 위해 마련된 것으로 이러한 유급휴일 제도를 규정한 규범적 목적에 비추어 보면 근로의 제공 없이도 근로자에게 임금을 지급하도록 한 유급휴일의 특별규정이 적용되기 위해서는 평상적인 근로관계, 즉 근로자가 근로를 제공해왔고 또한 계속적 근로 제공이 예정되어 있는 상태가 전제되어 있다.[65]

일용근로자라 하더라도 사실상 기간제근로자와 같이 근무해 1개월을 개근하거나 1년간 80% 이상 출근한 경우라면 상용근로자와 마찬가지로 근로기준법 제60조에 따라 연차유급휴가가 발생합니다. 따라서 상시근로자수 5인 이상의 사업장에 일정 기간 사용이 예정된 일용근로자라면 연차유급휴가 요건에 따라 발생한 연차유급휴가를 부여하거나 미사용 시 수당을 지급해야 합니다.

일용직 근로자의 4대보험 가입

일용직도 다음의 요건에 적용된다면 가입대상이 됩니다.

4대 보험	적용대상	제외대상
국민연금	1개월 이상 근로하면서 월 8일 이상 또는 월 60시간 이상 근로 다만 월 소득이 220만 원 이상이면 근로일수·근로시간 관계없이 가입대상 (2022.1.1.부터)	고용 시작일로부터 1개월 미만인 근로자

---

65 대법원 2009. 12. 24. 선고 2007다73277 판결

4대 보험	적용대상	제외대상
건강보험	1개월 이상 근로하면서 월 8일 이상 근로	고용 시작일로부터 1개월 미만, 월 근로시간 60시간 미만 근로자
고용보험	일용직 근로자[66]는 소정근로시간 관계없이 모두 가입	없음
산재보험	모든 근로자	없음

인사 노무 Tip	• 일용근로자에 대한 판단은 형식적으로 일용근로계약서를 작성했는지에 국한되는 것이 아니라 실질적으로 계속하여 근로를 제공해 왔는지에 따라 판단됩니다. • 세법상 일용근로자는 3개월 이하로 고용된 사람이므로 업무처리에 있어 구별해야 합니다. • 건설 현장의 일용근로자가 공사현장에 기간의 정함이 없이 채용된 후 특별한 사정이 없는 한 공사만료 시까지 계속근로가 예정돼 있는 경우에는 실질적으로 일용근로자라고 할 수 없으므로, 공사만료 시까지 고용관계가 계속되는 것으로 볼 수 있습니다.[67]

---

66 고용보험법 제2조 제6호
67 근기 68207-113, 1999. 9. 22.

05

정당한 징계와 해고

063 반성문이나 시말서는 정당한 명령일까

수진 씨는 여성복 판매장 사원으로 근무한다. 10시 출근인데 다들 9시 30분이면 출근을 해서 유니폼으로 갈아입고 화장 등을 한다. 10시에 정확히 도착했으면 별일은 없었을 텐데, 수진 씨는 늦잠 자는 버릇을 못 고치고 가끔 지각한다. 많이 늦는 것은 아니고 5분~7분 정도다.

그런데 매니저가 그동안 벼르고 별렀는지, 수진 씨에게 '경위서'를 작성하라고 한다.

수진 씨는 경위서를 바로 작성해서 제출했지만, 매니저는 "앞으로는 지각하지 않겠습니다."라는 말이 없다고, 빨간 줄을 휙 긋더니 다시 쓰라고 했다.

근로자가 규정을 위반하여 사고가 발생하거나 비위행위를 저지른 경우에 회사에서는 곧 바로 징계를 하기보다는 경위서(經緯書)나 시말서(始末書)를 제출하도록 해서 사건·사고의 전말에 대한 상세한 보고도 받고 또 유사한 일이 발생되지 않도록 근로자의 다짐도 받고자 합니다.

그러나, 경위서나 시말서가 단순히 사건의 경위를 보고하는 데 그치지 않고 더 나아가 근로관계에서 발생한 사고 등에 관하여 '자신의 잘못을 반성하고 사죄한다는 내용'을 포함하도록 하는 것은 헌법에

위배됩니다.[1]

즉, 시말서, 경위서 등이 '사죄문', '반성문'의 의미를 가진다면, 양심의 자유를 침해하는 것으로 보아 업무상 정당한 명령이라고 보지 않습니다.

사례를 살펴보겠습니다.

매니저 입장에서는 정말 갑갑한 일일 것 같습니다. 수진 씨가 10시에 출근만 했어도 괜찮았을텐데, 지각을 자주 했으니까요. 구두 경고, 경위서 작성까지는 괜찮습니다. 문제는 '반성'을 요구하는 경위서를 쓰게 한 것입니다.

하지만, 살펴본 바와 같이 근로자의 '양심의 자유'를 침해하는 것은 정당한 업무명령이 아니므로 수진 씨가 이를 거부한다고 하더라도 회사는 이를 문제 삼아 징계를 할 수 없습니다.

다음의 경우는 어떨까요?

시설관리 담당인 이철우 과장은 회사로부터 경위서를 제출하라는 요구를 받았다.

회사 사옥 내 엘리베이터가 출근 시간대에 고장이 나서 1시간 동안 안에 사람들이 갇힌 사고가 있었다. 이 과장은 이래저래 근거를 남겨서 좋을 게 없다는 생각이 들어서 차일피일 경위서 작성을 미뤘다.

그런데, 이런! 엘리베이터 사고가 또 났다.

---

1 대법원 2010. 1. 14. 선고 2009두6605

인사팀은 이번 건에 대해서도 경위서를 요구했는데, 이 과장은 이번에도 안 쓰고 버텼다.

그런데, 회사는 이에 대해서 징계위원회를 열겠다고 한다.

이 과장이 알아본 바로는 경위서를 강요하는 건 업무상 정당한 명령이 아니라는데?

회사는 이 과장에게 경위서 제출을 요구할 수 있을까?

경위서 제출을 요구하는 것이 업무상 정당한 명령이 아닐까요?

정당한 명령입니다.

앞선 사례에서, 경위서는 사실, '사죄문', '반성문'이었습니다. 이런 경우에는 정당한 명령이 아닙니다.

그런데, 이철우 과장님은 케이스가 다릅니다.

경위서에는 대게 '자신의 잘못을 반성한다.'라는 내용이 들어가기도 하지만, 이 경우에는 실제로 사건이 발생했고, 시설관리 담당자로서 이철우 과장은 사건 재발 방지 등을 위해 사건의 경위를 보고할 의무가 있습니다.

경위서를 내기 싫은 이 과장님의 마음도 이해가 됩니다.

이런 경위서가 한두 개 쌓이다 보면, 나중에 불리하게 작용할 것 같고, 따지고 보면 이 과장님이 잘못한 게 아니라, 회사가 노후화된 시설을 제때 교체하지 않은 잘못이라고 생각할 수도 있으니까요.

사례를 살펴보겠습니다.

이 과장님은 경위서(시말서)의 의미에 충실하게 사건의 경위, 일의 전

말을 기재하여 작성하시면 됩니다.

가능하면 회사도, 경위서(시말서) 보다는 '사실확인서', 'OO사건 보고서' 등의 객관적인 용어를 사용하는 것이 논란의 여지를 줄일 수 있을 것입니다.

사고나 비위행위로 인한 것이든, 취업규칙에 징계처분을 받아 시말서를 제출하는 것이든, 시말서 작성을 계속해서 거부한다면, 이는 회사의 업무상 정당한 명령을 거부한 것으로 그 자체가 징계사유에 해당합니다.[2]

인사 노무 Tip	• 사고나 비위행위를 저지른 근로자에게 경위서(시말서)를 요구하거나, 취업규칙 등에서 징계처분을 받은 근로자가 경위서(시말서)를 제출하도록 규정하는 것은 가능합니다. • 다만, '사죄문', '반성문'의 의미로 경위서(시말서) 제출을 강요하는 것은 정당한 업무상 명령이 아닙니다.

---

2 대법원 1991. 12. 24. 선고 90다12991

064 연봉 비밀유지 의무를 위반한다면

센트럴아이 회사는 직원의 절반은 호봉사원, 절반은 연봉사원이다. 임금체계를 호봉제에서 연봉제로 바꾸고 싶지만, 노조의 강력한 반대에 부딪혀 신규 입사자에게만 연봉제를 적용한 것이다. 연봉제로 입사한 신규 입사자들의 경우 경력은 호봉사원과 같아도, 연봉은 모두 다르다.

회사는 입사 시 '연봉 비밀유지 서약서'를 제출하도록 하는데, '연봉 비밀유지 서약서'에는 연봉에 관한 사항은 절대 비밀을 유지하고, 위반 시 징계 등 어떠한 제재도 감수한다는 내용이 기재되어 있다.

그런데 하늘 아래 비밀은 없는 법, 같은 연차인데 연봉이 다르다는 사실을 알게 된 일부 직원들이 노조를 통해 이의제기를 해왔다. 회사는 연봉을 누설한 직원을 징계하려고 한다. 가능할까?

연봉제를 택하고 있는 회사에서는 근로계약서에 연봉 비밀유지 의무를 기재하거나, 별도의 서약서를 받습니다.

연봉이 직원들 사이에 공개되었을 때, 연봉산정 기준에 대한 공공연한 이의제기가 속출하고, 직원 간 위화감이 조성될 수 있기 때문입니다. 이는 직장 내 위계질서에 부정적인 영향을 미칩니다.

그렇다면, 연봉 비밀유지 의무를 위반했다는 이유로 징계를 할 수 있을까요?

네, 가능합니다. 연봉 비밀유지는 직장 내 질서를 유지하는 데 필요합니다.

직장 질서는 기업의 존립과 사업의 원활한 운영을 위해 필요 불가결한 것이므로 기업은 직장 질서를 정립하고 유지할 권한을 가지게 됩니다. 직장 질서의 확립과 유지에 필요하고 합리적인 한 근로기준법 등 관계 법령에 반하지 않는 범위 내에서 그 위반행위에 대한 규율을 취업규칙으로 정할 수 있습니다.[3]

단, 취업규칙이나 단체협약에서 징계의 사유를 제한적으로 열거하고 있고, 열거된 징계사유에 대해서만 징계할 수 있다면[4], 연봉 비밀유지 의무를 위반했다는 것으로 징계를 할 수는 없습니다.

징계의 수준은 어느 정도일까요?

근로기준법 제23조 제1항에서는 회사는 정당한 사유 없이 근로자를 징계할 수 없고, '정당한지' 여부는 사회통념에 따릅니다.

연봉을 누설한 사실이 취업규칙이나 근로계약서에 징계사유로 규정되어 있더라도, 이 사실만으로는 중징계를 하기는 어렵습니다.

사적인 자리에서 직원 사이에 오고 간 연봉 정보를 회사가 통제할 수 있을까요?

연봉 비밀유지 의무를 위반하는 자를 신고하는 신고제도 등을 고려해 볼 수 있지만, 사실 이 제도 자체가 직원 간 불신을 가져오지는 않을까 우려됩니다.

근로관계에 있어 직원도 회사의 이익을 침해하는 행위를 하지 않

---

3 대법원 1994. 6. 14. 선고 93다26151
4 대법원 1994. 12. 27. 선고 93다52525

고 그 이익을 보호해야 하는 성실의무를 지니므로, 직장 내 질서에 위해를 끼치는 연봉 누설행위는 지양하는 것이 좋겠습니다.

인사 노무 Tip	• 연봉 비밀 유지의무 위반 시에는 징계가 가능합니다. 단, 취업규칙이나 단체협약에서 징계 사유를 제한적으로 열거하고 열거된 사유 이외에 징계를 할 수 없는 경우에는 징계를 할 수 없습니다. • 인사담당자는 내부 신고제도를 고려해 볼 수 있습니다.

065 당사자 소명도 없이 내린 징계, 부당징계일까

이루리 대리가 1개월 감봉 처분을 받았다.
당사자 소명절차도 없이 징계가 내려졌고, 이루리 대리는 이 점이 못내 억울하다.
인사담당자는 이루리 대리에게,
"저희는 취업규칙에 징계 절차에 관해서 규정하고 있는 게 없어요.
규정에 없으니, 당사자 소명절차는 거치지 않아요."라고 말한다.
'세상에 이런 법이 어딨나?'
친구끼리 싸울 때도, 양쪽 이야기를 들어봐야 하는 게 아닌가?
회사에서 징계를 내리는데, 그것도 감봉인데, 내 말도 안 들어보고 징계를 하다니!
당사자의 소명도 없이, 내린 징계는 부당징계일까?

이루리 대리 말도 일리가 있습니다. 당사자 말도 한번 들어봐야죠.

그런데 소명기회가 부여되지 않았다고 해서 부당징계일까요? 아닙니다.

재판에 준하는 구조가 바람직하기는 하나 필수적인 것은 아닙니다.

판례는 취업규칙 등에 제재에 관한 절차가 정하여져 있으면 반증이 없는 한 그 절차는 정의가 요구하는 것으로 유효요건이라고 할 것이나, 회사의 징계에 관한 규정에 징계혐의사실의 고지, 진변의 기회 부여 등의 절차가 규정되어 있지 않은 경우에는 그와 같은 절차를 밟

지 아니하고 한 징계처분도 정당하다고 봅니다.[5]

반대로 취업규칙 등에서 정한 징계 절차에 '당사자 소명 기회'를 부여하는 경우는 어떨까요?

대법원은 "징계대상자에게 징계위원회에 출석하여 변명과 소명자료를 제출할 기회를 부여하도록 되어 있음에도 이러한 징계절차를 위반하여 징계해고하였다면 이러한 징계권의 행사는 징계사유가 인정되는지와 관계없이 절차의 정의에 반하여 무효라고 보아야 한다."고 판시하고 있습니다.[6]

또한, "단체협약 등에서 조합원의 징계 시에 사전통지와 진술권 부여를 의무조항으로 규정하고 있다면 이는 징계의 객관성과 공정성을 확보하기 위한 것으로서 징계의 유효요건이라고 할 것이므로, 그 징계사유의 내용이 객관적으로 명확하다거나 징계대상자가 다른 절차에서 자신의 행위의 정당성을 이미 주장한 바 있다고 하여도 사전통지를 결한 이상 그 징계는 무효라고 보아야 한다"라고 판시하고 있습니다.[7]

i

인사 노무 Tip

- 단체협약, 취업규칙 등에서 징계 절차에 대한 규정이 없다면, 그러한 절차를 거치지 않고 징계처분을 내렸다고 해서 징계가 무효인 것은 아닙니다.

- 단체협약, 취업규칙 등에서 사전통지와 진술권 부여 등을 규정하고 있다면, 이러한 절차를 위반한 징계는 무효입니다.

---

5 대법원 1979. 1. 30. 선고 78다304
6 대판 2012. 1. 27. 선고 2010다100919
7 대법원 1992. 7. 28. 선고 92다14786

066

감봉은 얼마나
할 수 있을까

안돼용 과장이 사고를 쳤다. 회사 물품구입비를 사적인 용도로
쓴 것이다.
해당 금액은 환수 조치하고 중징계로 감봉을 받았다.
사장은 크게 화를 내며, "이번 달 급여 30% 삭감해!"라고 지시
를 내렸다.
최고수 차장은 급여를 30%나 삭감해도 되는지 아리송하다.
'급여를 깎는 것도 제한이 있다고 들었는데?'
'대기발령도 기본급만 주는데, 30% 삭감해도 될까?'

정당한 사유가 있다면 감봉을 할 수 있습니다.[8]
그런데 감봉은 근로자의 생활을 영위하는 주요 수단인 임금을 감
소시키는 것이기 때문에 일정한 제한이 있습니다.

감급(감봉)의 제한

감봉은 총액이 1 임금지급기(월급제인 경우 월 급여)의 1/10을 초과
하지 못합니다.
그리고 1회 금액이 평균임금 1일분의 1/2을 초과하지 못합니다.[9]
감봉 중에 또 감봉 처분을 받은 경우에도 삭감할 수 있는 총액은 1/10

---

8 근기법 제23조 제1항
9 동법 제95조

입니다.

감봉(감급)은 평균임금을 기준으로 합니다. 따라서, 평균임금에 포함되지 않은 퇴직금, 기타 금품 등은 감급대상 임금에 해당하지 않으며, 산정시기는 감금제재의 의사표시가 근로자에게 도달한 날을 기준으로 합니다.

평균임금에 해당하는 상여금을 취업규칙에 징계자에 대해 제한하여 지급하도록 한다면 이는 상여금의 지급조건이 아니라, 징계를 이유로 근로조건에 차별을 두어 제재를 가하는 것이므로 근로기준법의 감급제한규정에 적용을 받습니다.[10]

'징계'를 받아 대리로 '강등'이 된 경우에도 하는 일은 똑같은데 임금만 깎였다면, 감급제재 규정의 적용을 받습니다. 그러나 좀 더 쉽거나 책임이나 권한이 작은 업무로 변경되었다면, 이는 직무 변경으로 인한 것이므로 감급의 제한을 받지 않습니다.

또한 취업규칙 등에서 징계를 받은 해에는 승급이 정지된다는 규정이 있다면 이는 이미 발생한 근로에 대한 임금이 깎이는 것이 아니고 '승급의 기준'을 정한 것으로 감급에 해당하지 않습니다.[11]

감급의 제한을 사례를 통해 살펴보겠습니다.

평균임금이 300만 원(30일 기준, 1일 10만 원)인 근로자가 감봉 4개월 처분을 받은 경우 1회 감봉액과 총 감봉가능한 금액은 다음과 같습니다.

① 1회의 감봉액 : 10만 원(평균임금 1일분) x 1/2 = 5만 원

---

10 근로기준팀-1394, 2006. 3. 29.
11 근기 01254-1508, 1993. 6. 29.

② 1임금지급기의 임금총액의 1/10 : 300만 원 x 1/10 = 30만 원
③ 4개월에 걸친 감봉 : 5만 원 x 4개월 = 20만 원

4개월에 걸친 감봉의 금액이 20만 원으로 1임금지급기의 감급 제한금액인 30만 원 내이므로 적법합니다.

감봉기간 중에 또 3개월의 감봉 처분을 받은 경우를 살펴보겠습니다. 매월 감봉가능한 금액은 1차 처분에 대한 1회 감봉액인 5만 원과 2차 처분에 대한 1회 감봉액 5만 원을 합한 10만 원입니다. 1차와 2차를 합하여 감금제한금액인 30만 원을 초과하지 않아 적법합니다.[12]

안돼용 과장의 월급을 위의 예시와 동일하게 적용해 보겠습니다.

월 평균임금이 300만 원이면, 감봉을 할 수 있는 총금액은 10%인 30만 원이며, 한 번 삭감 시 5만 원을 감액할 수 있습니다.

그러니, 아무리 대표님 지시라고 하더라도 안돼용 과장의 월급을 한 번에 30%(90만 원)나 삭감할 수는 없습니다.

인사 노무 Tip	• 감봉(감급)은 총액이 1 임금지급기(월급제인 경우 월 급여)의 1/10까지, 1회 금액이 평균임금의 1/2까지 가능합니다. • 1 임금지급기에 여러 번 징계로 감봉을 받더라도 총액은 1/10까지만 가능합니다. • 지각, 결근 등으로 근로를 제공하지 않은 부분에 대하여 급여를 미지급하는 것은 징계가 아니며, 감급 제한을 받지 않습니다. • 강등 시 하는 일이 달라졌다면, 감급의 제재를 받지 않습니다.

12 근기 68207-488, 1993. 6. 29.

067 저성과자를 해고할 수 있을까

김그만 과장은 저성과를 이유로 해고통보를 받았다. 김그만 과장
이 이에 대해 해고무효소송을 하였으나 기나긴 소송 끝에 법원은
김그만 과장에 대한 해고는 정당한 것이라고 판단하였다. 저성과
자 해고에 대한 정당성 판단기준은 무엇일까?

최근 대법원에서 저성과자에 대한 해고를 정당한 것으로 판시하
면서 그 기준을 제시하여 논란이 되었습니다. 지난 몇 년 동안 저성과
자 등 일반해고는 사실상 정당한 것으로 인정하지 않았기 때문입니
다. 경영계는 환영하고, 노동계에서는 반발하였습니다.

당해 사건에서 근로자는 3년간 가장 낮은 평가점수를 받아 직무능
력향상교육을 받아 왔는데 교육을 받은 후에도 여러 차례 문제점이
발생하여 지적을 받고, 업무향상계획서의 제출을 지시했지만 이를
거부하는 등 업무능력 향상에 대한 열의가 없다고 인정되었고, 회사
는 인사평가 기준을 모든 근로자들에게 사전에 공개하고 다수의 평
가자가 평가하도록 하였으며, 인사평가 결과에 대한 이의제도를 갖
추는 등 인사평가가 자의적인 것이라 판단되지 않아 법원은 공정한

인사평가로 인정하고 이에 따른 해고가 정당하다고 보았습니다.

대법원에서 제시한 저성과자에 대한 해고의 정당성 판단기준에 대해 살펴보겠습니다.

저성과자에 대한 해고의 정당성 판단기준[13]

- 회사의 인사평가준이 공정하고 객관적인 기준인지 여부
- 근로자의 지위와 담당 업무의 내용, 그에 따라 요구되는 성과나 전문성의 정도, 근로자의 근무성적이나 근무능력이 부진한 정도와 기간
- 근무성적이나 근무능력이 다른 근로자에 비하여 상대적으로 낮은 정도를 넘어 상당한 기간 동안 일반적으로 기대되는 최소한에도 미치지 못하였는지 여부
- 향후에 개선될 가능성을 인정하기 어려운지 여부
- 근무능력 개선을 위한 기회를 부여하였는지 여부

---

13 대법원 2011. 5. 26. 선고 2011다25360

사용자가 근로자의 근무성적이나 근무능력이 불량하다고 판단한 근거가 되는

① 평가가 공정하고 객관적인 기준에 따라 이루어진 것이어야 할 뿐 아니라,

② 근로자의 근무성적이나 근무능력이 다른 근로자에 비하여 상대적으로 낮은 정도를 넘어 상당한 기간 동안 일반적으로 기대되는 최소한에도 미치지 못하고

③ 향후에도 개선될 가능성을 인정하기 어렵다는 등 사회통념상 고용관계를 계속 할 수 없을 정도인지는

④ 근로자의 지위와 담당 업무의 내용, 그에 따라 요구되는 성과나 전문성의 정도, 근로자의 근무성적이나 근무능력이 부진한 정도와 기간,

⑤ 사용자가 교육과 전환배치 등 근무성적이나 근무능력 개선을 위한 기회를 부여하였는지 여부,

⑥ 개선의 기회가 부여된 이후 근로자의 근무성적이나 근무능력의 개선 여부,

⑦ 근로자의 태도,

⑧ 사업장의 여건 등 여러 사정을 종합적으로 고려하여 합리적으로 판단하여야 한다.

- 이후 근로자의 근무성적이나 능력이 개선되었거나 개선하고자 하는 태도가 있는지 여부
- 저성과로 인해 직무를 수행할 수 없다고 인정되는 경우를 해고 사유로 취업규칙 등에 명시되어 있는지 여부

판례를 통해 분명히 알 수 있는 것은 회사는 저성과자라는 이유만으로 해고할 수는 없다는 것입니다. 입사한 지 얼마 안 된 근로자에게 업무능력향상을 위한 기회조차 부여하지 않으면서 '일을 못 한다.'는 것을 이유로 한 해고는 정당한 것으로 인정되지 않습니다. '상당한 기간'에 걸쳐 업무능력 향상 기회를 부여했음에도 개선의 정이 없어야 합니다. 또한, 근로자도 업무능력 향상을 위한 노력을 하고, 문제를 개선하고자 하는 능동적인 태도로 회사의 정당한 업무명령에 응하며 개선된 모습을 보여주거나 개선의 가능성을 보여주려는 노력이 필요하겠습니다.

인사 노무 Tip	• 단순히 업무실적이 낮다는 점만으로는 저성과자를 해고 할 수 없습니다. • 해고의 사유뿐 아니라 절차과 양정에 있어서도 정당성이 인정되어야 정당한 해고로 인정될 수 있습니다.

068 구조조정과 정리해고

회사 사정이 좋지 않아 구조조정을 시행한다.
안돼용 과장은 구조조정 대상인원 리스트가 돌고 있는데 본인이
거기에 포함되었다는 소문을 들었다.
안돼용 과장의 회사에는 과반수 노조가 있으며, 회사는 노조와
협의하여 지난 3년간의 고과와 징계 여부 등을 기준으로 대상자
를 선정했다고 한다. 구조조정 대상자로 선정하면 무조건 따라
야 하는 걸까?

근로기준법 제23조는 일반해고를, 제24조는 경영상 이유에 의한
해고를 규정하고 있습니다.

경영상 이유에 의한 해고는 근로자의 비위행위로 인한 것이 아니
라, 어쩔 수 없는 회사 사정으로 근로관계를 종료하는 것이기 때문에
법에서 정해진 요건과 절차를 준수하여 회사 뿐아니라 직원의 이익
보호를 위해 신중을 기해야 합니다.

경영상 이유에 의한 해고의 요건

경영상의 이유로 인한 해고를 하기 위해서는 다음의 요건이 필요
합니다.

▲긴박한 경영상의 필요, ▲해고회피 노력, ▲합리적이고 공정한 기준에 따른 대상자의 선정, ▲해고회피 방법과 해고 기준 등에 관하여 과반수 노동조합 또는 근로자 대표에게 해고를 하려는 날 50일 전까지 통보하고 성실히 협의하는 것입니다.

* 고용노동부장관 신고의무도 있지만, 절대적인 판단기준은 아닙니다.

긴박한 경영상의 필요

회사가 망할 정도(도산)가 되어야 하는 건 아니고, 장래에 다가올 수도 있는 위기에 미리 대처하는 것이 객관적으로 필요한 경우도 인정됩니다. 일반적으로 긴박한 경영상의 필요는 장부상의 객관적 지표, 도급 계약 해지 등 사업의 폐지 및 축소 등으로 판단합니다.

회사의 경영상 위기가 구조적인 문제여서 정리해고를 하는 것이 합리적이라고 인정되더라도 계속해서 신규사원을 채용한다든가, 명예퇴직 인원이나 정년퇴직 예상인원이 충분해서 정리해고가 필요하지 않은 경우에는 인원삭감이 객관적으로 합리성이 있다고 보지 않습니다.

해고회피 노력

회사의 해고회피 노력으로 볼 수 있는 것은 하도급 해약, 신규 채용 중지, 비정규직 인력 계약갱신 중단, 일시 휴직, 희망퇴직 모집, 근로시간 단축, 임금삭감 등 다양합니다.

특히 '신규 채용'를 하는 것은 회사 사정이 어려워 근로자를 해고해야 하는 상황과 역행하는 것이므로, 해고회피 노력을 하였다고 인정받기 어렵습니다.

합리적이고 공정한 기준에 따른 대상자의 선정

근로자에게 직접적인 영향을 미칠뿐더러, 앞의 두 가지 요건과 달리 회사의 주관이 개입될 여지가 많아 주의가 요구됩니다.

법에서는 '남녀의 성을 이유로 차별해서는 안 된다.'는 것 외에 구체적인 판단기준이 없습니다.

회사 입장에서는 근무성적, 상벌, 경력 등 업무성과와 능력과 관련된 것이, 근로자 입장에서는 연령, 근속기간, 가족관계에 따른 부양의무, 재산 상태나 재취업 가능성 등이 고려요소이지만, 양 당사자의 사정을 종합하여 판단하는 것이 원칙입니다.

즉, 합리적이고 공정한 해고의 기준은 확정적 · 고정적인 것이 아니라 회사가 직면한 경영위기의 강도와 정리해고의 이유, 정리해고를 실시한 사업 부분의 내용과 근로자의 구성, 당시의 사회경제상황 등에 따라 달라지는 것이고, 노동조합 또는 근로자 대표와 성실하게 협의하여 합의에 도달하였다면, 이러한 사정도 해고의 기준이 합리적이고 공정한 기준인지의 판단에 참작되어야 합니다.

상대적으로 고임금을 받는 높은 직급의 나이가 많은 직원과 재직기간이 긴 직원을 정리해고의 대상으로 한 사안에서, 노동조합과 협의하여 선정기준에 대한 합의에 이르렀고, 연공서열적인 우리나라 임금체계를 감안했을 때 상대적으로 고임금을 받는 근로자를 그 대상으로한 사실을 종합적으로 고려해 보면 해고인원을 최소화할 수 있었던 사정이 인정되어 해당 기준이 합리적이고 공정한 기준으로서 수긍할 만하고, 정리해고를 조속히 마무리 지어 안정을 기해야 할 필요성에 비추어 주관적 판단에 좌우되기 쉬운 근로자 각자의 개인적 사정을 일일이 고려하지 못하였다고 하더라도 달리 볼 수는 없다고 판단한 사례도 있습니다.[14]

노동조합 대표 또는 근로자 대표 사전통보 및 성실한 협의

회사는 해고를 피하기 위한 방법과 해고의 기준 등에 관하여 근로자대표에게 해고하려는 날의 50일 전까지 통보하고 성실하게 협의해야 합니다.

경영상 해고의 요건과 절차 등에 부합하여 정리해고를 단행하더라도, 회사가 염두에 두어야 할 것이 두 가지 있습니다.

첫째, 해고예고는 별개의 의무입니다. 따라서 안돼용 과장을 해고하려면 해고 30일 전 예고를 하거나 30일분의 통상임금을 지급해야 합니다.

둘째, 경영상의 이유로 인한 해고를 한 뒤 3년까지 해고된 근로자가 담당한 업무와 같은 업무를 할 근로자를 채용할 경우 정리해고된 근로자가 원한다면 우선적으로 고용해야 합니다.[15]

사례를 살펴보겠습니다.

회사가 경영상의 이유로 인한 해고의 요건을 충족하였다면, 안돼용 과장이 정리해고 대상자가 되어 해고를 당했다고 하더라도 위법한 것으로 볼 수 없습니다.

---

14 대법원 2002. 7. 9. 선고 2001다29452
15 근기법 제25조

인사 노무 Tip	• 구조조정 시에는 노사 간 기준과 절차에 대해 사전에 통보하고 충분히 협의해야 할 것입니다.
	• 해고대상자의 선정은 회사와 근로자 양자의 입장을 종합적으로 고려해야 합니다.
	• 경영상 이유로 해고 시에도 해고예고 통보는 별개로 근로자에게 30일 전 해야 합니다.
	• 경영상 이유로 해고 시에는 해고 근로자의 직무에 대해 해고 근로자가 원할 경우 우선 재고용의무가 있습니다.

069 해고예고를 안 할 수 있을까

한고집 씨, 결국 해고를 당했다. 머리끝까지 화가 난 최고닭 사장님은 당장 내일부터 나오지 말라며 소리를 질렀다.

한고집 씨 "해고하려면 해고예고수당을 주든가."
최고닭 사장 "돈 한 푼도 아까워. 해고예고수당이건 뭐건 못 줘. 4인 이하는 맘대로 해고해도 되는 데 무슨 말이야?!"
최고닭 사장님의 말이 맞을까? 한고집 씨의 말이 맞을까?

최고닭 사장님의 말이 맞을까요? 한고집 씨의 말이 맞을까요?

4인 이하 사업장은 해고 등의 제한 규정이 적용되지 않습니다.

이에 해고를 마음대로 할 수 있다고 생각하여, 해고예고를 하지 않아도 된다고 생각하는 경우가 많은데, 해고는 근로자의 생활상에 큰 불이익을 미치므로, 해고예고제도는 4인 이하 사업장에도 적용됩니다.

해고예고

사용자는 적어도 30일 전에 해고를 예고해야 하고, 30일 전에 예고를 하지 아니하였을 때에는 30일분 이상의 통상임금을 지급하여야 합니다.

해고예외를 하지 않아도 되는 경우

다음 3가지 경우에 해당한다면 해고예고를 하지 않아도 됩니다.[16]

- 근로자가 계속 근로한 기간이 3개월 미만인 경우
- 천재사변 및 그 밖의 부득이한 사유로 사업을 계속하는 것이 불가능한 경우
- 근로자가 고의로 사업에 막대한 지장을 초래하거나 재산상 손해를 끼친 경우로 고용노동부령으로 정하는 사유에 해당하는 경우

고용노동부령으로 정하는 사유는 9가지[17]로 횡령, 배임, 뇌물수수, 인사.경리.회계담당 직원의 허위서류 작성 등입니다.

이러한 경우까지 근로자를 보호하는 해고예고를 할 필요는 없다고 보는 것인데, 무조건 횡령, 배임이니 해고예고가 필요 없는 것이

---

16 근기법 제26조
17 해고 예고의 예외가 되는 근로자의 귀책사유
  1. 납품업체로부터 금품이나 향응을 제공받고 불량품을 납품받아 생산에 차질을 가져온 경우
  2. 영업용 차량을 임의로 타인에게 대리운전하게 하여 교통사고를 일으킨 경우
  3. 사업의 기밀이나 그 밖의 정보를 경쟁관계에 있는 다른 사업자 등에게 제공하여 사업에 지장을 가져온 경우
  4. 허위 사실을 날조하여 유포하거나 불법 집단행동을 주도하여 사업에 막대한 지장을 가져온 경우
  5. 영업용 차량 운송 수입금을 부당하게 착복하는 등 직책을 이용하여 공금을 착복, 장기유용, 횡령 또는 배임한 경우
  6. 제품 또는 원료 등을 몰래 훔치거나 불법 반출한 경우
  7. 인사·경리·회계담당 직원이 근로자의 근무상황 실적을 조작하거나 허위 서류 등을 작성하여 사업에 손해를 끼친 경우
  8. 사업장의 기물을 고의로 파손하여 생산에 막대한 지장을 가져온 경우
  9. 그밖에 사회통념상 고의로 사업에 막대한 지장을 가져오거나 재산상 손해를 끼쳤다고 인정되는 경우

아니라 실제로 이로 인해 사업에 막대한 지장을 가져왔거나 재산상 손해가 발생했는지 여부에 따라 구체적으로 판단합니다.

해고예고는 근로자가 새로운 직장을 구할 수 있는 시간적, 경제적 여유를 주려는 것이 목적이므로 해고의 효력과는 무관한 규정입니다.

해고예고가 절차적 규정이므로 해고가 부당하다고 판단이 되어 근로자가 원직복직을 하더라도 해고예고 수당을 부당이득으로 환수하지는 않습니다.[18]

해고예고는 30일 전에 해야 하므로 30일에서 일부 모자라더라도 30일분의 통상임금을 지급해야 합니다.[19]

근로계약기간 만료일이 30일 미만일 때, 계약 만료 이전에 해고하는 경우에도 마찬가지입니다.[20]

해고예고 후 근로자가 결근해서 즉시 해고한 경우에도 해고예고 수당을 지급해야 합니다.[21]

또한 회사가 폐업하는 경우에도 천재, 사변 및 그 밖의 부득이한 사정으로 사업 계속이 불가능한 경우가 아닌 한 해고예고를 해야 합니다.

해고예고를 위반한 자는 2년 이하의 징역 또는 2천만 원 이하의 벌금에 처합니다.[22]

마지막으로 해고예고는 휴일 상관없이 역일로 30일 전에 해야 하므로 해고하고자 하는 날로부터 30일째 되는 날의 전날에 해야 합니다.

---

18 대법원 2018. 9. 13. 선고 2017다16778
19 근기 68207-1346, 2003. 10. 20.
20 근기 68207-1627, 2003. 12. 17.
21 근기 1451-20718, 1984. 10. 12.
22 동법 제110조 제1호

누구나 쉽게 배우는
인사 노무 사례 100개면 되겠니

예를 들어 5월 30일에 해고를 하고자 한다면 4월 30일에는 해야 합니다.

사례를 살펴보겠습니다.

최고닭 사장님, 4인 이하는 해고 제한 규정이 적용되지 않아 부당해고 구제신청을 할 수는 없지만, 해고예고는 적용이 됩니다. 한고집 씨의 말대로 해고예고수당을 지급하든가, 해고 30일 전에 해고예고를 해야 합니다.

인사 노무 Tip	• 해고예고는 30일 전에 하거나, 30일분의 통상임금을 지급해야 합니다. 30일에서 일부 모자라더라도 30일분을 지급해야 하며, 계약기간 만료일까지 30일이 안 남았다고 하더라도 계약 전 해고라면 30일분을 지급해야 합니다. • 해고예고는 절차적 규정으로 근로자가 원직복직을 하더라도 해고예고 수당을 부당이득으로 환수하지는 않습니다. • 해고예고수당을 계산할 때는 통상임금을 기준으로 합니다. (※ 통상시급 x 8시간 x 30일)

06

아름답게 이직하기

070 중간정산 후 1년 미만 근무자의 퇴직금을 지급해야 할까

한고집 과장은 주택자금 마련하려고 퇴직금 중간정산을 신청했다. 그런데 몇 개월 후 괜찮은 곳에서 이직 오퍼를 받고 이직을 고민 중이다. 1년 미만 근무에 대해서는 퇴직금이 없다는데?

한고집 과장은 3년째 이곳에서 일했지만, 퇴직금 중간정산 후 근무기간은 1년이 안 된다.

이때 한고집 과장은 퇴직금 지급대상일까?

이런 고민을 해본 적이 있으실까요? 의외로 많은 분이 헷갈립니다.

우리가 퇴직금이라고 알고 이야기하는 것의 정식 명칭은 퇴직급여이고, 회사는 퇴직하는 근로자에게 퇴직급여를 지급하기 위해 퇴직급여제도를 설정해야 합니다. 이는 4인 이하 사업장에도 동일하게 적용됩니다.

퇴직급여제도가 적용되지 않는 근로자는 계속 근로기간이 1년 미만인 경우, 4주간을 평균하여 1주간 소정근로시간이 15시간 미만인 경우[1], 동거하는 친족만을 사용하는 사업장에서 근로하는 경우 및 가구 내 고용활동을 하는 경우입니다.[2]

퇴직금은 계속근로기간 1년에 대하여 30일분 이상의 평균임금으로

---

[1] 근로자퇴직급여 보장법 제4조
[2] 동법 제3조

산정하는데3, 퇴직연금 중 DC형(확정기여형)은 근로자의 임금총액의 12분의 1 이상에 해당하는 금액을 회사가 연금사업자에게 납입합니다.

퇴직금은 법령에서 정한 제한적인 사유인 경우4에만 중간정산이 가능하며, 이 경우 퇴직금 산정을 위한 계속근로기간은 정산시점부터 새로 계산합니다. 즉, 계속 근로기간이 1년 이상이라면 중간정산 이후 1년 미만 단수인 몇 월, 며칠에 대하여 퇴직금을 비례하여 계산해야 하는 것입니다.5

사례를 살펴보겠습니다.

한고집 과장은 계속근로기간이 3년 이상이므로 그 기간 전체에 대하여 퇴직금을 산정받을 수 있습니다. 다만, 앞의 2년 8개월간의 퇴직금을 미리 정산받았을 뿐입니다.

인사 노무 Tip | • 중간정산 이후 근무기간이 1년 미만이라도 계속 근로기간이 1년 이상이면 퇴직금을 지급해야 합니다.

---

3 동법 제8조
4 〈퇴직금 중도인출 가능사유〉
　무주택자의 주택구입 및 전세금 부담하는 경우
　본인이나 배우자, 부양가족의 6개월 이상의 요양의 경우
　파산선고를 받은 경우
　개인회생절차개시 결정을 받은 경우
　기존의 정년을 연장하거나 보장하는 조건으로 일정나이, 근속시점, 또는 임금액을 기준으로 임금을 줄이는 제도를 시행하는 경우
　소정근로시간을 1일 1시간 또는 1주 5시간 이상 변경하여 그 변경된 소정근로시간에 따라 근로자가 3개월 이상 계속 근로하기로 한 경우
　근로시간의 단축으로 근로자의 퇴직금이 감소되는 경우
　재난으로 피해를 입은 경우로서 고용노동부장관이 정하여 고시하는 사유에 해당하는 경우
5 근로복지과-3162, 2012. 9. 12.

071 퇴직금에 포함되는 연차수당은

이루리 씨가 6월 말일부로 사직서를 제출했다.
워낙 깐깐한 사람이라 퇴직금을 처음 계산해보는 인사팀 막내는
걱정이 많다.
퇴직금에 포함이 되는 연차수당이 있고 아닌 연차수당이 있다는데,
어떤 '연차수당'이 퇴직금에 포함될까?

1. 퇴직금 산정의 기준이 되는 평균임금에는 퇴직 전 3개월의 임
금총액이 포함되는데, 1월에 지급한 연차휴가 미사용수당도 포함
해야 할까?
2. 올해 쓰지 못한 연차는?
3. 올해 6개월 근무한 것도 연차수당을 줘야 하나?

퇴직금 산정에 기준이 되는 평균임금

평균임금은 산정하여야 할 사유가 발생한 날 이전 3개월 동안에
그 근로자에게 지급된 임금의 총액을 그 기간의 총일수로 나눈 금액
을 말합니다.[6]

퇴직일(마지막 근무일 다음 날) 이전 3개월을 소급하여 근로자에게
지급된 임금 총액을 기준으로 정산하면 됩니다.

---

6 근기법 제2조 제6호

문제가 되는 것은 퇴직 전 3개월에 포함되지 않는 연차와 상여입니다.

정리해봅시다.

기준은 퇴직 전 이미 발생했는지, 아닌지입니다.

퇴직하기 전 이미 발생한 연차휴가 미사용 수당

산정사유 발생일 이전 1년 동안 지급받은 연차수당 전액을 12월로 나누어 3개월분만 평균임금에 포함합니다. 직전 1년이 기준입니다. 1년 근로의 대가를 퇴직 전 3개월에 똑같이 나누기 위함입니다.

$$1년 동안 지급받은 연차수당 전액 \times 3/12$$

참고로 상여도 동일하게 계산합니다.

$$1년 동안 지급받은 상여 전액 \times 3/12$$

퇴직으로 인하여 발생한 연차휴가 수당

전년도 출근율에 의하여 퇴직 당해연도에 사용 중인 연차휴가로 평균임금 산정기준 임금총액에 포함하지 않습니다.

다만, 미사용수당은 정산하여 지급해야 합니다.[7]

따라서, 1월에 지급된 연차휴가 미사용수당은 퇴직금 정산을 위한 평균임금 산정 시 3/12만큼 포함하고, 이루리 씨가 올해 사용하지 못

---

7 임금근로시간정책팀-3295, 2007. 11. 5.

한 연차는 수당으로 정산합니다.

퇴직한 해에도 근무한 만큼 연차가 생기는 걸까요?
연차휴가는 1년의 근로에 대한 보상입니다.
1년에 80% 이상을 출근하여 1년의 근로를 마침으로 확정되므로, 단체협약이나 취업규칙에서 달리 정하는 바가 없다면, 6월까지 근무했다고 해서 퇴직하는 해 1년 미만 근무에 대한 연차수당을 지급할 필요는 없습니다.[8]

참고로 종전에는 마지막 근무하는 해에 1년(365일) 근무하고 퇴직하는 경우에 80% 출근율을 충족하였다만 연차유급휴가가 부여되었습니다.

그러나 12월 16일 자로 변경된 행정해석에 따르면, **연차는 그 1년간의 근로를 마친 "다음 날" 발생하므로,** 1년(365일) 근로한 후 퇴직하면 1년간 80%의 출근율에 따라 주어지는 15일의 연차에 대한 미사용 수당을 청구할 수 없습니다.

다음 날인 366일째 근로관계 존속 후 퇴직해야 15일 연차 전부에 대해 수당으로 청구할 수 있습니다.

---

8 근로개선정책과-4641, 2011. 11. 21.

인사 노무 Tip	• 퇴직하기 전 이미 발생한 연차휴가 미사용 수당(전년도 미사용분)은 3/12을 평균임금 계산 시 포함합니다.
	• 퇴직으로 인하여 발생한 연차휴가 수당은 통상임금(또는 평균임금)으로 정산하여 지급합니다.
	• 퇴직한 해에도 근무한 만큼 비례해서 연차가 생기는 것이 아닙니다. 연차는 1년을 근무하고 그 다음 날 생깁니다.

072 뒤늦게 지급한 연장근로수당 퇴직금에 포함해야 할까

이루리 씨는 3월분 연장근로를 근로시간 관리 프로그램에 입력하는 것을 깜빡하는 바람에 4월에 연장근로수당을 지급 받았다. 문제는 이루리 씨가 6월 말일부로 퇴사를 한다는 것이다.

퇴직금 계산에 반영이 되는 평균임금은 4월, 5월, 6월분이고, 이루리 씨가 깜빡한 연장근로수당은 3월분인데 4월에 지급됐다. 급여 담당자는 4월에 지급한 3월의 연장근로수당을 평균임금에 포함해야 할지 고민이 된다.

퇴직 직전 3개월에 해당하는 평균임금에 포함되는 연장근로수당이 실제 지급된 시점을 기준으로 해야 하는지, 지급됐어야 하는 시점이 기준인지에 관한 문제입니다.

평균임금은 근로자의 통상 생활임금을 사실대로 산정하는 것을 그 기본원리로 합니다.

근로자의 생활을 보호하기 위해서이며, 그러한 이유로 평균임금은 퇴직금 정산, 감급의 제한, 재해 보상 등의 기준으로 활용됩니다.

이루리 씨가 깜빡한 연장근로수당은 실제로는 3월분인데 단순한 실수로 늦게 지급되었을 뿐입니다. 따라서 이를 반영한다면 통상의 생활임금을 사실대로 산정하는 것이 아닌 셈이 됩니다.

관련하여, 월 중도에 퇴사하더라도, 월급을 전액 지급하는 회사에서 퇴직금을 산정하는 경우를 생각해봅시다. 일부 회사 중에서는 16일 이후 퇴사의 경우에는 월급을 전액 지급, 15일 이전에 퇴사하는 경우에는 일할로 계산하여 지급합니다.

16일에 퇴사하여 월급 전액을 받는다고 해서 해당 금액을 모두 퇴직금에 반영할 수 있을까요?

판례는 퇴직급여가 특수하고 우연한 사정에 의하여 통상의 경우보다 현저하게 많거나 적은 경우에는 그 제도의 근본 취지에 어긋나므로 퇴직당해월의 보수 전액을 퇴직 직전일로부터 최종 3개월간에 지급된 급여액에 포함하여 산정한 평균임금으로 퇴직금을 산출할 수는 없다고 봅니다.[9]

연차휴가 미사용수당을 지급하지 않고, 근로자의 동의 후에 연차를 이월한 경우는 어떨까요?

전전년도 출근에 의하여 발생한 연차휴가를 전년도에 사용하지 않아 올해 연차유급휴가 수당으로 정산했어야 하는데, 근로자의 동의 후 올해 사용키로 하고, 근로자가 퇴사한 경우입니다.

지금은 육아휴직 기간에도 출근한 것으로 간주하여, 연차유급휴가가 생기지만, 이전에는 그렇지 않았습니다.

아이를 낳고 나면 휴가 쓸 일이 정말 많습니다.

해당 근로자는 육아휴직이 1. 1.~12. 31.이었는데, 연차휴가 미사용수당을 정산한다면, 복직 후 사용할 연차휴가가 하나도 없어, 연차휴가 이월을 요청하였습니다.

---

9 대법원 1999. 5. 12. 선고 97다5015

그런데 이 근로자가 퇴직한다고, 퇴직금 산정 시 연차휴가 미사용 수당이 실제로는 지급되지 않았으므로, 제외해야 할까요? 아닙니다.

행정해석은 미사용 연차휴가에 대한 금전보상 대신 이월하여 사용토록 당사자 간 합의하는 것은 무방할 것으로 보이고, 이 경우, 퇴직금 산정을 위한 평균임금에는 퇴직 전전년도 출근율에 의하여 퇴직 전년도에 발생한 연차휴가 중 미사용하고 근로한 일수에 대한 연차휴가 미사용수당액의 3/12만 포함되어야 한다고 보았습니다.[10]

인사 노무 Tip

- 연장수당이 퇴직금 산정에 기준이 되는 평균임금에 포함되려면, 퇴직 전 3개월 이내 발생해야 합니다.

- 전년도에 미사용한 연차휴가를 근로자의 동의를 받고 이월하여 사용 중에 올해 퇴사를 하였더라도, 연차휴가 미사용수당액은 퇴직금 정산 시 반영해야 합니다.

---

10 근로조건지도과-1047, 2009. 2. 20.

073 퇴직연금제도에서의 퇴직금 중도인출

한고집 과장은 계속 전세로 거주했다. 올해는 꼭 내 집 마련의 꿈을 이룰 참이다. 무주택자가 본인 명의로 주택을 구입하는 경우에는 퇴직금에서 중간정산이 가능하다고 들었던 한고집 과장은 회사에 퇴직금 중간정산을 신청했다. 그런데 뜻밖에도 회사에서 퇴직연금 제도가 DB형이라서 중도인출은 어렵다는 말을 들었다. 답답한 마음에 근로자 퇴직급여법을 찾아보았으나, 분명 중도인출 가능한 사유가 명시되어 있다. 누구의 말이 맞는 것일까?

우리가 퇴직금이라고 알고 이야기하는 것의 정식 명칭은 퇴직급여이고, 이에 대해서는 근퇴법에 명시되어 있습니다. 퇴직급여제도에는 퇴직금제도와 퇴직연금제도가 있는데, 퇴직연금제도는 다시 확정급여형(DB), 확정기여형(DC), 개인형(IRP)로 구분됩니다.

확정급여형(Defined Benefit)은 회사가 매년 부담금을 퇴직연금운용사에 적립하고 운영하며, 근로자가 퇴사를 하면 비로소 퇴직금액이 확정이 되며 이를 수급할 수 있게 됩니다.

확정기여형은(Defined Contribution)은 회사가 사전에 확정된 부담금을 퇴직연금운용사에 납입하면, 근로자가 적립금을 운용하고 적립금과 운용수익을 퇴직 시 급여로 수령하게 됩니다.

또, 개인형(Individual Retirement Pension)은 근로자가 이직, 퇴직할

경우 수령한 퇴직급여를 적립하고 운영하는 것을 말합니다.

구분	퇴직금	확정급여형(DB)	확정기여형(DC)	개인형(IRP)
퇴직급여 형태	일시금	연금 또는 일시금		
급여 수준	근속연수 1년당 30일분의 평균임금	일시금 기준으로 퇴직금과 동일	근로자의 운용실적에 따라 변동	가입자의 운용실적에 따라 변동
규약 신고	취업규칙	퇴직연금 규약		불필요
사외적립 부담 수준	사용자 재량	퇴직금 추계액의 90% 이상	연간 임금총액의 1/12 이상	가입자 재량
부담금 납부	사용자			가입자
수수료 부담	–	운용, 자산관리 : 사용자 근로자 추가납입 : 근로자		가입자
적립금의 운용	–	사용자	근로자	가입자
연금수령요건	–	55세 이상으로서 가입 기간 10년 이상		55세 이상
중도 인출 (중간정산)	가능 (특정한 사유)	불가	가능(특정한 사유)	

원칙적으로 퇴직연금제도의 퇴직급여를 받을 권리는 양도하거나 담보로 제공할 수 없지만, 다음의 경우에 일정한 한도에서 퇴직연금 제도의 급여를 받을 권리를 담보로 제공할 수 있도록 규정하고 있습 니다.

퇴직연금제도의 중도인출 가능사유

• 무주택자의 주택구입 및 전세금을 부담하는 경우

- 본인이나 배우자, 부양가족의 6개월 이상 요양의 경우
- 파산선고를 받은 경우
- 개인회생절차개시 결정을 받은 경우
- 대학등록금, 혼례비, 장례비를 부담하는 경우
- 코로나19와 같은 감염병으로 인한 피해를 입은 경우

그런데, 법령에도 불구하고 위의 표에서는 확정급여형(DB)의 경우에는 중도인출이 '불가'하다고 되어 있습니다.

확정급여형(DB)의 경우에 중도인출이 불가능한 이유

퇴직급여 부담금을 적립하고 그 운용에 대한 수익의 주체가 회사이기 때문입니다. 즉, 회사의 퇴직연금계좌에 재직 근로자에 대한 퇴직금을 매년 추산하고 이를 불입하는데, 그 운용에 대한 수익이나 손실을 회사가 책임집니다. 반면, 확정기여형(DC)의 경우에는 근로자 개인의 퇴직연금 계좌에 회사가 부담금을 불입하면 그 개인의 계좌에 적립되고 운용되며 이로 인한 손실이나 이익도 근로자가 부담합니다.

또한, 확정급여형(DB)은 근로자가 퇴직을 해야만 비로소 퇴직급여액이 확정되기 때문에, 퇴직급여액으로 담보대출을 할 때, 다른 근로자들의 수급권을 저해할 수가 있고, 적립금 운용과 연금계리의 어려움 등의 문제가 발생할 뿐만 아니라 대법원에서 근로자의 퇴직급여를 담보된 채권으로 삼을 수 없다고 판시한 바 있기 때문에, 퇴직연금을 운용하는 금융사에서 확정급여형(DB) 제도로 퇴직급여가 운용되고 있는 경우에는 담보대출을 통해 중도인출을 해주지 못하는 것

입니다.

따라서, 한고집 과장의 회사에서도 DB형은 퇴직금 중간정산을 해 줄 수 없다는 답변을 할 수밖에 없었던 것입니다.

그렇다면, 한고집 과장이 퇴직급여를 중도인출받거나 대출 받을 수 있는 길이 전혀 없는 것일까요?

퇴직연금제도를 도입하는 사업장의 경우에는 퇴직연금규약을 두 도록 되어 있는데, 규약에 DB제도를 DC제도로 변경할 수 있다고 되 어 있다면, 제도를 변경 후 중도인출을 받을 수 있습니다. 한고집 과 장도 진짜 회사를 그만두고 퇴직금을 수령하지 않고 중도인출을 받 아 내 집 마련의 꿈을 이룰 수 있는 가능성이 있는 것이지요.

다만, 퇴직 후의 노후재원에 대한 보장을 법으로 명시하고 있는 만 큼, 금융기관의 엄격한 심사를 거쳐야 가능할 것입니다.

인사 노무 Tip | • 코로나19로 인하여 소득이 감소한 경우에도 퇴직금 중도 인출을 받을 수 있는 사유에 해당합니다.

074 갚지 못한 대여금, 퇴직금에서 공제할 수 있을까

한고집 과장이 회사를 그만뒀다.
한고집 과장 회사로부터 빌린 주택자금 융자금은 아직 천만 원 정도 남아있다.
이거 간단하게 퇴직금에서 상계해도 될까?

결론을 말씀드리면, 퇴직금은 퇴직금대로 지급하고 주택자금 융자금은 따로 받는 편이 낫습니다.

퇴직금이라면 1/2까지는 압류할 수 있으나, 대부분 사업장은 퇴직연금에 가입되어 있고, 퇴직연금은 압류가 금지됩니다. 압류하지 못하는 채권은 상계할 수 없으므로[11], 만약 한고집 과장의 회사가 퇴직연금제도를 운용하고 있다면, 주택자금 융자금은 상계가 불가능합니다.

근로자퇴직급여 보장법 시행령에서 일부 예외(DC형)를 두긴 하지

---

11 민법 제497조

만, 실무적으로는 퇴직소득세 과세이연 문제 등으로 적용이 어렵습니다.

'상계'와 관련하여 근로기준법에는 2가지 조항이 있습니다.

첫 번째, 사용자는 전차금(前借金)이나 그 밖에 근로할 것을 조건으로 하는 전대(前貸)채권과 임금을 상계하지 못합니다.[12]

근로자가 채권으로 말미암아, 억지로 일하게 되는 것을 막기 위함입니다.

전차금이란 근로자가 사용자에게 빌린 돈을 말하며, 전대채권은 사용자가 미리 대여한 금전에 대한 채권을 말합니다.

회사에서 자녀 학자금 융자, 주택 구입자금 융자 등은 갚을 때까지 근로해야 한다는 조건이 붙은 게 아닌 한은 위에 해당이 된다고 볼 수 없습니다.

두 번째, 사용자는 근로자에게 임금의 '전액'을 지급해야 합니다.[13]

상계는 일방의 의사표시로 채권을 소멸시키는 행위입니다.

상계한다면, 사용자 입장에서는 빌려준 돈 떼일 염려 없이, 간단한 계산으로 채권의 회수가 가능할 것이나, 근로자 입장에서는 매월 들어오는 임금이 줄어 생활상의 어려움을 겪게 되고 돈을 갚을 때까지 일해야 하는 수도 있습니다.

대출금채권[14], 불법행위에 기한 손해배상채권[15]과 같이 사용자가 근로자에게 가지는 채권과 임금채권의 상계는 전액지급의 원칙에서 위반됩니다.

---

12 근기법 제21조
13 근기법 제43조 제1항
14 대법원 1990. 5. 8. 선고 88다카26413
15 대법원 1976. 9. 28. 선고 75다1768

그렇다면, 직원들의 복지 차원에서 만들어진 주택자금 융자금, 어떻게 처리해야 할까요?

실무적으로는 다음의 3가지 방법을 고려해 볼 수 있습니다.

① 근로자와 상계계약서(급여공제 동의서)를 작성합니다.

　상계는 일방의 의사표시로, 계약은 쌍방의 의사표시로 이루어집니다. 따라서 근로자가 '동의'하여 상계계약을 맺으면 상계처리가 가능합니다.

② 퇴직금은 전액 지불하고 근로자가 남은 융자금을 입금하도록 합니다.

　근로자가 안 갚으면 대여금반환청구 소송 등을 통해서 강제해야겠죠. 금품 청산 의무[16]와 지연이자[17]에도 불구하고, 퇴직금 지급을 늦추는 방법도 고민해볼 수는 있을 것 같습니다.

　그런데 또 주의해야 할 점이 있습니다.

　임금, 퇴직금 등은 1/2에 해당하는 금액은 압류하지 못합니다.[18] 게다가, 퇴직연금(IRP 계좌)은 양도하거나 담보로 제공할 수 없습니다.[19]

　따라서, 금액이 적다면 '상계계약서'를 작성하여 근로자의 동의를 구하여 임금에서 상계하는 방법과 금액이 많다면, 임금, 퇴직금은 지급하고, 별도로 근로자에게 대여금을 상환받는 편이 좋을 것 같습니다.

---

16 근기법 제36조
17 동법 제37조 제1항
18 민사집행법 제246조 제1항 제4호 및 제5호
19 근로자퇴직급여보장법 제7조 제1항

③ 마지막으로, '대여금' 제도를 운용하는 회사라면, 대출 시 '보증보험' 가입을 의무화하는 것이 바람직할 것입니다.

인사 노무 Tip	• '대여금' 제도를 운영하는 회사에서는 융자 시 직원이 '보증보험'에 가입하도록 합니다.
	• 퇴직금은 퇴직금대로, 대여금은 대여금대로 처리하는 것이 좋습니다.

다음의 경우를 생각해봅시다.
근로자의 실수로 발생한 과태료, 임금과 상계가 가능할까요?

시설물 관리를 담당하고 있는 한고집 과장, 구청에 신고기일을 넘겨 과태료가 5만 원이 부과되었다.
한고집 과장이 게으름을 피우다 생긴 일이니, 회사는 징계는 넘어가는 대신, 반성하라는 의미에서 과태료는 한고집 과장이 납부하라고 한다.
내 일이 아니고 회사 일 아닌가? 내가 왜 과태료를 내야 하지?
회사에서는 봐준답시고, 과태료 5만 원을 급여에서 공제한다는데, 내 허락도 없이 내 월급에 손을 댄다고?
한고집 과장은 마음이 매우 불편하다.

일방적인 상계는 안 되지만, '상계계약서(급여공제동의서)'를 작성한 다면 급여에서 상계가 가능합니다.
계약서를 작성하였다면, 한고집 과장의 허락하에 급여에서 공제하는 셈이 됩니다.

만약 한고집 과장이 서명을 안 한다면, 회사는 손해배상을 청구해야 할 텐데요.

가능은 하겠지만, 글쎄요.

일단 손해배상을 청구하려면, 어떤 손해가 얼마만큼 있었는지를 사용자가 입증해야 합니다.

직원의 고의, 과실로 손해가 있더라도, 업무상 손해를 근로자가 100% 배상해야 하는 경우는 거의 없습니다. 고의, 과실의 정도를 따져서 판단합니다.

또한 판례는 '손해의 공평한 분담이라는 견지에서 신의칙상 상당하다고 인정되는 한도 내에서만 피용자에 대하여 손해배상을 청구하거나 그 구상권을 행사'할 수 있다고 봅니다.[20]

근로자가 제삼자에게 손해를 입혔을 경우, 사용자도 배상책임[21]이 있습니다.

상당한 주의감독을 하지 않았다면, 사용자 역시 책임을 피할 수는 없습니다.

한마디로 쉽지 않습니다.

한고집 과장의 경우는 어떨까요?

과태료가 5만 원인 걸로 봐서는 큰 건은 아니고, 회사는 '주의'를 줄 의도였던 걸로 보입니다. 아마도 이런 종류의 과실이 반복되었던

20 대법원 2009. 11. 26. 선고 2009다59350
21 민법 제756조

건 아닐까 싶습니다.

과태료는 회사로 부과된 것이므로, 회사가 납부하는 것이 맞지만, 한고집 과장의 과실이 분명하다면, 동의를 받아 상계처리도 가능할 것입니다.

인사 노무 Tip

- 직원의 고의, 과실로 손해가 발생했다면, 실손해에 대해 배상을 요구할 수는 있겠으나, 사용자 역시 관리 감독 의무가 있기 때문에, 근로자에게 손해배상을 요구할 때는 주의가 필요합니다.

이루자 씨, 한고집 과장의 급여를 잘못 계산했다.

지난달 결근이 하루가 있었는데, 전액을 지급한 것이다.

이루자 씨 : "한과장, 급여가 1일분이 더 들어가서 다음 달에 뺄게요?"

한과장 : "이미 지급한 걸 다시 빼는 경우가 어딨어요? 임금은 전액을 지급해야 하는 거 모르나? 근로기준법에 다 쓰여있어요!"

이래저래 회사와 자꾸 부딪히던 한 과장은 이제, 근로기준법을 빠삭하게 알게 되었습니다.

임금지급의 원칙 4가지 중 전액불 지급의 원칙이 있죠.[22]

그런데 예외가 있습니다.

---

22 근기법 제43조 제1항 - 임금은 ①통화(通貨)로 ②직접 ③근로자에게 ④그 전액을 지급하여야 한다.

판례는 부당이득반환채권[23]를 자동채권으로 하는 상계에 관해서는 예외를 인정합니다.

판례는 '일반적으로 임금은 직접 근로자에게 전액을 지급하여야 하므로 사용자가 근로자에 대하여 가지는 채권으로서 근로자의 임금채권과 상계를 하지 못하는 것이 원칙이나, 계산의 착오 등으로 임금이 초과 지급되었을 때 그 행사의 시기가 초과 지급된 시기와 임금의 정산, 조정의 실질을 잃지 않을 만큼 합리적으로 밀접되어 있고, 금액과 방법이 미리 예고되는 등 근로자의 경제생활 안정을 해할 염려가 없는 경우나 근로자가 퇴직한 후에 그 재직 중 지급되지 아니한 임금이나 퇴직금을 청구할 경우에는 사용자가 초과지급된 임금의 부당이득반환청구권을 자동채권으로 하여 상계할 수 있다.'[24]고 봅니다.

인사 노무 Tip | • 계산 착오 등으로 초과지급된 임금은 상계가 가능합니다.

---

23 민법 제741조
24 대법원 1993. 12. 28. 선고 93다38529

075 왕따로 자진퇴사 시, 실업급여 받을 수 있을까

지혜 씨는 지난해부터 동료들에게 집단 따돌림을 당하다 입사 1년 만에 스스로 사직서를 냈다. 어렵게 구한 직장이라 참고 또 참으며 동료들과의 관계회복을 위해서 노력했지만, 관계는 좋아지지 않았고, 최근에는 모욕적인 발언까지 들어 더 이상 버티기 어려웠다. 이직할 직장을 구하고 그만두고 싶었지만, 더 이상은 근무를 계속하기가 어려워 실업급여를 받으면서 다른 일자리를 알아봐야겠다고 생각하며, 사직서를 냈다. 그런데, 개인사정으로 퇴직을 하였기 때문에 실업급여를 받을 수 없을 거라는 회사의 말에 지혜 씨는 당황했다.

지혜 씨는 실업급여를 받을 수 있을까?

실업급여란 근로의 의사 및 능력을 가지고 있음에도 비자발적인 사유로 인하여 취업하지 못한 상태에 있을 때 재취업 활동을 하는 기간에 소정의 급여를 지급함으로 실업으로 인한 생계불안을 극복하고 생활의 안정을 도와주기 위해 지급되는 급여입니다.

즉, 실업급여는 실업상태에 있는 모든 근로자에게 지급하는 것이 아니고 일정한 요건을 갖출 때만 그 수급자격을 인정하고 있으며, 그 요건은 다음과 같습니다.

실업급여 수급요건

첫째, 이직일 전 18개월 동안에 180일 이상 고용보험에 가입되어 있어야 합니다.

둘째, 근로의 의사와 능력이 있음에도 불구하고 취업하지 못한 상태에 있어야 합니다.

셋째, 재취업을 위한 노력을 적극적으로 해야 합니다.

넷째, 이직사유가 비자발적인 사유여야 합니다.

사례를 살펴보겠습니다.

지혜 씨의 경우 자발적으로 사직서를 작성하고 자진퇴사하였으니, 그 수급자격이 부정될까요?

형식상으로는 본인이 사직서를 제출한 것이므로 자발적 사직으로 볼 수도 있겠지만, 실질적으로는 집단적 괴롭힘으로 인해 더 이상 근무를 할 수가 없었던 경우에 해당되므로 비자발적 사직에 해당할 수도 있습니다. 고용보험법에서도 직장내괴롭힘을 당한 경우를 정당한 이직사유로 명시하고 있습니다.[25]

직장내괴롭힘은 비자발적 이직사유에 해당

다만, 직장내괴롭힘이 있었는지 여부는 '주관적인 판단'에 의해서가 아니라 그러한 괴롭힘이 '객관적으로' 확인되어야 합니다. 따라서, 직장내괴롭힘이 발생할 경우 괴롭힘이 존재하였다는 것을 입증하기

---

25 고용보험법 시행규칙 제101조 제2항 별표2의 3의2

위한 증거를 최대한 확보하여야 합니다.

　회사의 취업규칙 등 규정 상의 직장내괴롭힘 처리절차에 따라 직장내괴롭힘을 신고하거나, 관할 노동청에 직장내괴롭힘에 대한 진정을 제기하는 등의 조치를 통해서도 그 객관성을 인정받을 수 있습니다.

　직장내괴롭힘 외에도 임금체불이 있거나, 최저임금에 미달한 임금을 받거나, 차별대우를 받는 등 근로자와 사업장 등의 사정에 비추어 동일한 여건에서는 통상의 다른 근로자도 이직했을 것이라 인정되는 경우라면 자진하여 사직하였다고 하더라도 실업급여수급을 위한 정당한 이직사유로 인정받을 수 있습니다.

인사 노무 Tip	• 회사는 반드시 이직확인서를 발급해 주어야 합니다. 간혹 발급을 거부하는 경우가 있는데, 이를 거부할 경우 300만 원 이하의 과태료가 부과됩니다.

누구나 쉽게 배우는
인사 노무 사례 100개면 되겠니

076 65세 이상도 실업급여를 받을 수 있을까

 65세에 정년퇴임을 하고, 쉬지 않고 바로 새로운 직장에 들어간 김말년 씨는 올해 66세가 되었다. 그런데 코로나로 사정이 어려워진 회사는 김말년 씨에게 사직을 권하였다. 쉬고 싶은 마음은 굴뚝같아도 아직은 일을 놓을 수 없는 김말년 씨는 권고사직의 경우에는 새 일자리를 찾을 때까지 실업급여를 받을 수 있다고 알고 있어 권고사직에 응하겠다고 아내에게 이야기한다. 이에 아내가 65세 이상은 고용보험료도 안내고 실업급여도 못 받는다고 말한다. 김말년 씨는 실업급여를 받을 수 있을까?

고용보험은 고용안정 및 직업능력개발사업을 통해 고용안정을 촉진하고, 실업이 발생하더라도 실업급여를 지급하고 재취업을 촉진함으로써 경제적 어려움을 해소하기 위한 사회보장제도입니다. 고용보험은 근로자뿐 아니라 프리랜서 예술인에게까지 적용되는 등 점차 그 범위가 확대하고 있습니다.

고용보험의 적용대상이 되는지 여부는 실업급여를 받을 수 있는 요건에 해당하기에 요즘과 같이 경제 상황이 좋지 않은 때에 특히 중요하고 관련하여 문의도 많아집니다.

고용보험은 원칙적으로 모든 사업 또는 사업장에 적용된다고 정하고 있으며[26], 적용제외자[27]는 다음과 같습니다.

① 1개월간 소정근로시간이 60시간 미만인 자
    단, 3개월 이상 계속하여 근로를 제공하는 자와 일용근로자 제외
② 별정직공무원, 임기제공무원의 경우는 임의 가입
③ 「사립학교교직원연금법」의 적용을 받는 사람
④ 별정우체국 직원
⑤ 65세 이후에 고용되거나 자영업을 개시한 사람
    (65세 전부터 피보험 자격을 유지하던 사람이 65세 이후에 계속하여 고
    용된 경우는 제외한다) - 실업급여, 육아휴직 등 일부 적용제외

65세 이후에 고용된 사람은 실업급여규정이 적용되지 않는다고
명시되어 있지만, 65세 전부터 피보험 자격을 유지하고 65세 이후에
도 계속하여 고용된 경우에는 실업급여 규정이 적용된다는 것을 확
인할 수 있습니다.

65세 전부터 쭉 같은 회사에서 일했다면, 분명 실업급여 규정에 적
용될 수 있음을 알 수 있지만, 김말년 씨처럼 65세 이후에 이직을 한
경우에는 어떻게 될까요?

"계속하여 고용된 경우"의 의미란?

반드시 동일한 사업자에서 고용을 유지해야 하는 것이 아니며, 하
루의 근로 단절도 없는 경우로, 사회통념상 토요일이나 일요일과 같

---

26 고용보험법 제8조
27 동법 제10조

이 고용보험 취득이 불가능한 휴일이나 교대제의 휴무일 이후에 전직한 경우도 계속 근로로 인정됩니다.

근로복지공단은 65세 전에 고용보험자격을 유지하다가 퇴사하여 다른 회사에 하루의 근로 단절도 없이 바로 입사한 경우 '계속하여 고용된 경우'로 보기 때문에 65세 이후에도 고용보험의 실업급여 보험료를 부과·징수하며, 당연한 결과로 실업급여 수급의 자격도 갖게 됩니다.

고용형태의 변동에 따른 계속 근로의 판단

- (상용 ▶ 65세 이후 일용) 상용근로자로서 이직한 날과 일용으로 근로를 처음 시작한 날 사이의 단절이 없어야 함
- (일용 ▶ 65세 이후 상용) 일용으로 근로를 한 마지막 날과 상용근로자로서 시작한 날 사이의 단절이 없어야 함
- (일용 ▶ 65세 이후 일용) 65세 이전 일용으로 근로를 한 마지막 날과 65세 이후 근로를 시작한 날 사이에 공백이 10일 미만이어야 함

사례를 살펴보겠습니다.

김말년 씨는 65세 전부터 고용보험자격을 유지하다가 퇴사하여 다른 회사에 하루의 근로 단절도 없이 바로 입사하였습니다.
이에 '계속하여 고용된 경우'에 해당하여, 65세 이후에도 고용보험의 실업급여 보험료 부과·징수 대상입니다. 따라서, 비자발적 사유 등 실업급여 수급요건을 갖춘다면 실업급여를 받을 수 있습니다.

077 근로자의 이직사유를 허위로 작성한 사용자의 책임

이루리 대표는 최근 밤에 잠을 이루지 못할 정도로 분이 차오른다. 얼마 전 퇴사한 김그만 씨가 퇴직금을 못 받았다며 노동부에 진정을 했기 때문이다.

이루리 대표의 말 못 할 속상정은 이러했다.
김그만 씨는 자진해서 회사를 그만두면서, 이루리 대표에게 실업급여를 받을 수 있는 사유로 고용보험 자격상실신고를 해주면, 1년 치 퇴직금을 받지 않을 것이고, 퇴사하고 나서 회사를 상대로 어떠한 문제 제기도 하지 않겠다고 약속을 했다. 이루리 대표는 좋은 게 좋은 것이니 김그만 씨의 청을 들어주기로 하고 김그만 씨의 이직사유를 '경영상의 이유'로 인한 권고사직으로 작성해서 근로복지공단에 제출하였다.
억울한 마음에 노동청에 가서 이 사실을 말하고 싶지만, 이루리 대표는 혹시 실업급여 부정수급과 관련해서 어떤 처벌을 받게 될까 걱정이 된다.

실업급여를 받기 위해서는 '실업'이 인정되어야 합니다.
실업이란 근로의 의사와 능력이 있음에도 불구하고 취업하지 못한 상태에 있는 것을 말합니다.[28] 즉, 근로자의 의사에 반하여 근로

---

28 고용보험법 제2조 제3호

의 의사와 능력이 있음에도 불구하고 회사를 그만둘 수밖에 없는 사유가 전제되어야 합니다.

회사의 이직확인서 작성 및 제출 의무

회사는 그 사실을 확인해 주기 위해 근로자의 고용보험 자격상실 신고 외에도 '이직확인서'를 작성해서 제출해야 하는데, 근로자의 피보험단위기간, 임금 및 이직사유를 작성하여 이직확인서 제출요청을 받은 날로부터 10일 이내에 제출해야 하며 이를 거부하거나 거짓으로 작성할 경우 300만 원 이하의 과태료가 부과됩니다.

이직사유를 거짓으로 신고할 경우

그런데, 위의 사례와 같이 회사와 근로자가 공모하여 이직사유를 거짓으로 신고하거나 보고할 경우에는 5년 이하의 징역 또는 5천만 원 이하의 벌금에 처해지게 됩니다.[29] 뿐만 아니라, 근로자에게 구직급여의 반환뿐만 아니라 구직급여의 5배 이하의 금액을 추가로 징수하 수 있는데 이를 근로자와 사업주가 연대하여 그 책임을 지도록 하고 있습니다.[30]

따라서, 근로자가 회사를 이직할 경우에는 반드시 있는 사실 그대로 신고하여야 합니다.

---

29 동법 제116조
30 동법 제62조 제2항

실업급여 부정수급의 유형

구분	유형
수급 자격 신청	• 피보험자격 취득 및 상실을 허위로 신고한 경우 • 급여기초임금일액산정의 기초가 되는 임금액을 과다하게 기재한 경우 • 이직 사유를 허위로 기재한 경우 • 취업상태에서 실업하였다고 신고하는 경우
실업 인정	• 취업한 사실은 숨기고 계속 실업 인정을 받는 경우 • 자신의 근로에 의한 소득의 미신고 및 허위 신고 • 재취업 활동 여부를 허위로 신고한 경우 • 확정된 취직 또는 자영업 개시 사실을 미신고한 경우
기타	• 취업 촉진 수당 수급을 위해 각종 허위 신고를 한 경우 • 상병급여 수급을 위해 각종 허위 신고를 한 경우

사례를 살펴보겠습니다.

이루리 대표님은 김그만 씨가 개인사유로 회사를 이직한다는 것을 알고 있었음에도 경영상의 이유로 인한 권고사유로 허위사실을 신고하였습니다. 그러니, 이루리 대표님은 법 위반에 해당하여 5년 이하의 징역 또는 5천만 원 이하의 벌금에 해당하는 처벌을 피할 수 없을 것입니다.

| 인사 노무 Tip | • 노동부는 실업급여 부정수급 신고에 대한 포상금제도를 운영하고 있으니, 투명하게 관련 업무를 처리해야 합니다.
• 근로자의 입사 및 이직이 많거나, 임금체불이 자주 발생하는 사업장은 부정수급 조사 대상이 될 수 있습니다. |

07

모성보호 및
일과 가정 양립

078 직장내 성희롱, 나도 모르게 가해자가 될 수 있다

80년대생 문제야 과장은 요즘 가슴이 답답하고, 머리가 너무 아프다. 성희롱가해자로 징계위원회에 회부되었기 때문이다. 문제야 과장은 문제의 회식자리를 떠올려 본다.

며칠 전 오랜만에 회식을 하게 된 문제야 과장의 부서원들은 술잔을 기울이며 즐거운 시간을 보내고 있었다. 일도 끝나서 단정하게 매었던 넥타이도 허술해지고 안주는 또 어찌나 맛있는지 술이 술술 들어갔다. 그러던 중에 평소 술버릇이 안좋기로 유명한 이십원 부장이 신입 여자 사원에게 어깨에 손을 두르며, 노골적인 성희롱을 시작했다. 곁에 있던 여자 직원들도 표정이 어두워지기 시작했지만, 문제야 과장을 포함한 남자 직원들은 이십원 부장을 만류하기는커녕 이십원 부장이 던지는 성적 농담에 웃고 한 술 더 거드는 말들을 내던졌다. 이십원 부장, 이번에는 곧 결혼을 앞둔 박강희 사원에 대해 며칠 전에 연차휴가 간 것이 혼전임신을 해서 그런 거라며, 임신을 한 것에 내기를 하자고 한다. 박강희 사원은 무슨 말씀을 하시는 거냐고 그만하라고 화를 냈지만, 문제야 과장은 내기에 동참하겠다고 하면서 박강희 사원이 역성을 내어 이십원 부장이 화가 나셨으니 술을 따르라고 했다.

일주일 뒤, 이십원 부장, 문제야 과장은 직장내 성희롱 가해자로 징계위원회에 회부되었다. 회사에서는 두 사람 모두 해고하기로 결정했다. 문제야 과장은 단지 이십원 부장의 성희롱을 거들었을 뿐인데 성희롱이라니, 게다가 해고라니 억장이 무너진다.

이십원 부장은 명백한 성희롱을 한 것으로 보여집니다. 그런데 문제야 과장은 어떤가요?

직장내 성희롱이란?

① 사업주·상급자 또는 근로자가 직장 내의 지위를 이용하거나 업무와 관련하여

② 다른 근로자에게 성적 언동 등으로 성적 굴욕감 또는 혐오감을 느끼게 하거나 성적 언동 또는 그 밖의 요구 등에 따르지 아니하였다는 이유로

③ 근로조건 및 고용에서 불이익을 주는 것을 말합니다.

사례에 적용해 보겠습니다.

① 사업주·상급자 또는 근로자가 직장 내의 지위를 이용하거나 업무와 관련하여

문제야 과장은 박강희 사원과 같은 부서에 상급자의 위치에서 함께 근무하고 있고, 업무의 연장으로 인정되는 회식 중 발생하였으므로, 업무 관련성이 인정됩니다.

② 다른 근로자에게 성적 언동 등으로 성적 굴욕감 또는 혐오감을 느끼게 하거나 성적 언동 또는 그 밖의 요구 등에 따르지 아니하였다는 이유로

타인의 성관계, 임신, 출산과 같은 사적인 관계를 추측하는 것은 모두 성희롱에 해당하므로, 혼전임신에 대한 내기를 한 것, 여자직원

들에게 이십원 부장에게 술을 따르라고 하는 것 모두 대표적인 성적 언동에 해당합니다.

③ 근로조건 및 고용에서 불이익을 주었는지

이런 불쾌하고 불편한 사건 이후, 신입사원 박강희 사원이 즐겁게 이십원 부장, 문제야 과장과 같은 공간에서 일할 것을 기대하기는 어려울 것입니다. 실제로도 그랬고요. 고용환경을 악화시켰음이 인정되었습니다.

따라서 이십원 부장, 문제야 과장은 직장내 성희롱의 가해자가 되었고, 이에 대한 민·형사상 책임을 져야 할 뿐만 아니라 회사 내 인사위원회에 회부되어 징계도 받게 되었습니다.

위 사례처럼 성희롱이 명백한 경우도 있지만, 실제 사례에서 다소 애매한 경우들이 많이 있습니다. 나는 그런 의도에서 한 이야기가 아닌데, 상대방은 성희롱이라고 느끼는 경우들 말이죠. 예를 들어, "아이돌 ○○처럼 예쁘다. 잘생겼다."라는 식의 말들이 그렇습니다.

의도치 않게 성희롱의 가해자가 되는 일이 없도록 하려면 어떻게 해야할까요?

☑ 우리는 일로 만난 사이! 공사를 구분하여 행동한다.
☑ 타인의 신체, 외모, 사생활에 대한 언급은 하지 않는다.
☑ 상대방이 불쾌감이나 거부의사를 표현했을 때 즉각 중지한다.

☑ 다른 직원이 성희롱을 하는 경우 이에 동조하지 않고 이에 이의를 제기하거나 화제를 돌린다.

☑ 나의 행동을 항상 유의하고 점검한다.

☑ 지위, 업무, 성별에 관계없이 존칭을 사용한다.

☑ 성희롱 행위자가 되었을 때 받게 될 법적, 사회적 개인적 불이익을 인지한다.

실제로 고용노동부에서도 자신의 발언 및 행동에 대해 상대방의 체감 정도를 알지 못하는 상황에서 직장 내 성희롱이 주로 발생한다는 점을 파악하고 '직장내성희롱 셀프체크앱'을 개발하고 보급하고 있습니다.

성희롱 판단력 테스트

번호	내용	정답
1	직원들끼리 격려하거나 친밀감의 표시로 포옹하기, 어깨 토닥이기, 팔짱끼기 등의 신체적 접촉을 하는 것은 직장 내 성희롱이 될 수 있다.	○
2	외모에 대한 칭찬도 직장 내 성희롱이 될 수 있다.	○
3	회식자리에서 분위기를 띄우기 위해 성적농담을 하는 것은 직장 내 성희롱이 될 수 있다.	○
4	단 한 번의 성희롱은 실수이므로 직장 내 성희롱으로 문제제기 할 수 없다.	×
5	성적 농담에 나만 불쾌할 뿐이고 다른 동료들은 모두 즐거워했다면 직장 내 성희롱이 될 수 없다.	×
6	동성 간의 음담패설도 직장 내 성희롱이 될 수 있다.	○
7	직장 동료에게 연예인이나 고객 등에 대한 성적 농담이나 외모의 성적 비유를 하는 것은 직장 내 성희롱이 될 수 없다.	×
8	상대방이 원치 않는 구애 행위는 직장 내 성희롱이 될 수 있다.	○
9	회사 내 개인 컴퓨터 바탕화면으로 선정적인 연예인 사진 등을 사용하는 것도 직장 내 성희롱이 될 수 있다.	○

번호	내 용	정답
9	회사 내 개인 컴퓨터 바탕화면으로 선정적인 연예인 사진 등을 사용하는 것도 직장 내 성희롱이 될 수 있다.	○
10	직급이 낮은 사람이 직급이 높은 사람에게 하는 성적 언동도 직장 내 성희롱이 될 수 있다.	○
11	가해자의 성적 언동이 의도된 것이 아니라면 직장 내 성희롱이 될 수 없다.	×
12	성적 소문을 동료들에게 전달한 것도 직장 내 성희롱이 될 수 있다.	○
13	성적 요구에 대해 상대방이 명백히 거부의사를 밝히지 않은 경우 직장 내 성희롱이 될 수 없다.	×
14	고객이나 거래처 관계자 등에 의한 직장 내 성희롱도 회사 내 문제제기가 가능하다.	○
15	상사가 반말로 업무를 지시하여 불쾌하게 느꼈다면 직장 내 성희롱이 될 수 있다.	×
16	회식이나 회의 등에서 잘 어울려 보이는 남녀직원에게 사귀어보라고 말하는 것은 직장 내 성희롱이 될 수 있다.	○
17	욕설이 특정성을 비하하고 성적으로 대상화하는 내용을 포함하고 있다면 직장 내 성희롱이 될 수 있다.	○
18	성적 요구에 응하지 않는 것을 이유로 불이익한 조치를 위하는 것은 직장 내 성희롱이 될 수 있다.	○
19	사업주는 직장 내 성희롱 예방교육을 실시할 의무뿐만 아니라 사업주 스스로도 참여할 의무가 있다.	○
20	형법상 처벌되는 직장 내 성폭력은 직장 내 성희롱이 아니다.	×

위 사항들만 지킨다면, 나도 모르는 사이 가해자가 되는 일은 없을 것이라고 감히 장담해 봅니다.

인사 노무 Tip	• 사업주가 직장 내 성희롱을 한 경우는 1천만 원 이하의 과태료에 처해집니다. • 직장 내 성희롱 발생 사실조사를 하지 아니한 경우 500만 원 이하의 과태료에 처해집니다.

079 생리휴가는 꼭 부여해야 할까

수진 씨는 승무원으로 근무 중이다. 평소 생리통이 심한 수진 씨는 생리휴가를 신청하였다. 그러나, 회사는 생리기간임을 증명하지 못하면 생리휴가 청구를 받아줄 수 없다고 하며 사실상 거절하였다. 알고 보니, 회사는 단 한 번도 생리휴가 사용을 승인한 적이 없다. 수진 씨는 생리 중임을 소명하라는 회사의 요구에 모멸감을 느꼈고, 앞으로 다른 근로자들을 위해서라도 이렇게 있어서는 안 된다고 생각하여 회사를 상대로 근로기준법 위반으로 노동청에 진정을 제기하였다. 생리휴가는 반드시 부여해야 하는 것일까? 또 생리 중임을 반드시 확인해야만 회사가 인정해 줄 수 있는 것일까?

생리휴가제도는 한국전쟁이 휴전을 했던 1953년 근로기준법 제정 시에 여성 근로자를 보호하려는 취지에서 도입되었습니다. 당시 노동환경은 매우 열악했기에, 생리휴가는 유급으로 보장하도록 규정하였습니다. 이후 주 40시간제가 도입되면서 2003년 생리휴가는 무급으로 변경되었습니다. 이런 이유로 생리휴가가 없어졌다고 생각하는 분들이 많지만, 생리휴가는 계속 유지되고 있는 제도입니다.

생리휴가

회사는 여성 근로자가 청구하는 경우에 월 1일의 생리휴가를 주어야 하며1, 위반 시 500만 원 이하의 벌금이 부과됩니다.

생리휴가청구의 거절이 타당하기 위해서는

해당 여성 근로자가 폐경, 자궁 제거, 임신 등으로 인하여 생리현상이 없다는 점에 관하여 비교적 명백한 정황이 있는 경우2에 한합니다.

생리현상을 증명하라고 하는 것은 여성 근로자의 사생활 침해가 될 수도 있습니다.

사례를 살펴보겠습니다.

회사는 수진 씨에게 생리현상의 존재를 소명하지 못했으니 생리휴가를 부여할 수 없다고 하였으므로, 거절에 타당한 사유가 있다고 할 수 없습니다. 회사는 법 위반으로 벌금형에 처해질 것입니다.

실제 사건에서 법원은 생리현상의 존재를 입증하라는 요구는 근로자의 사생활 등 인권에 대한 과도한 침해가 될 뿐만 아니라 생리휴가 청구를 기피하게 만들거나 청구 절차를 어렵게 함으로써 생리휴가 제도 자체를 무용하게 만들 수 있으므로, 여성 근로자가 생리휴가를 청구하는 경우, 해당 여성 근로자가 폐경, 자궁 제거, 임신 등으로 인하여 생리현상이 없다는 점에 관하여 비교적 명백한 정황이 없는 이상 여성 근로자의 청구에 따라 생리휴가를 부여하여야 한다고 판시하였습니다.

---

1 근기법 제73조
2 대법원 2021. 4. 8. 선고 2021도1500

누구나 쉽게 배우는
인사 노무 사례 100개면 되겠니

인사 노무 Tip	• 생리휴가는 무급이 원칙이지만, 회사 규정에 따라 유급으로 부여할 수 있습니다.
	• 생리휴가는 근로자가 청구한 경우에 부여하여야 합니다.
	• 생리휴가제도는 모든 여성 근로자에게 적용되며 고용형태나 근로시간의 장단과는 관계가 없습니다.

080 임신기 근로시간 단축 신청 시 임금은

이루자 대표는 고민이 생겼다. 경리 업무를 담당하고 있는 수진 씨가 임신했는데, 임신 초반에는 조심해야 한다면서 근로시간을 2시간 줄여달라고 한 것이다.

대표는, "그래, 임신 초기에는 조심하는 게 좋지. 연차휴가도 좀 쓰고, 근무시간은 줄여줄게. 일을 그 시간만큼은 덜 한 거니까, 급여를 그만큼 깎긴 해야 해."라고 말씀하셨다.

과연 그래도 되는 걸까?

임신은 경축해야 하는 일이지만, 인력을 대체하기 어려운 소규모 사업장에서는, 한 사람이 빠지면 다른 사람이 고생해야 하니, 사장님 입장에서는 부담스럽습니다. 게다가 사장님 말처럼 급여를 깎을 수도 없습니다.

회사는 임신 후 12주 이내 또는 36주 이후에 있는 여성 근로자가 1일 2시간의 근로시간 단축을 신청하는 경우 이를 허용하여야 하며, 근로시간 단축을 이유로 임금을 삭감해서는 안 됩니다.[3]

유산의 위험이 큰 임신 초기와 조산의 위험이 있는 임신 후기에 임산부와 태아의 건강을 보호하기 위함입니다.

---

3 근기법 제74조 제7항 및 제8항

신청방법은 아래와 같습니다.

근로시간 단축 개시 예정일의 3일 전까지 임신기간, 근로시간 단축 개시 예정일 및 종료 예정일, 근무 개시 시각 및 종료 시각 등을 적은 문서(전자문서를 포함)에 의사의 진단서를 첨부하여 회사에 제출합니다.[4]

- 대상자 : 임신 후 12주 이내 또는 36주 이후에 있는 여성 근로자
- 신청일 : 근로시간 단축 개시 예정일 3일 전
- 제출서류 : 근로시간 단축 신청서, 의사 진단서(임신 주수 확인용)

근로시간 단축 신청서 필수 기재 사항

① 임신기간
② 근로시간 단축 개시 예정일 및 종료 예정일
③ 근무 개시 시각 및 종료 시각

사용 방식에는 제한이 없으며, 출근시간을 1시간 늦추고 퇴근시간을 1시간 당기거나, 출근시간을 2시간 늦추는 방식, 퇴근시간을 2시간 당기는 방식 모두 가능합니다.

1일 6시간 근무가 가능하므로, 종전에 6시간만 근무하고 있었다면, 근로시간 단축 신청 시 이를 허용할 필요는 없습니다.

근로시간 단축 전후 임금은 동일하게 지급해야 합니다.

---

4 동법 시행령 제43조의2

'21. 11. 19.부터 임신 중인 근로자가 1일 소정근로시간을 유지하면서 업무의 시작 및 종료 시간의 변경을 신청하는 경우 이를 허용해야 합니다.[5]

근로시간 단축제도를 사용하기가 어려운 경우, 혼잡한 대중교통을 이용해야 하고 이로 인한 건강상 피해가 우려되었는데요. 대중교통을 타기 무서워지는 상황에 의미있는 법 개정이 이루어졌습니다.

한편, 임신 중인 근로자는 시간 외 근로가 금지되며 근로자의 요구가 있는 경우에는 쉬운 종류의 근로로 전환해야 합니다.[6]

임산부는 야간, 휴일 근로가 금지됩니다.[7]

산후 1년 미만의 여성은 1일 2시간, 1주 6시간, 1년 150시간을 초과하는 시간 외 근로가 금지됩니다.[8]

인사 노무 Tip	• 임신 후 12주 이내 또는 36주 이후에 있는 여성 근로자가 임신기 근로시간 단축을 신청 시, 회사는 이를 허용해야 합니다. • 임신 중인 근로자는 1일 소정근로시간을 유지하면서 업무의 시작 및 종료 시간을 변경할 수 있습니다.

---

5 동법 제74조 제9항
6 동법 제74조 제5항
7 동법 제70조 제2항
8 동법 제70조 제2항

081 출산휴가를 아이를 낳은 다음에 써도 될까

일과 가정 양쪽에 모두 최선을 다하는 루리 씨, 임신 9개월이다. 출산전후 휴가는 총 90일, 아이를 돌봐줄 사람이 없는 루리 씨는 출산휴가를 최대한 늦게 쓰고 싶다. 출산 전 45일, 출산 후에 45일을 쓰지 않고 산후에 90일을 쓸 수 있을까?

네, 가능합니다.

임신 중의 여성에 대해서는 출산 전과 출산 후를 통하여 90일(다태아일 경우 120일)의 출산전후 휴가를 주되, 휴가기간의 배정은 출산 후에 45일(다태아일 경우 60일) 이상이 확보되도록 부여해야 합니다.[9]

출산 후 기간에 대해서는 45일(다태아일 경우 60일)이 보장되어야한다는 제한만 있을 뿐, 휴가기간의 배정에 대한 다른 제한은 없으므로, 루리 씨는 출산 후에 90일을 모두 사용할 수 있습니다.

그렇다면, 출산전후 휴가를 신청했는데, 출산예정일보다 늦게 아이를 낳은 경우는 어떻게 하면 될까요?

---

9 근기법 제74조 제1항

첫째 아이의 경우 예정일을 넘겨서 나오는 경우가 많습니다.

이 경우에도 출산 후 45일 이상이 되도록 휴가기간을 연장해야 합니다.

회사에서 급여를 처리할 때는, 출산전후휴가 개시일이 기준이므로 연장된 기간은 무급으로 처리합니다.

출산전후 휴가기간 중 우선지원대상기업의 경우 90일(다태아일 경우 120일)의 급여가 고용보험에서 지급이 되고, 대규모 기업의 경우 최초 60일(다태아 75일)은 사업주가 그 이후 30일(다태아 45일)은 고용보험에서 지급됩니다.

출산전후 휴가기간 중 우선지원 대상기업의 근로자는 90일분(600만원 한도, 다태아일 경우 120일분 800만 원), 대규모기업의 근로자는 최초 60일(다태아 75일)을 초과한 30일분(다태아일 경우 45일분)에 해당하는 근로기준법상 통상임금(출산전후 휴가 개시일 기준)상당액을 지급합니다.

출산전후 휴가 급여를 모의 계산할 수 있는 사이트를 안내합니다.

www.ei.go.kr

접속 후 고용보험 제도 〉 개인혜택 〉 모성보호 안내 〉 모성보호 모의 계산

인사 노무 Tip	• 출산전후 휴가 배정 시 출산 후에 45일(다태아일 경우 60일)이 확보되어야 합니다. • 출산전후 휴가 개시 후 출산예정일이 지나 자녀를 출산한 경우에도 출산 후 45일(다태아일 경우 60일)이 확보될 수 있도록 출산전후 휴가를 연장합니다.

082 배우자 출산휴가

 한고집 과장의 아내가 예쁜 딸을 낳았다.
인사팀 최고수 차장 말로는 '배우자 출산휴가'를 사용할 수 있다는
데, 배우자 출산휴가란 어떤 제도일까?

배우자 출산휴가란

배우자의 출산에 따른 배우자의 건강보호와 태어난 자녀의 양육을 위해 근로자에게 부여하는 휴가입니다.

- 대상 : 배우자가 출산한 근로자
  - ◆ 근속기간, 근로형태, 직종 등에 관계없이 부여하므로, 계약직, 파견직 등 비정규직인 경우에도 사용 가능
- 기간 : 10일
- 휴가 시작일
  - ◆ 배우자가 출산한 날부터 휴가 사용 가능
  - ◆ 출산 준비과정을 고려하여 휴가기간 안에 출산(예정)일을 포함

하고 있다면 출산일 전에 휴가를 사용하는 것도 가능
- 휴가 신청 가능일 : 출산일로부터 90일 이내
  - ◆ 출산한 날부터 90일 이내 휴가를 시작하면 되고, 휴가종료일은 출산일로부터 90일이 넘어가도 됨
- 배우자 출산휴가 기간 중 근로제공 의무가 없는 날(휴일 등)이 포함된 경우에는 휴가일수에서 제외

분할 사용 – 1회 가능
- 분할 사용일수 제한 없음
- 분할 사용 시 두 번째 사용기간은 출산일로부터 90일 이내 휴가를 시작해야 함

소득보장
- 대기업 : 10일분 사업주가 지급
- 우선지원대상기업 : 최초 5일분 고용보험에서 지급
  (단, 최초 5일분의 통상임금과 고용보험 지급분의 차액은 사업주가 지급함. 통상임금 지급(고용보험 지원은 최대 382,770원)

신분보장
배우자 출산휴가를 이유로 한 해고, 그 밖의 불리한 처우를 금지

※ 그 밖의 불리한 처우란 휴직, 정직, 배치전환, 전근, 출근정지, 승급 정지, 감봉 등을 통해 근로자에게 경제적, 정신적, 생활상의 불이익을 주는 것을 말함

벌칙

• 위반 시 3년 이하의 징역 또는 3천만 원 이하의 벌금[10]

인사 노무 Tip	• 배우자 출산휴가는 근속기간, 근로형태, 직종 등에 관계 없이 부여하므로, 계약직, 파견직 등 비정규직인 경우에도 사용 가능합니다. • 우선지원대상기업의 경우 10일 유급휴가 중 최초 5일분 고용보험에서 지급합니다.

---

10 남녀고용평등법 제37조제2항2의2

083 육아휴직 했더니 고과를 C 받았습니다

루리 씨의 목표는 멋진 커리어우먼이다.

출산전후 휴가나 육아휴직을 사용하면서 부서원들에게 피해가 가지 않도록 사소한 일이라도 문서로 정리해서 공유했고, 인수인계도 철저하게 했다. 육아휴직 중 회사에서 오는 전화도 잘 받았다.

그런데, 육아휴직 중에 반기별로 진행이 되는 인사평가가 있었고, '성과'평가를 하는 회사에서는 루리 씨의 기여분이 없다고 평가등급을 C로 부여했다.

그나마도 루리 씨가 평가대상 기간 중 육아휴직 가기 전 기간에 열심히 해서 해당 부분을 반영한 것이란다.

루리 씨는 억울하다. C가 하나라도 있으면 승진 심사 대상에 올라가지도 않는데, 아이를 낳지 말라는 소리인가? 일, 가정 모두에 충실하고 싶었던 루리 씨, B등급도 아니고 C등급은 너무한 일이 아닌가?

"휴직자(육아휴직자 포함) 평가등급을 어떻게 할 것인가?"에 대한 질문에, 성과보상 이론에서는 해당 평가 기간에 '기여분'이 없으니, 낮은 평가등급을 받는 것은 당연하다고 말합니다.

회사의 평가체계나 운영방식에 따라 다소 차이는 있지만, 평가체계는 대개 '성과, 역량(태도 포함)'으로 나누어져 있고, 육아휴직 중이라고 해서 '역량'이 변하는 것은 아니므로 '역량'은 평상시대로 받지만, '성과'는 평가대상 기간에 대한 기여분이므로, 평가대상 기간에

'휴직'을 하였다면, '기여분'이 없어 낮은 등급을 받을 수 있습니다.

그렇다면 노동법에서는 어떻게 볼까요?

남녀고용평등법에서는 사업주는 육아휴직을 이유로 해고나 그 밖의 불리한 처우를 금지[11]하고 있으나, 안타깝게도 무엇이 불리한 처우인지에 대해서는 구체적으로 기술하고 있지 않습니다.

해석으로 '불리한 처우'란 육아휴직 후 합리적인 이유 없이 휴직, 정직, 배치전환, 전근, 출근정지, 승급정지, 감봉 등 근로자에게 경제·정신·생활상의 불이익을 주는 것을 말합니다.[12]

실무에서는 어떻게 처리하고 있을까요?

육아휴직 기간이 평가기간 일부에 걸쳐있다면, 예를 들어 육아휴직 기간이 평가대상 기간 중 2(3)개월 이상일 경우에는 평가대상자에서 제외하고, 미만이면 포함합니다.

평가대상자에서 제외된다면 중간등급인 B등급을 부여합니다.

교원이나 공공기관을 따라 사기업에서도 말이 제일 안 나오는 B등급을 부여한 것이지요.

승진대상자로 선정되기 위한 기준으로 B등급 하나 정도는 큰 무리가 없으니까요.

"나는 원래 A등급의 인력이다. 내가 육아휴직을 썼다는 이유로 B를 받는다면, 이건 아이를 낳지 말라는 것과 뭐가 다르냐!"라고 항의하시는 분도 있습니다.

---

11 남녀고용평등법 제19조 제3항
12 여성고용정책과-2640, 2013. 12. 10.

일부 회사에서는 육아휴직자의 평균 성과를 반영하여 등급을 부여하기도 합니다.

만약 부서에 배분되는 평가등급이 정해져 있다면 이분이 아무리 A급 인력이라 하더라도 이분에게 A를 준다면 실제 평가대상기간에 열심히 일한 분의 성과를 뺏는 결과를 초래할 수도 있습니다.

'불리한 처우'가 합리적인 이유를 필요로 할 때, '성과'평가 시 실제 근무기간에 따라 임금을 조정하는 방법은 합리적일까요?

육아휴직 1년 중 1개월을 근무한 직원이 있을 때, 1개월만 임금인상에 반영하여 전체 임금인상률 x 1개월/12개월로 임금을 조정한다면 해당 직원은 육아휴직으로 인해 낮은 임금을 받게 되므로, 합리적인 이유가 있다고 보기 어려울 것입니다. 육아휴직은 필연적으로 해당기간 동안 근무를 하지 못하는 것을 전제로 하므로, 육아휴직 자체가 낮은 고과를 받는 이유가 됩니다.

그렇다면 평가기간 동안 성과기여분이 없다는 이유로 C등급을 받는 것은 어떨까요?

사실 이 부분은 논란의 여지가 있습니다.

회사의 평가체계가 '합리적'이라고 인정을 받는지 여부에 따라 달라집니다.

30%의 성과 부분에만 낮은 점수를 받고, 70%의 역량 부분에서는 중간 점수를 받아, C등급을 받았다면, 평가등급이 보상과 연동이 되는 회사에서는 육아휴직자가 다른 직원들에 비해 낮은 임금인상률을 적용받게 되고, 낮은 고과로 승진대상자에서도 제외될 수 있습니다.

성과 등 다양한 요소를 고려해 승진자를 정하는 것은 정당한 인사권의 행사로 볼 수도 있으나, '합리적'인지에 대해서는 회사에서 입증해야 합니다.

한편, 승진이나 승급 등의 자격요건에서 육아휴직자를 제외하는 것도 불리한 처우에 해당합니다.[13]

성과급 등의 경우 육아휴직 자체가 성과급의 지급여부를 결정하는 요건, 예컨대 최소 일정 기간을 근무해야만 성과급을 지급하기로 한 경우나 성과급 지급시 실제 근무하고 있어야 하는 경우와 같이 육아휴직으로 인해 성과급의 지급대상에서 원천적으로 제외하는 것은 불리한 처우에 해당되나 실제 근무일 등 성과의 기여에 따라 금액을 차등하는 것은 합리적인 차등으로서 유효합니다.[14]

참고로 국가인권위원회는 육아휴직 기간을 비근무 기간으로 반영하는 교육공무원 성과평가 기준이 부당하다는 의견을 냈습니다. 성과상여금은 근무기간 만큼 지급되는데, 육아휴직 기간에 대해 감점까지 적용하는 것은 부당한 처우라는 취지입니다.

인사 노무 Tip	• 육아휴직을 이유로 '합리적 이유'가 없는 불리한 처우는 금지됩니다. • 육아휴직자는 제도적으로 평가대상 기간에 해당 육아휴직 기간이 얼마인지에 따라 기준을 정하여 평가대상자에서 제외하는 것이 좋습니다.

---

13 여성고용정책과-977, 2012. 3. 21.
14 근정 68240-285, 1998. 8. 17.

084
육아휴직을 회사별로
신청할 수 있을까

이루리 씨의 아이가 이번에 초등학교에 들어갔다. 초등학교 1학년 때는 엄마들이 신경 쓸 게 많다고 하던데, 루리 씨는 육아직을 신청해서 적극적으로 아이가 학교에 적응할 수 있도록 도우려고 한다. 루리 씨는 이전 회사에서 육아휴직을 1년 사용했다. 이후 좋은 기회가 와서 지금 회사로 이직을 했고, 1년째 잘 다니고 있다. 다행히도 이번 회사도 육아휴직을 쓴다고 눈치를 주는 분위기는 아니다. 루리 씨는 이직한 회사에서 육아휴직을 쓸 수 있을까?

회사는 ▲임신 중인 여성 근로자가 모성을 보호하거나 근로자가 ▲만 8세 이하 또는 ▲초등학교 2학년 이하의 자녀 양육하기 위하여 육아휴직을 신청하는 경우에 이를 허용하여야 하며, 육아휴직 기간은 1년 이내입니다.[15]

또한, 육아휴직을 신청하려면, 근속기간이 6개월 이상이어야 합니다.[16]

루리 씨는 만 8세 이하, 초등학교 2학년 이하의 자녀가 있고, 근속기간은 1년이므로 육아휴직 신청 요건에 부합합니다.

문제는 '육아휴직 기간 1년'을 이전 회사에서 이미 사용했다는 점

---

15 남녀고용평등법 제19조 제1항 및 제2항
16 동법 시행령 제10조

입니다.

육아휴직은 회사 기준으로 신청이 가능할까요?

아니면 자녀 기준으로 신청이 가능할까요?

자녀 기준으로 신청이 가능합니다.

행정해석은 남녀고용평등법 제19조의 규정이 근로자가 여러 회사를 다니면서 동일 자녀에 대하여 육아휴직을 여러 해 사용하는 것을 보장하는 것보다는, 근로자에게 한 자녀에 대하여 1년의 육아휴직을 사용할 권리를 부여한 것으로 해석하는 것이 타당하므로, 근로자가 동일한 자녀에 대하여 1년의 육아휴직을 이미 사용하였다면, 새로운 회사에서 신청한 육아휴직에 대하여 사업주가 허용할 의무는 없다고 보았습니다.[17]

루리 씨는 육아휴직 1년을 이미 사용했으므로, 이직한 회사에서 추가로 육아휴직 1년을 부여할 필요는 없습니다.

종전에 이런 사례가 있었는데요.

근로자가 이전 회사에서 육아휴직을 사용한 것을 인사팀에서 알 방법이 없으니, 회사에서는 육아휴직은 허용했습니다.

물론 근로자는 육아휴직 급여를 신청해서 받을 수는 없었습니다.

따라서, 경력으로 입사한 근로자가 육아휴직을 신청한다면, 이전에 육아휴직을 사용한 적이 있는지 확인해보는 것이 좋습니다.

한편, 육아기근로시간단축은 육아휴직과는 별개로 사용이 가능하며 기간은 1년입니다.

종전 육아휴직 기간 중 잔여기간이 있다면 잔여기간을 포함하여

---

17 여성고용정책과-462, 2014. 2. 13.

육아기근로시간단축을 사용할 수 있습니다. (ex. 육아휴직 잔여기간 6개월 + 육아기근로시간단축 1년 ⇒ 육아기근로시간단축 총 1년 6개월)

육아기근로시간단축을 하게 되면, 주당 근무시간은 15~30시간으로 조정되며, 고용보험에서 지원하는 급여는 다음과 같습니다.

육아휴가 근로시간 단축 계산식		
매주 최초 5시간분	통상임금 100% (상한 200만 원, 하한 50만 원)	$x \dfrac{5}{단축\ 전\ 소정근로시간}$
나머지 근로시간 단축분	통상임금 80% (상한 150만 원, 하한 50만 원)	$x \dfrac{단축\ 전\ 소정근로시간 - 단축\ 후\ 소정근로시간 - 5}{단축\ 전\ 소정근로시간}$

※ 개정법(육아기근로시간단축 확대) 시행(2019. 10. 01.) 이전 육아휴직(또는 육아기근로시간단축)을 1년 사용한 경우에는 개정법이 적용되지 않습니다.

ⓘ

인사 노무 Tip

- 이전 직장에서 육아휴직 1년을 다 사용하였다면, 현재 직장에서 육아휴직을 허용할 의무는 없습니다. 단, 잔여기간이 있다면 잔여기간만큼 육아휴직을 사용할 수 있습니다.
- 육아기근로시간단축은 육아휴직과 별개로 사용이 가능합니다. 단, 2019. 10. 01. 이전에 육아휴직(또는 육아기근로시간단축)을 1년 사용한 경우에는 사용이 불가능합니다.

085 육아휴직 중인데 복직일을 앞당길 수 있을까

 루리 씨는 현재 육아휴직 중이다. 내년 초에 복직 예정인데, 친정 어머니가 근처로 이사를 오시면서 아이들을 돌봐주신다고 한다. 육아휴직 급여로는 턱없이 부족해 복직 일자를 앞당기고 싶다. 인사팀에 이야기하자, 육아휴직 기간 동안 대체인력을 구했고 계약기간이 1년이라, 복직 일자를 맞춰주기 어렵다고 한다. 육아휴직 신청 이후 복직 일자는 내 뜻대로 조정할 수 없는 건가?

　　회사는 근로자가 만 8세 이하 또는 초등학교 2학년 이하의 자녀를 양육하기 위하여 휴직을 신청하는 경우에 이를 허용해야 합니다.

　　그러나 조기 복직도 마찬가지일까요? 아닙니다.

　　휴직 종료 예정일은 1회에 한하여 연기가 가능[18]하나, 종료 예정일을 앞당겨 줄 것을 요구하는 경우 사업주가 거부할 수 있습니다.[19]

　　물론 예외는 있습니다. 영유아가 사망하였거나 동거하지 않게 된 경우입니다.[20]

　　그러나 그 이외 사유로 업무에 복귀하는 절차는 규정하고 있지 않

---

18 남녀고용평등법 시행령 제12조 제2항
19 여성고용정책과-655, 2015. 3. 16.
20 동법 시행령 제14조

으며, 육아휴직이 종료되는 사유가 아니라면 갑작스럽게 사업주에게 업무에 복귀시킬 의무를 부과하기는 어렵습니다.

육아휴직을 마친 후에는 휴직 전과 같은 업무 또는 같은 수준의 임금을 지급하는 직무에 복귀시켜야 합니다.[21]

회사는 육아휴직 중인 직원의 직무를 대체할 비정규직 인력을 선발하여 일을 시키고 있을 수도 있습니다.

대체인력이 있다면, 해당 인력의 계약종료일 이전 조기 복직은 사실상 어렵습니다.

회사의 규모가 커서 같은 직무는 아니더라도 같은 수준의 임금을 지급하는 다른 직무에 복귀를 시킬 수 있다 하더라도, 정기 인사발령처럼 대규모의 인력이동이 있지 않다면, 부서별 TO 고려 없이 해당 인력을 배치하기는 쉽지 않습니다.

따라서 조기 복직을 원한다면, 회사와 충분히 조율한 후에 복직 일자를 조정하시길 바랍니다.

인사 노무 Tip

• 육아휴직자가 조기 복직 의사를 밝히더라도 회사가 조기 복직을 시켜야 할 의무는 없습니다.

---

21 동법 제19조 제4항

086

가족돌봄 등 근로시간 단축제도

워킹맘 이루리 씨는 걱정이 태산이다. 아이들 방학이 시작되었기 때문이다. 아이들을 유명한 윈터스쿨에 보내려고 학원 접수 시작 시간에 맞춰 땡! 하고 접속을 해서 겨우겨우 등록을 했다.

방학 동안은 여기 보내면 되겠다 싶었는데, 문제는 아이들이 아침 일찍부터 시작하는 윈터스쿨 일정에 맞춰 알아서 못 일어난다는 것이다.

고민 끝에 한 달 정도만, 가족돌봄 등 근로시간 단축제도를 써보려고 인사팀에 문의를 했다.

루리 씨는 가족돌봄 등 근로시간 단축제도를 사용하여 이 난국을 잘 헤쳐나갈 수 있을까?

가족돌봄 등 근로시간 단축제도는 '가족 돌봄', '본인 건강', '은퇴 준비(55세 이상)', '학업' 등을 이유로 근로 시간을 주당 15~30시간 범위까지 단축할 수 있도록 하는 제도입니다.[22]

가족돌봄 등 근로시간 단축 신청 사유

1. 근로자가 가족의 질병, 사고, 노령으로 인하여 그 가족을 돌보기 위한 경우

---

22 남녀고용평등법 제22조의3

- 이때의 가족이란 근로자의 조부모, 부모, 배우자, 배우자의 부모, 자녀, 손자녀를 말합니다.
- 돌봄은 질병, 사고, 노령에 따른 돌봄으로 한정되며, 단순 자녀 양육은 이에 해당되지 않습니다.

2. 근로자 자신의 질병이나 사고로 인한 부상 등의 사유로 자신의 건강을 돌보기 위한 경우
- 이때 건강은 신체적 건강뿐 아니라 정신 건강을 포함합니다.
- 질병, 부상을 치료 중인 경우, 질병 등으로 노동능력이 감소한 경우도 이에 해당합니다.

3. 55세 이상의 근로자가 은퇴를 준비하기 위한 경우
- 은퇴준비는 재취업, 창업, 사회공헌 등 다양한 사유로 활용이 가능합니다.

4. 근로자의 학업을 위한 경우
- 학업은 근로자가 자율적으로 참여하는 학업을 의미하며, 학교 정규 교육과정, 직업능력개발훈련, 일정 자격 취득 및 과정 수료를 위한 교육과정 참여 등을 의미합니다.

※ 독학, 단순 취미활동, 사업주 주도의 직업훈련은 여기서 제외됩니다.

단축시간(연장근로) 및 단축기간

단축시간 : 단축 후 근로시간은 주당 15시간 이상이어야 하고 30시간을 넘어서는 안 됩니다.

단축기간 : 단축 기간은 최소 1년 이내이며, 추가로 2년의 범위 안

에서 근로시간 단축의 기간을 연장할 수 있습니다. 단, 학업은 1년
까지 가능

단축 기간 연장 예시

	1년		2년	3년
학업 외	〈최초 단축〉 6개월	←————— 연장(최대 2년 6개월) —————→		
학업	〈최초 단축〉 6개월	연장(최대 6개월)	×	×

〈출처 : 2021 모성보호와 일.가정 양립 지원 업무편람〉

근로시간 단축 허용 여부 통보
근로자가 근로시간 단축을 신청하면 사업주는 신청일로부터 30일
이내에 근로시간 단축 허용 여부를 알려주어야 합니다.

근로시간 단축 허용 예외
☑ 해당 사업에서 계속 근로한 기간이 6개월 미만인 근로자가 신청
   한 경우
   • 6개월 근속 여부 충족 판단 시점은 근로시간 단축 개시 예정
     일임
☑ 대체인력 채용이 곤란한 경우
   • 고용센터가 알선한 대체인력에 대해 정당한 사유 없이 2회 이
     상 채용을 거부 시 예외로 인정되지 않음
☑ 업무성격상 근로시간 분할 수행이 곤란한 경우
☑ 정상적인 사업운영에 중대한 지장이 있는 경우

누구나 쉽게 배우는
인사 노무 사례 100개면 되겠니

☑ 근로시간 단축 사용 후 2년이 경과하지 않은 경우

- 근로시간 단축기간이 끝난 근로자가 기존과 다른 사유로 단축을 신청해도 2년 이내라면 허용하지 않을 수 있음. 단, 사업주가 재신청을 임의로 허용한 경우에는 재신청 제한기간과 관계없이 사용 가능

불이익 처우 등 금지

☑ 가족돌봄 등을 위한 근로시간 단축을 이유로 해고나 그 밖의 불리한 처우 금지

☑ 근로자의 명시적 청구 없는 연장근로 금지

☑ 근로시간 단축기간 종료 시 종전과 동일한 업무나 같은 수준의 임금을 지급하는 직무로 복귀

신청절차

(신청서 제출) 가족돌봄 등 근로시간 단축을 신청하려는 근로자는 가족돌봄등단축개시예정일의 30일 전까지 신청서를 작성하여 제출합니다.

신청서에는 아래의 내용을 포함합니다.

▲신청사유, ▲단축개시예정일, ▲단축종료예정일, ▲근무개시시각·근무종료시각, ▲신청 연월일, ▲신청인 등에 대한 사항

(사업주의 허용) 사업주는 신청일부터 30일 이내로 가족돌봄등근로시간단축 개시일을 지정하여 가족돌봄등 근로시간단축을 허용해야 합니다.

사례를 살펴보겠습니다.

루리 씨는 안타깝게도 가족돌봄 등을 위한 근로시간 단축 신청 사유에
해당하지 않습니다. 가족 돌봄이 필요한 경우에 해당하지만, 돌봄은
질병, 사고, 노령에 따른 돌봄으로 한정되기 때문입니다.
단순한 자녀 양육은 이에 해당하지 않습니다.

087 계약직은 육아휴직 1년 못 쓰나요

지혜 씨는 올해 3월 초에 기간제근로자(1년 계약)로 입사하였다.
지혜 씨는 입사 당시 임신 중이었는데, 회사에 따로 이야기하진 않
았고, 4개월 후인 7월에는 출산전후 휴가를 신청했다.
지혜 씨는 출산전후 휴가에 이어 10월에 육아휴직을 1년 쓸 생
각이다.
인사담당자는 "2월 말에 계약기간이 종료돼서, 육아휴직은 그때
까지밖에 못 써요."라고 말한다.
"육아휴직은 1년 아닌가요? 육아휴직 중 근로계약 기간이 종료되
면 육아휴직을 더 쓸 수 없는 건가요?"

기간제근로자 또는 파견근로자도 육아휴직을 1년 쓸 수 있습니다.
단, 회사가 근로계약 기간을 연장해 줄 의무는 없습니다.

개정된 법에서 육아휴직 기간은 사용기간 또는 근로자 파견기간
에서 제외된다고 명시하고 있는데[23], 이 규정으로 육아휴직 기간만큼
근로계약기간이 연장되는 것으로 생각하는 분들이 많이 있습니다.

그러나, 당해 규정은 육아휴직기간이 기간제 근로자 또는 파견 근
로자의 사용기간(2년)에 산입되지 않아 사업주가 근로자의 육아휴직
기간만큼 계약기간을 연장하더라도 무기계약자로 전환해야 하는 부

---

23 남녀고용평등법 제19조 제5항

담을 지지 않도록 하면서, 비정규직 근로자의 육아휴직이 보장될 수 있도록 해당 기간을 제외시킨 것입니다.

근로계약은 근로계약 만료일에 종료되는 것이 원칙입니다.

종전에는 회사에서 계속 근무한 기간이 1년 이상인 경우에만 육아휴직 신청이 가능했고, 육아휴직 중에 계약기간이 종료되면 기간만료로 종료되었습니다.

개정된 법에서는 육아휴직 개시예정일 전날까지 계속 근무한 기간이 6개월 이상인 경우 육아휴직을 신청할 수 있습니다.[24]

출산전후 휴가는 어떨까요?

사용자는 임신 중의 여성에게 출산전후 휴가를 부여해야 합니다.[25]

이는 소속 근로자에게 부여하는 것이므로, 기간만료로 계약이 당연종료되는 기간제근로자나 파견근로자는 계약기간만 출산전후 휴가를 받을 수 있습니다.

출산전후 휴가를 부여할 사업주의 의무는 계약기간이 만료된 경우 종료되나, 2021년 7월부터는 고용보험에서 출산전후 휴가 중 계약기간이 종료된 경우, 근로계약 종료일부터 해당 출산전후 휴가 종료일까지의 기간에 대한 출산전후 휴가 급여 등에 상당하는 금액 전부를 기간제근로자 또는 파견근로자에게 지급할 수 있도록 법이 개정되었습니다.

모성보호와 관련된 법 조항 위반은 제재가 강합니다.

---

24 동법 시행령 제10조
25 근기법 제74조 제1항

육아휴직을 이유로 해고나 그 밖의 불리한 처우를 할 수 없으며, 육아휴직 기간에는 근로자를 해고하지 못하며[26], 위반 시에는 5년 이하의 징역 또는 3천만 원 이하의 벌금이 부과됩니다.[27]

출산전후 휴가를 부여하지 않을 때에는 2년 이하의 징역 또는 2천만 원 이하의 벌금이 부과됩니다.[28]

사례를 살펴보겠습니다.

지혜 씨의 경우에도 출산전후 휴가 사용 후 육아휴직 신청은 가능하나, 현실적으로는 원 근로계약 만료인 2월까지만 육아휴직이 가능할 것 같습니다.

참고로 계약기간 만료는 실업급여 수급 사유입니다.

인사 노무 Tip	• 기간제근로자 및 파견근로자도 입사 후 6개월이 지나면 육아휴직을 부여해야 합니다. • 출산전후 휴가 또는 육아휴직 기간 중 계약기간이 만료된 경우에는 근로계약은 기간만료로 종료됩니다. 단, 육아휴직 기간은 기간제 사용기간에서 제외되므로 근로계약 기간 연장도 가능합니다.

---

26 동법 제19조 제3항
27 동법 제37조 제2항 제3호
28 근기법 제110조 제1호

08

일하다가 다쳤을 때

088 산재보험에 미가입했는데, 일하다 다친 경우

지혜 씨는 식당에서 주방 일을 담당하고 있다.

4대 보험에 가입하면 수령하는 임금이 적어지니, 개인사업자로 처리하고 3.3% 세금만 떼기로 사장님과 이야기를 했다.

그렇게 1년을 일했는데, 그만 근무 중에 사고를 입었다.

물기 있는 주방 바닥에서 미끄러지면서 발목을 접질렀는데, 인대가 늘어난 것이다.

주말에 병원에 가서 물리치료 받으면 낫겠지 했는데, 도저히 아파서 견딜 수가 없다.

개인사업자로 등록되어 있을 텐데, 이제 와서 산재를 신청할 수 있을까?

1인 이상 사업장은 산재보험에 가입해야 합니다.[1]

건강보험, 국민연금, 고용보험과 달리, 산재보험은 오직 사업주만 부담합니다.

사업에 대한 이윤은 사용자에게 돌아가므로 위험부담에 대한 책임도 사용자에게 있다는 논리입니다. 따라서 산재보험 미신고로 인한 산재보험료 부담도 사업주에게만 있습니다.

단, 지혜 씨는 여타 보험도 가입하지 않았으므로 전체 보험을 소급

---

1 산업재해보상보험법 제6조

하여 가입 시 본인 부담분 50%를 납부하게 됩니다. 건강보험의 경우 금액이 많으면 분할 납부도 가능합니다.

간혹 본인 잘못으로 다쳤다면 산재가 안 되는 게 아닌가? 궁금해 하는 경우가 있습니다.

산재보험은 근로자의 보호 차원에서 만들어진 제도입니다.

해당 사고가 사업주의 지배, 관리하에 발생한 것이라면, 근로자의 부주의로 발생한 사고라도 산재보험이 적용됩니다.

추후 분쟁의 여지를 남기지 않기 위해 주의해야 할 점이 두 가지 있습니다.

1. 사고 즉시, 목격자를 확보, 현장 사진 촬영, 회사에 알리는 등으로 기록을 남깁니다.
2. 병원 진료 시 일하다 다쳤다는 점을 명확히 합니다.

   ※ 추후 소견서에 활용할 수 있도록, 6하 원칙으로 언제, 어디서, 어떻게 다쳤는지 등을 정리하여 의사에게 설명하시길 바랍니다.

회사 입장에서 처리 사항은 다음과 같습니다.

1. 요양급여신청서가 접수되면, 근로복지공단은 회사에 알리고, 회사는 10일 이내 보험가입자의견서를 제출합니다.[2]
2. 사장님은 산재보험료 미납분 및 근로자에게 지급된 산재보험급여액의 50%(최대 산재보험료 미납분의 5배)를 징수금으로 납부해야 합니다.[3]

---

2 동법 시행규칙 제20조 제2항
3 고용보험 및 산업재해보상보험의 보험료 징수 등에 관한 법률 시행령 제34조

산재보험 요율은 근로복지공단 사이트에서 확인할 수 있습니다.(※ 산재보험 요율은 여타 보험이 백분율인 것과 달리 천분율입니다.)

3. 한편, 3일 이상의 휴업 재해가 발생하는 경우 1개월 이내 산업재해조사표를 작성하여 관할 고용노동관서에 신고해야 합니다. 미제출 시 과태료는 최대 1,500만 원입니다.

〈산재 신청 서식자료〉

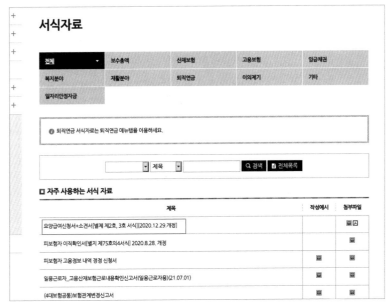

서식자료

전체 ▼	보수총액	산재보험	고용보험	임금채권
복지분야	재활분야	퇴직연금	이의제기	기타
일자리안정자금				

ⓘ 퇴직연금 서식자료는 퇴직연금 메뉴탭을 이용하세요.

[　　　▼] 제목 [▼] [　　　　　] 🔍검색 📋전체목록

☐ 자주 사용하는 서식 자료

제목	작성예시	첨부파일
요양급여신청서+소견서[별제 제2호, 3호 서식][2020.12.29.개정]		🖼️📄
피보험자 이직확인서[별지 제75호의4서식] 2020.8.28. 개정		🖼️
피보험자 고용정보 내역 정정 신청서	🖼️	🖼️
일용근로자_고용산재보험근로내용확인신고서(일용근로자용)(21.07.01)	🖼️	🖼️
(4대보험공통)보험관계변경신고서	🖼️	🖼️

〈정보공개〉자료실〉서식자료〉요양급여신청서+소견서〉

사례를 살펴보겠습니다.

지혜 씨는 산재 신청을 할 수 있습니다.

단, 지혜 씨가 근로자이고, 사고가 업무상 재해임을 입증해야 합니다.(※ 근로자성 입증 관련은 근로복지공단 1588-0075에 문의하여 도움을 받으시길 바랍니다.)

지혜 씨가 근로자로 일한 것이 확실하고 업무상 다친 게 맞다면, 치료 중인 병원 원무과에 산재 관련 담당에게 도움을 받거나, 근로복지공단 홈페이지에서 요양급여신청서 및 소견서 양식을 다운로드하여 근로복지공단에 신청하시기 바랍니다.

인사 노무 Tip

- 근로자가 사업소득으로 신고해 줄 것을 요청하더라도 근로자에 해당한다면 4대 보험은 반드시 가입합니다.

- 산재 발생 시 사업주는 보험가입자의견서를 작성하여 근로복지공단에 제출하며, 3일 이상 휴업 재해는 산업재해조사표를 작성하여 관할 고용노동관서에 신고합니다.

- 산재보험 미가입 후에 산재가 발생한다면, 사업주는 산재보험 신고 및 미납분과 추징금 납부, 산재보험 미신고에 따른 과태료를 납부해야 합니다.

089 일하다가 다쳤는데 산재가 아니다

이루리 씨는 광고회사에서 유튜브 등에 활용하는 동영상을 촬영하는 일을 하고 있다. 자유분방한 감성을 지닌 이루리 씨는 회사에서도 자신의 행복을 최대한 추구하며 일을 하고 싶다. 어느 날 야외촬영이 잡힌 이루리 씨는 쉬는 시간에 탈 요량으로 자신의 스케이트보드를 가지고 촬영장에 갔다. 점심을 먹고 이루리 씨는 스케이트보드를 타다가 그만 넘어져 수술을 요하는 골절사고를 당하고 말았다.

이루리 씨는 야외촬영 중에 부상을 입었으니, 산업재해라고 주장한다. 이루리 씨의 주장은 타당할까?

주변에서 일을 하다가 다쳤거나 아프게 되었을 때 '산재를 당했다.'라는 이야기를 들어보신 적이 있으신가요?

여기서의 산재는 산업재해의 줄임말로, 산재보험법상 보상의 대상이 되는 것을 말합니다. 당해 법령에서는 '업무상의 재해'에 해당하는 경우에 한하여 그 피해를 보상하도록 규정을 하고 있기 때문에 '업무상의 재해'로 인정되는지 여부가 매우 중요합니다.

업무상 재해의 요건

업무상 재해로 인정되기 위해서는 ① 업무수행성과 ② 업무기인성이 인정되어야 합니다.

업무수행성이란 근로자가 사용자의 지배 또는 관리 아래 업무를 수행하는 것을 말하고,

업무기인성은 업무수행과 재해 발생 사이에 인과관계가 있는 것을 말합니다.

사례를 살펴보겠습니다.

먼저, 이루리 씨는 '쉬는 시간'에 타려고 '개인 소유'의 스케이트보드를 촬영장에 가지고 갔습니다. 쉬는 시간은 근로자가 자유롭게 사용할 수 있는 시간이므로 사업주의 지배, 관리하에 있다고 보지 않는 것이 원칙입니다. 따라서 첫 번째 업무수행성이 인정되지 않습니다.

또한, 스케이트보드는 사업주가 제공한 촬영소품이 아니기 때문에 이루리 씨의 업무 수행과 휴게시간 중 스케이트보드를 타고 놀다가 다친 사고 사이에는 어떤 인과관계가 있다고 보기도 어렵습니다.

즉, 위의 사고는 이루리 씨의 사적 행위에 의한 것이라 할 수 있는데, 근로자의 사적 행위, 또는 돌발행위로 인한 사고는 '업무상 재해'로 인정되지 않습니다.

예를 들어 휴게시간이나 근무시간 중 몰래 음주를 하다가 사고가 난 경우가 이에 해당합니다. 하지만, 이런 경우에도 상사가 술을 권하였다면, 업무기인성이 인정되어 업무상 재해가 될 수 있습니다.

이루리 씨의 경우에도 스케이트보드가 촬영소품이었다면 이야기는 달라질 수 있습니다. 촬영소품으로 인한 사고로 업무와의 연관성이 높아지기 때문입니다.

| 인사 노무 Tip | • 업무와 관계없는 근로자의 사적 행위, 돌발행위로 인한 사고에 대해서는 '업무상 재해'로 인정되지 않습니다. |
| | • 출퇴근 중 사고가 발행한 경우에도 산업재해가 될 수 있습니다. |

090 자살은 산재가 될 수 있을까

△△부 강 장관은 산하기관인 한국OO공단에 상임이사 직위가 공석이 되자 공개모집을 결정했다.

오랫동안 △△부에서 근무해 온 한성실 씨가 이에 지원했고, 청와대 인사검증까지 거쳐 최종 후보 2인에 올랐지만 △△부 장관은 외부 전문가 영입을 위해 다시 임용절차를 밟고 낙하산 인사를 단행했다.

이로 인해 한성실 씨는 탈락하였고 본래 근무지로 사실상 좌천되는 인사조치가 검토되면서, 극심한 스트레스와 좌절감으로 우울증, 수면장애를 겪다가 유서를 남기고 스스로 목숨을 끊었다.

한성실 씨의 유족은 그의 자살은 업무상 재해에 해당하니 유족급여 및 장의비를 지급해 줄 것을 요청했으나, 근로복지공단은 '부지급 처분'을 내렸다.

유족 측은 평소에 한성실 씨는 본 사건 발생 전에는 정신과 치료를 받은 이력이 없었고 이번 부당 인사처분으로 인해 극심한 정신적 고통에 시달려 왔으며 본래 근무지로의 발령은 좌천과 같은 처분이라며 근로복지공단의 처분에 불복하는 소송을 제기하게 되었다.

자살도 산재가 될 수 있을까?

과중한 업무나 업무상의 정신적인 중압감 등으로 심한 스트레스에 시달리다 스스로 목숨을 끊었다는 사건들이 뉴스에 보도되곤 합니다.

자살도 업무상 재해로 인정될 수 있을까요?

판례는 근로자가 자살행위로 인하여 사망한 경우에, 업무로 인하여 질병이 발생하거나, 업무상 과로나 스트레스가 그 질병의 주된 발생원인에 겹쳐서 질병이 유발 또는 악화되고, 그러한 질병으로 인하여 정상적인 인식능력이나 행위선택능력, 정신적 억제력이 결여되거나 현저히 저하되어 합리적인 판단을 기대할 수 없을 정도의 상황에서 자살에 이르게 된 것이라고 추단할 수 있는 때에는 업무와 사망 사이에 상당인과관계를 인정할 수 있다고 판단하고 있습니다.[4]

내성적인 성격 등 개인적인 취약성이 자살을 결의하게 된 데에 영향을 미쳤다거나, 자살 직전에 환각, 망상 등의 정신병적 증상에 이르지 않았다고 하더라도 업무와 사망의 인과관계가 인정된다면 업무상 재해로 인정합니다.

사례를 살펴보겠습니다.

한성실 씨가 극심한 스트레스와 압박을 받게 되었던 사건의 발단은 한성실 씨가 오래도록 몸담고 있었던 한국00공단의 상임이사직 인사와 관련된 것으로 업무수행성이 인정됩니다. 이 과정에서 극심한 스트레스를 받았다고 인정될 만한 정황들은 ① 낙하산 인사가 단행되는 등 인사절차가 공정하게 진행되지 않았다는 점, ② 채용이 불발된 이후 좌천성 인사조치가 예정되어 있었다는 점, ③ 본 사건 발생 이전에는 정신과 치료를 받은 이력이 없다는 점 등으로 선발과정에서 상당한 스트레스를 받았을 것이 예상되고 업무와 자살(사망) 사이에 상당인과관

---

4 대법원 2014. 10. 30. 선고 2011두14692, 대법원 2017. 5. 31. 선고 2016두58840

계가 있다고 보여지므로 업무상 재해로 인정될 수 있습니다.

이러한 일들이 일어나지 않기를 간곡히 바라지만, 자살도 업무와의 연관성이 인정될 경우 산재보상을 받을 수 있으니 오로지 개인의 내성적 성격이나 취약성으로 인한 것이라고 단정하기 보다는 산업재해 인정여부를 적극적으로 검토하여 유족들에게 조금이라도 도움이 되기를 바랍니다.

| 인사 노무 Tip | • 자살도 사망이 업무로 인한 것임이 인정된다면 업무상 재해가 될 수 있습니다.
• 사망한 근로자의 유족에게는 그 선택에 따라 유족보상연금과 유족보상일시금(평균임금의 1,300일분)이 지급됩니다.[5] |

---

5 산업재해보상보험법 제62조

091 재택근무 중 다쳤을 때 산재를 인정받을 수 있을까

한고집 과장은 재택근무를 하다가 잠시 화장실을 다녀오던 중, 넘어져 코에 금이 가는 사고를 당했다. 얼굴이 잔뜩 부은 한고집 과장은 다음 날 출근했고, 회사에서 산재를 신청할 수 있을 것 같다는 이야기를 들었다. 집에서 회장실에 다녀오다가 생긴 일인데 산재가 될 수 있을까? 한고집 과장은 궁금하다.

코로나로 생활에 많은 변화가 있지만, 우리 직장인들에게 가장 큰 변화는 재택근무의 활성화가 아닌가 싶습니다.

집에서 일을 해보니 여러가지 장단점이 있습니다. 출·퇴근시간이 절약되고 편한 차림으로 일을 한다는게 좋기도 한데, 소통의 어려움으로 인한 문제가 발생하고 개인의 생활영역에서 일을 하다 보니 집중이 안 되어 다시 사무실로 복귀하고 싶어지기도 합니다.

재택근무의 경우에도 업무장소가 회사에서 집으로 변경되었을 뿐이라 원칙적으로 산업안전보건법이 적용됩니다. 따라서, 근로자가 입은 부상·질병 등과 재택근무 사이에 상당인과관계가 인정된다면 산재로 인정될 수 있습니다.

다만, 업무상 재해의 입증은 재택근무자가 해야만 하는데 집에서 혼자 일하는 형태이다 보니 증인이 없는 경우가 많고 업무수행과 사생활이 혼재할 가능성이 크다 보니 업무수행 과정에서 발생한 사고임을 입증할 객관적 정황자료를 확보하는 것이 어려울 수 있습니다.

구체적인 사례별로 판단을 해봐야 하겠지만, 업무상 재해로 인정된 사례와 그렇지 않은 대표적인 경우는 다음과 같습니다.

업무상재해로 인정된 사례

- 재택근무 중 물 마시러 가다 넘어진 사고
- 근무시간 중 화장실에서 미끄러진 사고
- 업무상 소통을 위해 인터넷 연결을 확인하기 위해 내려가다가 발생한 사고
- 자택에서 상담업무를 하다가 고객의 폭언 등으로 인한 스트레스로 발생한 질병

업무상 재해로 불인정된 사례

- 저녁거리를 사기 위해 마트에 다녀오다 발생한 사고
- 아이를 돌보다가 발생한 사고
- 자녀를 데리러 학교에 가다 발생한 사고
- 집안일을 하다가 발생한 사고
- 시설물 하자로 발생한 사고
- 집밖에서 흡연하다가 발생한 사고

사고가 업무와 무관한 사적 행위 과정에서 발생했다거나 사고의

원인이 해당 시설물의 결함이나 하자에 있다면 업무상 재해로 인정되기 어렵습니다.

다만, 업무상 재해에 해당하는지는 산재요양 신청 시 근로복지공단에서 개별적, 구체적으로 판단하기 때문에 모든 사안은 개별적으로 검토되어야 합니다.

사례를 살펴보겠습니다.

재택근무 중 화장실에 가다가 넘어진 한 과장의 이야기로 돌아가 보겠습니다. 앞서 본 바와 같이 재택근무 중 잠깐 화장실에 다녀온 것은 생리적 필요행위로써 업무와의 인과관계가 인정되므로 업무상 재해에 해당합니다.

인사 노무 Tip	• 재택근무 중 다친 경우에도 업무와의 인과관계가 인정될 경우 업무상 재해로 인정됩니다. • 재택근무 중의 사고가 업무와 무관한 사적 행위 과정에서 발생했다거나 사고의 원인이 해당 시설물의 결함이나 하자에 있다면 업무상 재해로 인정되기 어렵습니다.

092
중대 재해 발생으로
작업중지 명령을 받았을 때

 건설업체를 운영하고 있는 박철민 대표는 최근 현장에서 발생한 사망사고로 큰 충격에 빠졌다. 30여 년을 운영하며 사망사고가 발생한 적이 없었던 터라 무엇을 어떻게 해야하는지 알 수가 없었다. 엎친데 덮친 격으로, 노동청에서 중대재해가 발생되었다며 작업중지명령을 내렸다. 정해진 공사기한이 있는데, 언제까지 작업을 중지해야 하는 것일까? 슬퍼만 할 수 없는 대표의 어깨는 무겁기만 하다.

사업주가 법령에 정한 안전 및 보건상의 조치를 하지 아니하여 유해, 위험한 상태가 해소 또는 개선되지 아니하거나, 근로자에게 현저한 유해, 위험이 현저히 높아질 우려가 있는 경우 관련된 작업의 전부 또는 일부의 중지를 명할 수 있습니다.

작업중지의 적용대상

작업중지가 적용되는 경우는 중대재해와 사회적 물의를 야기하였거나 지방고용노동관서장이 필요성을 인정하여 지정한 사고입니다.

중대재해란

1. 사망자가 1명 이상 발생한 재해

2. 3개월 이상의 요양이 필요한 부상자가 동시에 2명 이상 발생한
   재해
3. 부상자 또는 직업성 질병자가 동시에 10명 이상 발생한 재해

중대재해법이 통과되고 산업재해에 대한 사회적 관심이 높아지고 있는 요즘입니다. 관할 노동청에서는 사업장 및 현장에서 사망사고가 발생하면 여지없이 작업중지명령을 내리고 있습니다.

과거 메탄올중독이 의심된 경우에도 작업중지 명령을 내린 적이 있습니다. 4명의 근로자가 시력을 잃은 사고라 다른 작업자들을 보호하기 위해 긴급하게 내린 조치였습니다.

작업중지명령이 내려지면, 회사는 근로자들의 안전을 보장하기 위한 계획서를 첨부하여 작업중지 해제신청하여 다시 작업을 시작할 수 있습니다. 그런데, 해제절차가 매우 까다롭고 어렵습니다.

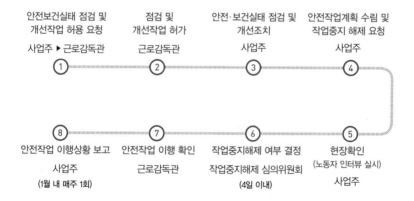

재해를 유발한 위험요인에 대한 안전보건조치 사항을 개선하여 현재 상태에서 노동자의 안전을 보장해야할 뿐 아니라, 작업중지 해제 이후의 작업계획도 안전성이 확보되도록 현상태를 점검 및 개선하고 장래의 작업에 대한 계획을 철저히 세워 심사를 받고 허가를 받아야 하기 때문입니다.

이 과정에서 실사를 하기 위한 현장확인은 물론 작업중지해제 심의위원회를 열어 노동지청장, 산재예방지도과장, 담당감독관, 안전보건공단 팀장급 이상 직원 및 외부전문가들의 대면심사를 통해 전원 합의 의결을 통과해야만 작업중지명령 해제가 결정됩니다.

다만, 이 경우도 예외는 있습니다.

아래의 경우에는 관할 노동청에서 현장지도를 하고, 지도내용 및 결과를 심의위원회에 보고하면 됩니다.

1. 상시 5인 미만 사업장 또는 총공사금액 3억 원 미만의 공사현장으로 지방고용노동관서장이 필요성을 인정한 경우
2. 계속사업이 아닌 일회성 공사로 남은 작업기간이 10일 이내에 불과한 경우

작업중지해제 절차는 신속하게 진행하는 것이 중요하므로, 작업중지명령을 받는다면 지체없이 안전작업계획서를 작성하고 안전작업 이행상황 보고를 해야합니다. 무엇보다 중대재해가 발생하지 않도록 그 예방에 만전을 기해야 할 것입니다.

| 인사 노무 Tip | • 중대재해발생으로 작업중지명령을 받은 경우 지체없이 근로자들의 안전을 보장하기 위한 계획서를 첨부하여 고용노동부에 작업중지 해제를 신청하여야 합니다.

• 산업재해 발생 시, 반드시 다음 사항을 기록하고 보존해야 합니다.

  1. 사업장의 개요 및 근로자의 인적사항
  2. 재해 발생의 일시 및 장소
  3. 재해 발생의 원인 및 과정
  4. 재해 재발 방지 계획

• 사망자가 발생하거나 3일 이상의 휴업이 필요한 부상을 입거나 질병에 걸린 사람이 발생한 경우에는 관할 노동청에 산업재해조사표를 제출해야 합니다. |

093 중대재해처벌법이란 무엇일까

2022년 1월 27일부터 중대재해처벌 등에 관한 법률(이하 중대재해처벌법이라 함)이 시행되었습니다. 재해에 대한 책임의 소재를 명확히 하고 있기 때문에 그 어느 때보다 관심이 뜨겁습니다. 중대재해처벌법이 통과되면서 외국계 기업에서는 '한국지사'발령을 꺼리는 현상도 나타날 정도였습니다.

하지만, 중대재해처벌법의 내용을 제대로 숙지하고 사업장에서 안전관리에 만전을 기한다면 중대재해 발생도 현저히 줄어들 것이고, 사업주 등 형사처벌에 대한 책임도 면할 수 있을 것입니다.

중대재해란

산업재해의 정도가 심한 것으로 아래에 해당되는 재해를 말합니다.

1. 사망자가 1명 이상 발생
2. 동일한 사고로 6개월 이상 치료가 필요한 부상자가 2명 이상 발생
3. 동일한 유해요인으로 직업성 질병자가 1년 이내 3명 이상 발생
   - 직업성 질병의 범위 : 급성중독, 독성간염, 압착증, 산소결핍

증, 열사병 등 24개 질병

중대재해처벌법이란[6]

안전보건 조치의무를 위반하여 인명피해를 발생하게 한 사업주, 경영책임자, 공무원 및 법인의 처벌 등을 규정함으로써 중대재해를 예방하고 시민과 종사자의 생명과 신체를 보호하기 위한 법입니다.[6]

책임주체는
- **사업주** : 자신의 사업을 영위하는 자, 타인의 노무를 제공받아 사업을 하는 자
- **경영책임자 등** : 사업을 대표, 총괄하는 책임이 있는 사람 또는 이에 준하는 안전보건에 관한 업무를 담당하는 사람

종사자의 범위
근로기준법상의 근로자, 노무제공자, 단계별 수급인, 수급인의 근로자와 노무제공자가 포함됩니다.(※ 노무제공자 : 도급, 용역, 위탁 등 계약의 형식에 관계없이 그 사업의 수행을 위해 대가를 목적으로 노무를 제공하는 자)

적용범위와 시행시기는
(2022. 1. 27.) 50명 이상인 사업 또는 사업장(건설업의 경우 공사금액 50억 원 이상의 공사)

---

6 중대재해처벌법 제1조

(2024. 1. 27.) 개인사업자 또는 상시근로자가 50명 미만인 사업 또는 사업장 (※ 건설업의 경우 공사금액 50억 원 미만의 공사, 적용제외 : 상시근로자가 5명 미만인 사업 또는 사업장의 사업주 또는 경영책임자)

안전보건확보의무는

실질적으로 지배운영관리하는 사업의 사업주, 경영책임자 등에게는 다음의 의무가 부과됩니다.

1. 안전보건관리체계의 구축 및 이행에 관한 조치
   - 안전보건에 관한 목표와 경영방침을 설정
   - 유해위험요인 확인 점검 및 개선 기능을 업무처리 절차를 마련하고 이행상황을 점검
   - 매년 안전 및 보건에 관한 인력, 시설 및 장비 등을 갖출 수 있는 적정 예산을 편성하고 용도에 따라 집행 및 관리하는 체계를 마련
   - 상시근로자 수가 500명 이상인 사업 또는 사업장이거나 시공능력 순위 상위 200위 이내의 건설회사는 안전보건 업무를 전담하는 조직을 둘 것
   - 제3자에게 업무를 도급, 용역, 위탁하는 경우 재해예방, 안전관리 등에 관한 사항을 확인하기 위한 평가기준과 절차를 마련하고 그 이행상황을 확인, 점검
2. 재해발생 시 재발방지 대책의 수립 및 이행에 관한 조치
3. 중앙행정기관 등이 관계 법령에 따라 시정 등을 명한 사항의 이행에 관한 조치

누구나 쉽게 배우는
인사 노무 사례 100개면 되겠니

4. 안전보건관계법령상 의무이행에 필요한 관리상의 조치
- 반기 1회 이상 안전보건 관계법령 이행 여부를 점검하고 그 결과를 보고받아야 함
- 점검결과, 이행되지 않은 내용이 있는 경우 인력, 예산 등을 지원하여 법령상 의무가 이행되도록 조치
- 안전보건 관계법령에 따라 유해하고 위험한 작업에 필요한 안전보건교육을 실시하고 잇있는지 확인하고 교육예산을 확보

사업주 또는 경영책임자 등이 제3자에게 도급, 용역, 위탁 등을 한 경우(실질적 지배, 운영,관리 시) 제3자의 종사자의 안전보건확보를 위한 조치를 해야 합니다.

실질적으로 지배운영관리하는 책임이 있는 경우란?
사업주가 해당 장소, 시설, 설비 등에 점유권, 임차권 등 실질적인 지배관리권을 가지고 있어 해당 장소 등의 유해, 위험요인을 인지·파악하여 유해, 위험요인 제거 등을 통제할 수 있는 경우를 의미합니다.

안전보건확보의무 위반 시 벌칙
처벌

	사업주 또는 경영책임자	법인 또는 기관
사망자가 1명 이상 발생 시	1년 이상 징역 또는 10억 원 이하 벌금 (병과 가능)	그 행위자를 벌하는 외에 50억 원 이하의 벌금 부과
사망 외 중대 재해 발생 시	7년 이하 징역 또는 1억 원 이하 벌금	그 행위자를 벌하는 외에 10억 원 이하의 벌금 부과

손해배상

손해를 입은 사람에게 손해액의 5배 내에서 배상책임을 집니다[7]

교육

중대산업재해가 발생한 법인 또는 기관의 경영책임자 등에게는 안전보건교육을 이수할 의무가 부여됩니다.[8]

공표

안전보건조치의무를 위반하여 발생한 중대산업재해는 사업장 명칭 등 발생사실을 공표할 수 있습니다.[9]

중대재해처벌법제정으로 안전보건관리체계를 구축·이행하여야 합니다.

안전보건관리체계를 제대로 구축하지 않거나 이행하지 않아 중대산업재해에 이르게 한 경영자는 1년 이상의 징역 또는 10억 원 이하의 벌금에 처합니다.[10]

당청의 산업안전 지도 점검이 활발히 이루어지고 있으므로, 우리 사업장의 안전보건관리 수준에 대한 자가진단을 실시해 하고 필요한 조치를 시행하여야 합니다.

---

7 동법 제15조
8 동법 제8조
9 동법 제13조
10 동법 제4조 및 제6조

누구나 쉽게 배우는
인사 노무 사례 100개면 되겠니

094 안전보건관리체계 자율진단표

중대재해처벌법[11]은 사업주에게 안전보건관리체계를 구축하고 이행하도록 규정하고 있습니다. 위반할 경우 1년 이상의 징역 또는 10억 원 이하의 벌금으로 처벌의 수위도 매우 높습니다.

안전보건관리체계란

'기업 스스로 사업장 내 위험요인*을 파악하여 제거, 대체 및 통제 방안을 마련·이행하고, 이를 지속적으로 개선하는 체계'를 말합니다.

* 위험 기계·기구·설비, 화학물질, 물리적인자(소음 등), 생물학적인자(감염병 등) 등

안전보건관리체계 구축은 다음의 7가지 요소를 고려하여 구축합니다.

---

11 중대재해처벌법 제4조

핵심 요소	실행전략
1. 경영자 지도력	• 안전보건에 대한 의지를 밝히고, 목표를 정합니다. • 안전보건에 필요한 자원(인력·시설·장비)을 배정합니다. • 구성원의 권한과 책임을 정하고, 참여를 독려합니다.
2. 근로자 참여	• 안전보건 관리 전반에 관한 정보를 공개합니다. • 모든 구성원이 참여할 수 있는 절차를 마련합니다. • 자유롭게 의견을 제시할 수 있는 문화를 조성합니다.
3. 위험요인 파악	• 위험요인에 대한 정보를 수집하고 정리합니다. • 산업재해 및 이차 사고를 조사합니다. • 위험 기계, 기구, 설비 등을 파악합니다. • 유해인자를 파악합니다. • 위험장소 및 위험작업을 파악합니다.
4. 위험요인 제거· 대체및 통제	• 위험요인별 위험성을 평가합니다. • 위험요인별 제거, 대체 및 통제 방안을 검토합니다. • 종합적인 대책을 수립하고 이행합니다. • 교육훈련을 실시합니다.
5. 비상조치계획 수립	• 위험요인을 바탕으로 '시나리오'를 작성합니다. • '재해 발생 시나리오'별 조치계획을 수립합니다. • 조치계획에 따라 주기적으로 훈련합니다.
6. 도급·용역·위탁 시 안전보건 확보	• 산업재해 예방 능력을 갖춘 수급인을 선정합니다. • 안전보건 관리체계 구축 및 운영에 있어, 사업장 내 모든 구성원이 참여하고 보호받을 수 있도록 합니다.
7. 평가 및 개선	• 안전보건 목표를 설정하고 평가합니다. • '안전보건 관리체계'가 제대로 운영되는지 확인합니다. • 발굴된 문제점을 주기적으로 검토하고 개선합니다.

안전보건관리체계는 기업여건에 맞게 구축하는 것이 가장 중요합니다. 우리 사업장에 맞는 안전보건관리체계를 구축하기 위해 무엇보다 중요한 것은 사업장에서 자율진단을 실시하는 것입니다. 다음의 자율진단표를 통해 우리 회사에 딱 맞는 안전보건관리체계를 수립하시기 바랍니다.

---

12 안전보건관리체계 가이드북

누구나 쉽게 배우는
인사 노무 사례 100개면 되겠니

안전보건 관리체계 자율진단표[12]

1. 일반 현황

사업장명		업 종		(대분류)
설 립 일	…	(표준산업분류)	(중분류)	
대 표 자		소 재 지		
담 당 자	직책:	성명:		연락처:
	이메일: @		팩스:	
상시근로자 수	○○○명(자율진단표 제출일 기준)			
협력업체 현황	사내 협력업체: 개소		사외 협력업체(개소)	
산재현황	3년간 사고성재해 현황: 명		3년간 사고사망사고 현황: 명	
	1년간 사고성재해 현황: 명		1년간 사고사망사고 현황: 명	

2. 안전보건관리체제 및 위험요인 보유 현황

다음 항목별 해당하는 사항에 모두 체크() 및 기재해주시기 바랍니다.

일반	【안전보건 경영방침】 □수립 □미수립 □모름	
	【안전보건 전문인력】 □구성 · 운영 □미구성 □해당 없음	
	□안전관리자 (명) □안전관리전문기관(기관명:) □보건관리자 (명) □보건관리전문기관(기관명:)	
	【산업안전보건위원회】 □구성 · 운영 □미구성 □해당 없음	
	【안전보건관리규정】 □작성 □미작성 □해당 없음	
	【명예산업안전감독관】 □위촉 □미위촉 □해당 없음	
	【위험요인 리스트】 □작성 · 관리 □작성 후 미관리 □미작성	
작업 환경 관리	화재 · 폭발	【작업환경측정】 □실시 □미대상 □미실시 □모름
		【인화성 · 가연성 물질】 □사용 □미사용 □모름
		【화기작업 작업허가제】 □실시 □미실시 □모름
	위험기계	【지게차, 크레인, 컨베이어 등 위험기계 보유 여부】* 가이드북 45~50p 참고 □보유 □미보유 □모름
		【각 위험기계의 안전인증】 □인증 □미인증 □모름/해당 없음
		【각 위험기계의 안전검사】 □실시 □미실시 □모름/해당 없음
		【각 위험기계 방호조치】 □조치/관리 □미관리 □모름
	추락위험	【추락 위험장소】 □관리 □미관리 □없음
		【추락 위험작업 관리】 □관리 □미관리 □해당 없음 □모름
	질식위험	【밀폐공간 유무】 □있음 □없음 □모름
		【밀폐공간 작업허가제】 □실시 □미실시 □모름

3. 안전보건관리체계 구축 자율진단

□ 안전보건관리체계 일반

자가진단 항목	네	아니요	비고
1. 현재 사업장의 위험요소에 대한 구체적인 관리 계획이 포함된 안전보건관리 시스템이 운영되고 있다.			
2. 공장장, 부서장 등 주요 관리자는 안전보건 업무가 본인의 업무라는 사실을 알고 있다.			
3. 근로자들이 산업재해가 발생할 급박한 위험이 있는 경우, 작업을 중지하고 대피할 수 있음을 알고 있다.			
4. 안전보건관리규정 등 작업절차와 구성원의 책임과 권한을 정한 규정을 정기적으로 업데이트한다.			
5. 안전보건 문제에 관해, 근로자들이 자유롭게 의견을 제시하거나 신고할 수 있는 절차를 운영한다.			
6. 사업장 내 위험 기계·기구, 유해·위험 화학물질, 위험장소 등에 대한 리스트를 관리한다.			
7. 사업장에서 발생할 수 있는 재해 시나리오와 이에 대한 대응방안을 1개 이상 작성한다.			
8. 도급·용역·위탁 업체 선정 시, 수급인 등의 안전보건 수준을 고려하여 선정하는 절차가 있다.			
9. 주기적으로 근로자 안전보건교육을 실시한다.			
10. 산업안전보건법 등 안전보건 관계 법령의 준수여부를 주기적으로 확인한다.			

누구나 쉽게 배우는
인사 노무 사례 100개면 되겠니

□ 위험 기계·기구

자가진단 항목	네	아니요	비고
1. 기계·기구를 구매하는 경우 안전성(안전인증, 자율안전확인신고 등) 이 확보된 제품인지 항상 확인한다.			
2. 기계·기구를 취급하는 근로자들의 안전을 위한 표준작업절차를 가지고 있다.			
3. 주기적으로 표준작업절차를 교육하고 있다.			
4. 근로자가 표준작업절차에 따라 작업하는지 주기적으로 확인 및 점검한다.			
5. 모든 위험 기계·기구에 덮개 등 방호장치가 설치되어 있고 적절히 설치되어 있는지 주기적으로 확인한다.			
6. 설치되어 있는 방호장치를 관리자의 승인 없이 해체할 수 없으며, 해체할 경우 별도의 절차를 가지고 있다.			
7. 방호장치를 추가하거나 변경할 경우 해당 기계·기구 작업자에게 이를 교육하며, 관련 절차를 두고 있다.			
8. 기계 및 장비가 넘어지거나 움직이지 않도록 단단히 고정되어 있다.			
9. 작업자의 작업 위치에서 쉽게 닿을 수 있는 위치에 비상정지장치나 동력차단장치가 설치되어 있다.			
10. 풋 스위치가 작동자의 실수로 인해 의도하지 않게 작동되지 않도록 안전 가드 등이 설치되어 있다.			
11. 기계 및 장비 작동을 제어하는 스위치를 쉽고 명확하게 구분할 수 있다.			
12. 기계 및 장비에 대한 연간 점검·정비·보수 계획을 수립하여 예방점검 및 정비·보수를 실시하고 있다.			
13. 정비이력카드 등을 작성·관리 등을 통해 점검·정비 실적을 확인하고 있다.			

□ 위험 기계·기구

자가진단 항목	네	아니요	비고
14. 기계 및 장비의 유지·보수 작업자에게 제조공정과 위험성 등에 대하여 교육을 실시하고 있다.			
15. 기계 및 장비의 중요도와 위험성에 따라 점검·검사 주기를 달리하여 관리하고 있다.			
16. 정비, 조정, 설정 등 유지·보수 작업 시 전원을 차단하고 잠금장치를 설치하는 절차를 두고 있다.			
17. 비정형작업 시 해당 작업 근로자 외 안전 잠금장치를 해체할 수 없다.			
18. 안전한 작동, 설치, 정비, 자재 취급 등을 위한 안전거리가 확보되어 있다.			
19. 기계 및 장비별 검사결과 등 검사기록을 관리하고 있다.			
20. 설계사양 및 제작자 지침에 따라 기계 및 장비가 올바르게 설치되었는지 확인하는 절차가 있다.			

누구나 쉽게 배우는
인사 노무 사례 100개면 되겠니

□ 유해인자 보유 시

자가진단 항목	네	아니요	비고
1. 정기적으로 '작업환경측정'을 실시한다.			
2. 국소배기장치, 전체환기장치, 경보설비, 긴급 차단장치 등 유해물질에 의한 건강장해 예방을 위해 설치된 설비의 적정 작동여부를 주기적으로 확인한다.			
3. 유해인자에 노출되는 업무에 종사하는 근로자들은 특수건강진단을 받고, 이를 고려하여 업무에 배치한다.			
4. 화학물질 도입 시 물질안전보건자료(MSDS)를 확인하고 검토하는 절차를 보유하고 있다.			
5. 화재·폭발 위험장소에 대한,관리방안을 수립하고 있다.			
6. 화재·폭발·누출 시 대응방안에 대한 교육을 실시하고 주기적으로 훈련을 실시하고 있다.			
7. 소음·진동·방사선·기압·기온 등 물리적 인자가 적정수준인지 확인하고, 대책을 마련한다.			
8. 근로자가 병원체에 노출될 위험이 있는 경우 감염병 예방을 위한 계획 수립 및 조치 등을 실시한다.			
9. 사업장 내 밀폐공간의 위치, 질식·중독 등을 일으킬 수 있는 유해·위험요인 등을 파악하고 작업 절차 등을 관리하고 있다.			
10. 근로자가 근골격계부담작업을 하는 경우 유해요인조사를 하고 작업환경개선에 필요한 조치를 실시한다.			

09

자영업자들을 위한 팁

095 5인 미만 사업장에 적용되는 주요 노동법률

09 자영업자들을 위한 팁

최고닭 사장은 요즘 어안이 벙벙하다. 얼마 전 그만 둔 김대범 씨가 휴게시간을 주지 않았다며, 노동청에 진정을 넣었다는 것이다. '5인 미만 사업장은 다 용서되는거 아니었나?' 최고닭 사장은 울고 싶고, 알고 싶다.

근로기준법 제11조 제1항은 근로기준법이 5인 이상의 근로자를 사용하는 모든 사업장에 적용된다고 명시하고 있습니다. 이런 이유로 근로자가 5인 미만인 사업장에서 최저시급만 지급하면 크게 문제될 것이 없을 것이라고 생각할 수 있습니다. 하지만, 원칙적으로는 근로기준법의 모든 규정이 적용되고, 일부 적용이 제외된다고 보아야 합니다.

5인 미만의 사업장에 적용되는 주요 노동법규

항 목	적용 여부	관련 법 조항
근로조건의 명시	o	근로기준법 제17조, 기간제법 제17조
해고의 예고	o	근로기준법 제26조
근로자의 명부	o	근로기준법 제41조
계약서류의 보존	o	근로기준법 제42조
휴게	o	근로기준법 제54조
주휴일	o	근로기준법 제55조
근로자의날	o	근로자의날법
출산휴가	o	근로기준법 제74조
재해보상	o	근로기준법 제78조
육아휴직	o	고평법 제19조
퇴직급여	o	근퇴법 제4조
최저임금	o	최저임금법 제6조
부당해고	x	근로기준법 제23조
휴업수당	x	근로기준법 제46조
근로시간	x	근로기준법 제50조
주 12시간 연장 한도	x	근로기준법 제53조 주의) 연소자와 임산부에 대해서는 연장근로 제한됩니다.
연장 휴일 야간 가산 수당 적용	x	근로기준법 제56조
연차휴가	x	근로기준법 제60조

사례를 살펴보겠습니다.

최고닭 사장님의 사업장은 5인 미만 사업장에 해당하고, 5인 미만 사업장도 휴게시간은 부여해야 하는데, 이를 위반하였으니 최고닭 사장님은 2년 이하의 징역 또는 2천만 원 이하의 벌금형에 처해질 수 있습니다.

많이 발생하는 또 다른 실수는, 해고에 대한 제한이 없다고 생각한 나머지 해고예고수당(사업주가 근로자를 해고하려면 적어도 30일 전에 예고를 하여야 하고, 30일 전에 예고를 하지 아니하였을 때에는 30일분 이상의 통상임금을 지급하여야 함)을 지급하지 않는 것입니다. 5인 미만 사업장이라고 하더라도 해고 30일 이전에 해고를 할 경우 해고예고수당은 지급해야 합니다.

인사 노무 Tip

- 4인 이하 사업장도 휴게시간 및 주휴일이 적용됩니다.

- 부당해고 구제신청은 할 수 없지만, 해고예고는 적용됩니다.

- 주 12시간 연장 한도에 적용을 받지 않으며, 연장, 휴일, 야간 근로시 가산 수당이 지급되지 않습니다.

누구나 쉽게 배우는
인사 노무 사례 100개면 되겠니

096 청소년 근로자를 고용할 경우

 최수재 학생은 미래생활과학고등학교에서 소프트웨어 도제반에 재학 중으로 3학년 1학기에 정보통신시스템에 학습근로자로 나가게 되었다. 최수재 학생에 대한 근로조건은 성인 근로자와 어떻게 다를까?

최수재 학생은 산학일체형 도제학교 훈련과정에 참여하여 임금을 목적으로 근로를 제공하므로 근로자의 지위를 가지며, 교육훈련을 병행하는 훈련생의 지위도 동시에 가지고 있어, 근로기준법 외 노동관계법령이 적용되는 '학습근로자'에 해당합니다.

이런 청소년 근로자는 근로자로서의 법적 지위를 가지고 있을 뿐만 아니라 미성년자에 해당하기 때문에 인사관리에 있어 반드시 알아두어야 하는 사항들이 있어 다음과 같이 정리하였습니다.

관련법령

근로기준법 제2조(정의) ① 이 법에서 사용하는 용어의 뜻은 다음과 같다.
1. "근로자"란 직업의 종류와 관계없이 임금을 목적으로 사업이나 사업장에 근로를 제공하는 자를 말한다.

학습근로자와 현장실습생과는 무엇이 다른가요?

취업 및 직무수행에 필요한 지식·기술 및 태도를 습득할 수 있도록 작업현장에서 실시하는 교육훈련에 참여하는 점은 공통되지만, 현장실습생은 학습근로자와 달리 원칙적으로 근로자가 아닙니다. 고용노동부 행정해석에서는 '교육과정의 일부로써 향후 산업에 종사하는 데 필요한 지식·기술·태도 습득을 목적으로 표준협약서에 따라 현장실습이 이루어지는 경우라면 임금을 목적으로 근로를 제공하는 것으로 보기는 어렵다'고 보고있습니다(근기 68207-1833, 2002. 05. 04.). 다만 현장실습생이라도 근로를 제공하는 근로자로서 실질이 존재한다면 근로기준법상 근로자로 보는 것이 맞습니다.

미성년자의 근로계약 체결

미성년자 본인이 근로계약을 체결해야 합니다.(만 15세 미만 청소년은 원칙적으로 근로자로 고용할 수 없습니다. 다만, 예외적으로 만 13세 또는 14세 청소년의 경우 예외적으로 학교장과 친권자의 동의를 받고 지방노동관서에서 취직인허증을 발급받아서 고용할 수 있습니다.)

법령상 서면으로 명시해야 하는 근로조건

반드시 서면으로 근로조건을 명시하여 교부해야 합니다.

근거 법률	서면 명시 사항
근로기준법 제67조 (만 18세 미만자와 근로계약 체결 시)	• 임금의 구성항목·계산 방법·지급 방법
	• 소정근로시간
	• 휴일
	• 연차유급휴가
	• 취업의 장소와 종사할 업무에 관한 사항
	• 취업규칙에 기재해야 하는 사항

근거 법률	서면 명시 사항
기간제 및 단시간근로자 보호 등에 관한 법률 제17조	• 근로계약 기간에 관한 사항
	• 근로시간, 휴게에 관한 사항
	• 임금의 구성항목, 계산 방법 및 지불 방법에 관한 사항
	• 휴일, 휴가에 관한 사항
	• 취업의 장소와 종사하여야 할 업무에 관한 사항
	• 근로일 및 근로일별 근로시간(단시간근로자의 경우)

연소자 증명서 비치[1]

청소년 근로자를 고용한 사용자는 연령을 증명하는 가족관계기록 사항에 관한 증명서와 친권자의 동의서를 사업장에 갖추어 두어야 합니다.(위반 시 500만 원 이하의 과태료)

유해, 위험사업 고용금지

도덕상 또는 보건상 유해하거나 위험한 사업에는 청소년 근로자를 고용할 수 없습니다.

18세 미만 사용금지 직종 [2]

1. 「건설기계관리법」, 「도로교통법」 등에서 18세 미만인 자에 대하여 운전·조종면허 취득을 제한하고 있는 직종 또는 업종의 운전·조종업무

2. 「청소년보호법」 등 다른 법률에서 18세 미만인 청소년의 고용이나 출입을 금지하고 있는 직종이나 업종

---

1 근기법 제66조
2 동법 시행령 제40조

3. 교도소 또는 정신병원에서의 업무

4. 소각 또는 도살의 업무

5. 유류를 취급하는 업무(주유 업무는 제외한다)

6. 2-브로모프로판을 취급하거나 2-브로모프로판에 노출될 수 있는 업무

7. 18세 미만인 자의 안전 및 보건과 밀접한 관련이 있는 업무로써 고용노동부령으로 정하는 업무

8. 그 밖에 고용노동부장관이 산업재해보상보험 및 예방심의위원회의 심의를 거쳐 지정하여 고시하는 업무

근로시간

청소년 근로자의 법정 근로시간은 1일 7시간, 1주 35시간입니다. 다만, 합의하면 1일 1시간, 1주 5시간 이내에서 연장근로를 할 수 있습니다.

	만 18세 이상 일반 근로자	만 18세 미만 연소 근로자
법정근로시간	1일 8시간, 1주 40시간	1일 7시간, 1주 35시간
연장근로	1주 12시간 한도	1일 1시간, 1주 5시간 한도
휴일 및 야간근로	동의 시 가능	동의+고용노동부장관 인가

야간, 휴일근로 금지

청소년 근로자는 야간(22시~6시)이나 휴일에는 근로할 수 없습니다.

반드시 본인에게 임금지급

부모나 친권자 등에게 임금을 지급하여서는 안 되고 반드시 청소

년 근로자 본인에게 지급해야 합니다.

4대보험

건강보험	국민연금	고용보험	산재보험
1개월 이상, 월 소정근로시간 60시간 이상이면 가입	1개월 이상, 월 소정근로시간 60시간 이상이면 가입(18세 미만 근로자는 본인이 원하지 아니하면 미가입)	가입	가입

인사 노무 Tip

• 미성년자의 친권자나 후견인 또는 고용노동부 장관은 근로계약이 미성년자에게 불리하다고 인정되는 경우에는 근로계약을 해지할 수 있습니다.

097 알바생은 정한 시간보다 더 일하면 연장수당을 주어야 할까

이루리 씨가 평일 저녁에 아르바이트를 시작했다.
월, 수, 금 저녁 7시~10시까지 동네 갈빗집에서 서빙을 한다.
갈빗집은 100평 규모에 홀인원만 5명이다.
이루리 씨는 사장님의 요청으로 가끔 5시나 6시에 출근해서 일
을 하기도 했다.
그런데 한 시간 분을 더해 알바비를 주신 게 아니라 1.5배를 주
신 것 같다.
어떻게 된 걸까?

이루리 씨는 단시간근로자입니다.

단시간근로자란

단시간근로자는 1주간 소정근로시간이 통상근로자에 비해 짧은
근로자를 말합니다.[3]

이는 전문용어이고 우리는 '아르바이트생'이라고 부르곤 합니다.

1주 40시간이 법정근로시간이라 대개는 소정근로시간이 주 40시
간입니다.

그래서 간단하게 주 15시간~40시간 미만은 단시간근로자, 주 15

---

3 근기법 제2조 제1항 제9호

시간 미만을 초단시간근로자로 분류하기도 합니다.

단시간근로자의 근로조건은
단시간근로자의 근로조건은 근로기준법에 따르되 사업장에서 같은 종류의 업무에 종사하는 통상 근로자의 근로시간을 기준으로 산정한 비율에 따라 결정하도록 되어 있습니다.[4]
단시간근로자에 대한 수당 및 연차휴가의 비율에 따른 산정방법은 다음과 같습니다.

단시간근로자의 주휴수당 산정방법

주휴수당 = (1주일 소정근로시간/40시간)×8시간×시급

- **1일 소정근로시간** : 산정 사유 발생 이전 4주 동안의 소정근로시간을 같은 기간 통상근로자의 총 소정근로일 수로 나누어 산정

단시간근로자의 연차휴가 산정방법
통상근로자의 연차휴가일수×단시간근로자의 소정근로시간/통상근로자의 소정근로시간×8예) 주 40시간 사업장에서 1일 4시간씩 5일(주 20시간) 근무하는 단시간근로자를 고용한 경우, 1년을 근무했다면 15일 × (20시간/40시간) × 8시간= 60시간의 연차휴가 발생.

---

4 동법 제18조

단시간근로자의 연장근로

단시간근로자는 당해 근로자의 소정근로시간을 초과하면 가산수당이 발생합니다.5

예컨대, 1일 7시간 근로하기로 약정한 단시간 근로자가 1시간을 초과근무하는 경우, 소정근로를 초과하는 1시간은 연장근로가 되며, 통상임금의 50%를 가산하여 지급하여야 합니다.

단시간근로자의 근로계약서는 '근로일 및 근로일별 근로시간'이 필수 기재사항입니다.6

단시간근로자 표준 근로 계약서

            (이하 "사업주"라 함)과 (와)   (이하 "근로자"라 함)은 다음과 같이 근로 계약을 체결한다.

1. 근로개시일 :   년   월   일부터

2. 근무 장소 :

3. 업무의 내용 :

4. 근로일 및 근로일 별 근무시간

	( )요일	( )요일	( )요일	( )요일	( )요일	( )요일	( )요일
근로시간	시간	시간	시간	시간	시간	시간	시간
시업	시 분	시 분	시 분	시 분	시 분	시 분	시 분
종업	시 분	시 분	시 분	시 분	시 분	시 분	시 분
휴계시간	시 분 ~ 시 분	시 분 ~ 시 분	시 분 ~ 시 분	시 분 ~ 시 분	시 분 ~ 시 분	시 분 ~ 시 분	시 분 ~ 시 분

주휴일 : 매주   요일

---

5 동법 시행령 제9조 제1항 별표 2
6 기간제법 제17조 제6호

단시간근로자의 연장근로 요건은 통상 근로자보다 엄격합니다. 사용자가 단시간근로자를 소정근로시간을 초과하여 근로하게 할 때에는 본인 동의를 얻어야 합니다. 이 경우 1주간에 12시간을 초과하여 근로하게 할 수 없습니다.[7]

단시간근로자에 대해 자주 물어보는 질문 Q&A

Q 연장수당 회피 용도로 근로계약서에 소정근로시간을 늘린다면 연장수당을 지급하지 않아도 되나요?

갈빗집 사장님이 1주 3일, 1일 3시간이 아니라, 1주 3일, 1일 5시간으로 근로계약서를 작성하고, 실제로는 1일 3시간으로 근무를 하게 한 경우를 생각해봅시다.

근로계약서에 명시적으로 정한 소정근로시간 범위 내 근로이므로 가산임금을 지급할 필요는 없습니다.

그러나 소정근로시간이 정해져 있는데 별다른 사정없이 소정근로시간만큼 근무를 시키지 않았고 그 이유가 경영상의 장애 등 사용자의 '휴업' 때문이라면, **휴업수당 청구권**이 발생하여 평균임금의 70%를 지급해야 해야 합니다.

일방적으로 일을 시키지 않은 것이라면 채권자의 귀책사유로 인한 이행불능[8]에 해당하여 임금 전액을 지급해야 합니다.

Q '초단시간 근로자'는 단시간근로자와 어떤 점이 다른가요?

초단시간 근로자는 1주 근무시간이 15시간 미만인 근로자를 말합니다.

이루리 씨는 월, 수, 금, 저녁 7시~10시 근무, 1주 9시간을 일합니다. 초단시간 근로자입니다.

초단시간 근로자는 주휴수당, 연차수당, 퇴직금의 지급대상이 아닙니다.[9]

초단시간 근로자는 근무시간이 짧아서 재충전의 의미가 있는 휴일이나 휴가를 부여하거나, 1년 이상 근무에 대한 보상의 성격이 큰 퇴직금을 지급하는 데는 무리가 있습니다.

개념상 장기간 근무한다고 보지 않습니다.

---

7 동법 제6조
8 근기법 제18조 제3항(주휴수당, 연차), 근로자퇴직급여 보장법 제4조 제1항(퇴직금)
9 비정규직대책팀-1370, 2007. 4. 25.

4대보험은 건강보험, 국민연금이 제외됩니다.

월 총 근로시간이 60시간 미만이면 건강보험, 국민연금 가입대상이 아닙니다.

고용보험은 3개월 이상 근무한다면 가입대상입니다. 종전에는 '생업목적'인지 여부에 따라 고용보험 가입 여부가 달라졌지만, 이제는 '생업여부'를 따지지 않고 3개월 이상 이면 가입입니다.

산재보험은 무조건 가입입니다.

참고로 초단시간 근로자의 경우 실업급여는 이직일 이전 24개월 동안 피보험 단위기 간이 통산하여 180일 이상이어야 합니다.

Q 단시간근로자는 2년 넘게 고용할 수 있나요?

아니요. 2년 넘게 고용할 수 없습니다.

간혹 단시간근로자는 2년 이상 근무해도 정규직이 아니라고 오해를 하는 경우가 있습니다.

단시간근로자도 근로계약서에 기간을 명시하고 있습니다.

기간제 근로자란 기간의 정함이 있는 근로계약을 체결한 자를 말하며 단시간근로자 라도 기간의 정함이 있는 근로계약을 체결한 경우에는 기간제 근로자의 범위에 당연 히 포함되어 사용기간이 2년을 초과한 시점부터 기간의 정함이 없는 근로계약(단시간 근로계약)을 체결한 것으로 간주합니다.

다만, 초단시간 근로자는 2년 이상 근무를 해도 정규직이 되지 않습니다.

이를 악용하여 근로계약서에는 1주당 15시간 미만으로 정하고 상시로 초과근무를 시 키거나, 2년 기간제로 고용한 뒤 초단시간 근로자로 다시 근로계약을 체결하는 일이 없어야 할 것입니다.[10]

Q 초단시간 근로자는 근로자의 날이 유급인가요?

네, 유급입니다.

초단시간 근로자가 주휴수당이 적용되지 않으니, 근로자의 날도 마찬가지라고 생각 하는 분들이 많습니다.

법에서 제외하는 건 '주휴일'에 관한 것으로 **초단시간 근로자도 근로자의 날은 유급 입니다.**[11]

---

10 기간제법 시행령 제3조 제3항 제6호
11 근로기준정책과-4361, 2015. 9. 10.

또한 주당 소정근로시간이 15시간 이상 근무와 15시간 미만의 근무가 혼재되어 있다면, 초단시간 근로자로 일한 기간을 제외한 기간이 1년(52주) 이상이면 퇴직금을 지급해야 합니다.

연차휴가도 마찬가지입니다.

Q 단시간근로자는 취업규칙을 별도로 둘 수 있나요?

네, 가능합니다.

통상근로자와 별도로 취업규칙을 작성하거나 공동으로 적용하는 취업규칙에 단시간 근로자에만 해당하는 별도 규정을 두면 됩니다.

별도의 취업규칙이나, 취업규칙에 단시간 근로자에게 예외를 두는 규정이 없다면, 통상의 근로자에게 적용되는 취업규칙이 적용됩니다.

별도의 취업규칙이나, 단시간근로자에 대한 적용을 배제하거나, 달리 적용하는 규정을 두더라도 **근로기준법의 비례보호의 원칙이 기준입니다.**

인사 노무 Tip

- 단시간근로자는 근로계약서에 '기간' 및 '근로일별 근로시간' 등을 명시하게 되어 있습니다. 2년 이상 근무하였다면 정규직 근로자입니다.

- 단시간근로자와 정한 근로일별 근로시간을 초과하였다면 연장수당을 지급해야 합니다.

098 소규모 사업장을 위한 두루누리사회보험

 최고닭 사장은 얼마 전 자영업자들의 모임에서 한 달에 60시간 이상 정규적으로 근무하는 직원들에게 4대보험을 가입해 줘야 한다는 이야기를 들었다. 인건비와 재료비도 계속 오르는데, 4대보험 비용이 부담이 된다. 지원을 받을 수 있는 방법이 있을까?

소규모 사업을 운영하는 사업주와 소속 근로자의 **사회보험료**(고용보험·국민연금)의 일부를 국가에서 지원함으로써 사회보험 가입에 따른 부담을 덜어주고, 사회보험 사각지대를 해소하기 위한 제도가 있습니다.

두루누리 사회보험제도

1. 지원대상
- 근로자 수 10명 미만 사업장에서 월보수 220만 원 미만인 신규 가입 근로자와 사업주(10인 미만 사업장 : 지원신청일이 속한 보험연도의 전년도에 피보험자 수가 월평균 10명 미만이고, 지원신청일이 속한 달

의 말일을 기준으로 10명 미만인 사업)

- 2021년부터는 신규가입자에 대해서만 지원(신규가입 : 지원신청
일 직전 1년간 고용보험과 국민연금 자격취득 이력 없는 근로자)

2. 지원수준 및 지원기간

- 신규가입 근로자 및 사업주가 부담하는 고용보험과 국민연금 보
험료의 80% 지원
- 2018년 1월 1일부터 신규가입자 및 기가입자 지원을 합산하여
36개월까지만 지원(기가입자는 '18. 1. 1. 이후 지원받은 개월 수가 36개
월 미만이라도 '21. 1. 1.부터 지원되지 않음)

3. 지원 제외대상

- 지원신청일이 속한 보험연도의 전년도 재산의 과세표준액 합계
가 6억 원 이상인 자
- 지원신청일이 속한 보험연도의 전년도 종합소득이 3,800만 원
이상인 자

4. 보험료 지원방법

- 두루누리 사회보험료 지원 신청 〉 법정기한 내 보험료 납부 여부
확인 〉 보험료 지원금 제외한 나머지 금액 고지 (그 다음 달에 부과
될 보험료가 없는 경우에는 해당 월의 지원금은 지원하지 않음)

구 분		변경 전(2020년)	변경 후 (2021년)
지원 대상 보수 수준		월평균 보수 215만 원 미만	월평균 보수 220만 원 미만
지원율	신규가입자	80%(5명~10명 미만 사업)	80% (10명 미만인 사업)
		~90%(5명 미만 사업)	
	기가입자	30%	미지원
지원 기간		근로자별로 최대 36개월까지만 지원	
지원제외 대상기준	재산	전년도 재산세 과세표준의 합이 6억 원 이상	
	종합소득 근로소득	전년도 근로소득 2,838만 원 이상	전년도 종합소득이 연 3,800만 원 이상
	근로소득 외 종합소득	전년도 근로소득 제외한 종합소득 2,100만 원 이상	(단, '20. 12. 31. 이전에 지원 신청한 근로자는 '21. 4. 30. 까지 종전 규정 적용)

5. 지원금액 산정 예시[12]

근로자 수 10명 미만 사업장의 월평균 보수가 200만 원인 신규가
입자에 대한 지원금액

- 사업주지원금(신규가입자의 경우) : 월 88,800원
- 근로자지원금(신규가입자의 경우) : 월 84,800원

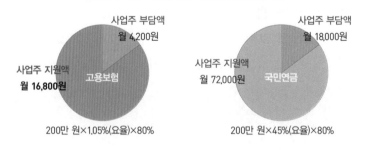

신규가입자의 사업주 지원액 예시 〈월 평균 보수 200만 원 기준〉

근로자 수 10명 미만인 사업 : **월 88,800원**(80%)지원

사업주 부담액
월 4,200원

사업주 지원액
월 16,800원

고용보험

200만 원×1.05%(요율)×80%

사업주 부담액
월 18,000원

사업주 지원액
월 72,000원

국민연금

200만 원×45%(요율)×80%

---

12 두루누리사회보험 홈페이지 참조 http://insurancesupport.or.kr

신규가입자의 근로자 지원액 예시 〈월 평균 보수 200만 원 기준〉

근로자 수 10명 미만인 사업 : **월 84,800원**(80%)지원

사업주 부담액
월 3,200원

근로자 지원액
월 12,800원

고용보험

200만 원×0.8%(요율)×80%

사업주 부담액
월 18,000원

근로자 지원액
월 72,000원

국민연금

200만 원×4.5%(요율)×80%

6. 예술인 고용보험 지원

구 분		지원기준
지원대상 사업		근로자인 피보험자 수가 월평균 10명 미만인 사업 (사업 규모 판단 시 예술인은 제외)
지원 대상 보수 수준		월평균 보수 220만 원 미만(단, 둘 이상의 사업에서 피보험자격을 취득한 예술인은 보수 합산 금액이 220만 원 미만인 경우만 지원)
지원율		예술인 및 사업주가 부담하는 고용보험료의 각 80% 지원
지원 기간		예술인인 피보험자로 최대 36개월까지 지원
지원 제외 대상 기준	재산	전년도 재산세 과세표준의 합이 6억 원 이상
	종합소득	전년도 종합소득이 연 3,800만 원 이상

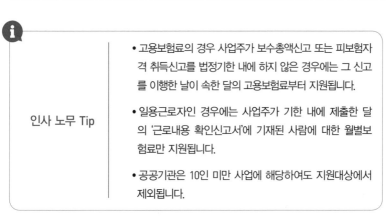

인사 노무 Tip

- 고용보험료의 경우 사업주가 보수총액신고 또는 피보험자격 취득신고를 법정기한 내에 하지 않은 경우에는 그 신고를 이행한 날이 속한 달의 고용보험료부터 지원됩니다.

- 일용근로자인 경우에는 사업주가 기한 내에 제출한 달의 '근로내용 확인신고서'에 기재된 사람에 대한 월별보험료만 지원됩니다.

- 공공기관은 10인 미만 사업에 해당하여도 지원대상에서 제외됩니다.

099 노무사가 사업장에 점검을 나온다니요

건강만세 약국을 운영하는 김태평 약사는 최근 한 통의 전화를 받았다. 근로조건 자율개선 지원대상 사업장으로 선정되어 방문하겠다는 노무사의 전화였다. 노동부에서 나온다는 것도 아니고, 웬지 사기가 아닌지 의심스러워 계속 전화를 회피하다가, 결국엔 안받겠다고 화를 냈다. 그런데, 한 달 뒤 관할 노동청 감독관으로부터 자율개선을 거부한 이유로 직접 사업장 점검을 나가겠다는 통보를 받게 되었다.

근로조건 자율개선 지원사업란?

노동부가 사업장 자체적으로 법정 근로조건 준수여부를 점검하고 위반사항을 개선하도록 노동법 전문가의 서비스를 지원함으로써 산업현장의 법준수 분위기를 확산하고자 하는 제도입니다.

주로 20인 미만 사업장 중에서 약 8천여 개의 회사를 선정하여 근로조건 자율개선 지원사업 수행노무사에게 사업장 리스트를 배포하고 방문하여 지도 및 점검을 받을 수 있도록 하고 있습니다.

근로조건 자율개선 지원사업 체계도

김태평 약사님처럼 노무사가 방문하겠다고 하는 경우 미심쩍어 하면서 이를 거부하는 경우가 많은데, 이런 경우 노무사는 몇 차례 연

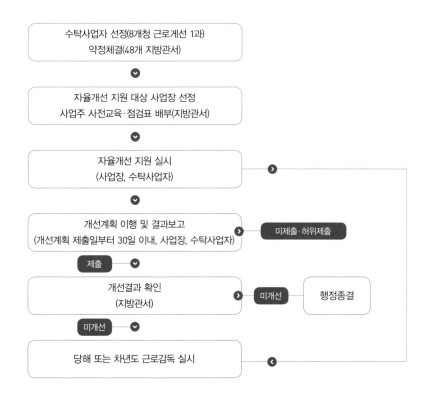

수탁사업자 선정(8개청 근로계선 1과)
약정체결(48개 지방관서)

⌄

자율개선 지원 대상 사업장 선정
사업주 사전교육·점검표 배부(지방관서)

⌄

자율개선 지원 실시
(사업장, 수탁사업자)

⌄

개선계획 이행 및 결과보고
(개선계획 제출일부터 30일 이내, 사업장, 수탁사업자) → 미제출·허위제출

제출 ⌄

개선결과 확인
(지방관서) → 미개선 — 행정종결

미개선 ⌄

당해 또는 차년도 근로감독 실시

〈출처 : 고용노동부 근로 조건개선 정책자료 中〉

락을 시도해 보다가 '점검거부'로 노동청에 보고를 할 수 밖에 없습니다. 그렇게 되면, 체계도에 따라 노동부의 근로감독 대상이 되고, '점검거부' 이후 관할 노동청의 감독관들이 방문하게 되는 것입니다.

전문가에게 무료 컨설팅을 받을 수 있는 기회
근로조건 개선사업은 소규모 사업장에게 근로조건을 자율적으로 개선할 수 있도록 전문가에게 무료로 컨설팅을 받을 수 있는 지원 제도이니, 사업장에서 적극적으로 활용하시면 사업장의 인사노무 관리에 많은 도움을 받을 수 있습니다.

인사 노무 Tip	• 근로조건 자율개선 사업에 참여한 사업장은 당해 또는 차년도의 근로감독이 면제됩니다 다만, 임금체불, 진정 및 고발 등이 발생하는 등 개별 사업장의 사정에 의해 지도감독 사유가 발생한 경우는 예외입니다.

100 사업장 자가진단체크리스트

노동부의 사업장 지도 및 점검을 앞두고 있다면, 혹은 우리 사업장이 잘하고 있는지 확인하고 싶다면 사업장 자가진단체크리스트를 통해서 주요사항을 확인해 보시길 바랍니다.

점검내용	점검결과	개선조치
(서면근로계약) 근로계약 체결 시 임금의 구성항목·계산 방법·지급 방법, 소정근로시간, 휴일, 연차유급휴가는 서면으로 명시한다. 〈근로기준법 제17조 제1항〉 ※ 500만 원 이하 벌금	※모든 근로자에 대해 아래 항목을 서면으로 명시한 경우 체크 표시 ① 임금의 구성항목 ② 임금계산 방법 ③ 임금 지급 방법 ④ 소정근로시간 ⑤ 휴일에 관한 사항 ⑥ 연차유급휴가	
(서면근로계약) 사용자는 임금의 구성항목·계산 방법·지급 방법, 소정근로시간, 휴일, 연차유급휴가에 관한 사항이 명시된 서면을 근로자에게 교부하여야 한다. 〈근로기준법 제17조 제2항〉 ※ 500만 원 이하 벌금	① 교부 ② 미교부	

점검내용	점검결과	개선조치
(금품 청산) 근로자가 퇴직하면 14일 이내에 임금 등 일체의 금품을 지급하며, 특별한 사정이 있는 경우 근로자와 합의하여 지급기일을 연장한다. 〈근로기준법 제36조〉 ※3년 이하 징역 또는 3천만 원 이하 벌금	① 퇴직일로부터 14일 이내에 일체의 금품을 지급한다. ② 퇴직일로부터 14일 이내에 금품을 지급하지 않는 경우가 있다.	
(계약서류 보존) 근로자명부와 근로계약서, 임금대장, 임금의 결정·지급 방법·임금 계산의 기초에 관한 서류, 고용·해고·퇴직에 관한 서류, 승급·감급에 관한 서류, 휴가에 관한 서류는 3년간 보존해야 한다. 〈근로기준법 제42조〉 ※ 500만 원 이하 과태료	① 근로자명부, 근로계약서를 3년간 보존하고 있다. ② 근로자명부, 근로계약서를 3년간 보존하지 않고 있다.	
(임금 지급) 임금은 매월 1회 이상 일정한 날짜를 정하여 통화로 직접 그 전액을 지급한다. 〈근로기준법 제43조〉 ※3년 이하 징역 또는 3천만 원 이하 벌금	① 월 1회 이상 일정한 날짜를 정해, 통화로, 근로자에게 직접, 그 전액을 지급한다. ② 월 1회 이상 정기적으로 지급하지 않거나 통화로 지급하지 않는 경우가 있다.	
(근로시간) 근로자의 소정근로시간은 휴게시간을 제외하고 1주 40시간, 1일 8시간을 초과하지 않는다. 〈근로기준법 제50조〉 ※2년 이하 징역 또는 2천만 원 이하 벌금	① 소정근로시간이 1주 40시간, 1일 8시간을 초과하지 않는다. ② 소정근로시간이 1주 40시간, 1일 8시간을 초과한다.	
(연장근로의 제한) 연장근로는 근로자와 합의하여 실시하며, 연장근로시간은 1주에 12시간을 한도로 한다. 〈근로기준법 제53조〉 ※2년 이하 징역 또는 2천만 원 이하 벌금	① 연장근로는 근로자와 합의하며 1주 12시간을 넘지 않는다. ② 근로자 합의 없이 1주 12시간 이내에서 연장근로를 실시한다. ③ 근로시간 연장이 1주 12시간을 초과한다.	

점검내용	점검결과	개선조치
(휴게시간) 근로시간이 4시간인 경우에는 30분 이상, 8시간인 경우에는 1시간 이상의 휴게시간을 근로시간 도중에 주어야 한다. 〈근로기준법 제54조〉 ※2년 이하 징역 또는 2천만 원 이하 벌금	① 휴게시간을 적정하게 부여하고 있다. ② 휴게시간을 부여하지 않고 있다. ③ 대기시간임에도 휴게시간으로 처리한다.	
(휴일) 사용자는 근로자에게 1주에 평균 1회 이상의 유급휴일을 보장하여야 한다. 〈근로기준법 제55조〉 ※2년 이하 징역 또는2천만 원 이하 벌금	① 1주일에 평균 1회 이상 유급휴일을 부여한다. ② 1주일에 평균 1회 이상 유급휴일을 부여하지 않는 경우가 있다.	
(연장·야간 및 휴일근로) 연장·야간·휴일 근로에 대하여는 통상임금의 100분의 50 이상을 가산하여 지급한다. 〈근로기준법 제56조〉 ※ 3년 이하 징역 또는3천만 원 이하 벌금	① 통상임금의 100분의 50 이상을 가산하여 지급한다. ② 통상임금의 100분의 50 미만으로 가산하여 지급한다. ③ 가산하지 않고 통상임금만 지급한다.	
(연차유급휴가) 1년간 8할 이상 출근한 근로자에게 15일의 연차유급휴가를 주고, 1년 미만인 근로자 또는 1년간 80% 미만 출근한 근로자에게 1개월 개근 시 1일의 유급휴가를 주어야 한다. 〈근로기준법 제60조〉 ※2년 이하 징역 또는 2천만 원 이하 벌금	① 연차유급휴가 및 수당을 지급하고 있다. ② 연차유급휴가를 부여하지 않으며 연차유급휴가 수당도 지급하지 않고 있다. ③ 연차유급휴가는 부여하나 미사용 휴가에 대한 수당은 지급하지 않고 있다.	
(취업규칙의 작성 신고) 상시 10명 이상의 근로자를 사용하는 사용자는 취업규칙을 작성하여 관할 지방고용노동관서에 신고하였다. 〈근로기준법 제93조〉 ※500만 원 이하 과태료	① 취업규칙을 작성하여 관할 고용노동 관서에 신고하였다. ② 취업규칙을 작성하지 않았다. ③ 취업규칙 작성(변경)하였으나 신고하지 아니하였다.	
근로자에게 최저임금액 ('21년 8,720원, '22년 9,160원) 이상의 임금을 지급한다. 〈최저임금법 제6조〉 ※3년 이하 징역 또는 2천만 원 이하 벌금	① 최저임금액 이상의 임금을 지급한다. ② 최저임금액 미만의 임금을 지급한다.	

점검내용	점검결과	개선조치
직장 내 성희롱 예방 교육을 법령에 정하여진 방식에 따라 1년에 1회 이상 실시한다. 〈남녀고용평등법 법 제13조〉 ※500만 원 이하 과태료	① 전 직원을 대상으로 1년에 1회 이상 직장 내 성희롱 예방 교육을 실시한다. ② 직장 내 성희롱 예방 교육을 실시하지 않거나 부적정하게 실시한다.	
근로자가 퇴직한 경우에는 14일 이내에 퇴직금을 지급한다. 〈근퇴법 제9조〉 ※3년 이하 징역 또는2천만 원 이하 벌금	① 퇴직일로부터 14일 이내에 퇴직금을 지급한다. ② 퇴직일로부터 14일 이내에 금품을 지급하지 않는다.